U0511846

中国特色自由贸易港国际法治研究

Study on The International Law of
Free Trade Port With Chinese Characteristics

周阳 著

人民出版社

责任编辑：茅友生

封面设计：胡欣欣

图书在版编目（CIP）数据

中国特色自由贸易港国际法治研究/周 阳 著. —北京：人民出版社，2023.8

ISBN 978－7－01－023907－1

Ⅰ.①中⋯　Ⅱ.①周⋯　Ⅲ.①自由贸易区-法规-研究-中国

Ⅳ.①D922.295.4

中国版本图书馆 CIP 数据核字（2021）第 221353 号

中国特色自由贸易港国际法治研究

ZHONGGUO TESE ZIYOU MAOYIGANG GUOJI FAZHI YANJIU

周 阳 著

人民出版社 出版发行

（100706　北京市东城区隆福寺街 99 号）

北京新华印刷有限公司印刷　新华书店经销

2023 年 8 月第 1 版　2023 年 8 月北京第 1 次印刷

开本：710 毫米×1000 毫米 1/16　印张：17.25

字数：248 千字　印数：0,001-5,000 册

ISBN 978－7－01－023907－1　定价：88.00 元

邮购地址 100706　北京市东城区隆福寺街 99 号

人民东方图书销售中心　电话（010）65250042　65289539

版权所有·侵权必究

凡购买本社图书，如有印制质量问题，我社负责调换。

服务电话：(010)65250042

目　　录

第一章　自由贸易港国际法治的内涵

　　2021 年 6 月 10 日,中国《海南自由贸易港法》颁布实施。同年 3 月,英国宣布设立 8 处自由港。① 2015 年 7 月,俄罗斯符拉迪沃斯托克自由港正式运作。另一方面,时间再往前推至 2013 年 1 月 1 日,拥有百年历史的汉堡自由港宣布关闭。欧盟表示,不反对某些成员国特别热衷于传统的自由区,但极力避免自由区的蔓延会导致竞争扭曲,而法国对发展自由区的恰当性持一种保留态度。② 由此看出,围绕自由贸易港的此起彼伏,充分反映出它仍然是世界经济发展中的一个热点。那么,何谓自由贸易港? 自由贸易港的要素框架应如何解构? 在国内法治与国际法治的传统二分法中,真的存在自由贸易港国际法治吗?

---

　　①　它们分别是 East Midlands Freeport, Freeport East, Humber Freeport, Liverpool City Region Freeport, Plymouth and South Devon Freeport, Solent Freeport, Teesside Freeport, Thames Freeport. https://www.gov.uk/guidance/freeports。

　　②　【法】克劳德·让·贝尔、亨利·特雷莫:《海关法学——欧盟与法国海关法研究(第七版)》,黄胜强等译,中国海关出版社 2019 年版,第 162 页。

包括哪些具体内容？本章尝试对这些问题作出回答，这也将是本书研究展开的逻辑起点。

第一节　自由贸易港的概念迷雾

一、中国"自由贸易港"概念的确定

要准确界定自由贸易港国际法治的内涵，就必须从一个更为基本的概念——自由贸易港——的讨论开始，但它并不是一个毫无争议的概念。而"概念"本身存在多种解释。哲学意义上的概念是人们对事物特有属性及范围的思维形式。[①] 法学则认为，概念是解决法律问题必不可少的工具。没有限定严格的概念，就不能清楚和理性地思考法律问题；没有概念，便无法将对法律的思考转变为语言，也不能以一种可理解的方式把思考传达给他人。[②] 在社会学看来，当一种社会现象被发现和注意到后，能不能用一个恰当的概念来表达或概括，是这一现象能不能被研究的关键。一旦概念被提出来，现象的类型、类型的比较或涵盖的相似现象以及建立起来的有关命题等也会随之浮现。[③] 无论何种角度，自由贸易港的概念是一个无法绕过的现实问题。

2017 年 11 月 10 日，时任副总理汪洋撰文《推动形成全面开放新

[①]　方孔:《实在法原理:第一法哲学沉思录》,商务印书馆 2007 年版,第 195 页。

[②]　【美】E·博登海默:《法理学:法律哲学与法律方法》,邓正来译,中国政法大学出版社 2004 年版,第 504 页。

[③]　翟学伟:《中国人行动的逻辑》,生活·读书·新知三联书店 2017 年版,第 59 页。

格局》指出,"自由港是设在一国(地区)境内关外、货物资金人员进出自由、绝大多数商品免征关税的特定区域,是全球开放水平最高的特殊经济功能区。"①它在很大程度上代表了官方对自由港概念的正式看法。学界与业界普遍表示接受,并将其作为后续研究的前提共识,即使稍有差异,也不过是在其基础上的诠释与扩展。一般理解,自由港涵盖了自由贸易港,后者是侧重于贸易政策的自由港。② 两者是基本涵义相同而出现在不同语境下的相似概念。③ 很多时候,自由港与自由贸易港在实践中作为同义词混用,后者是中国特色的称呼,是中国自由贸易试验区概念基础上的提升。④ 换言之,自由贸易港可以理解为自由贸易试验区的进一步升级。⑤ 当前,中国自由贸易港特指海南自由贸易港,双方可等同互换。⑥ 因此,中国自由贸易港的概念是确定的,并不存在模糊之处。

二、国外"自由贸易港"概念的混乱

国外自由贸易港的称谓各异,大部分使用"自由港(Free port)",并

① 汪洋:《推动形成全面开放新格局》,《人民日报》2017 年 11 月 10 日。
② 龚柏华:《"一带一路"背景下上海自由贸易港构建的法治思维》,《上海对外经贸大学学报》2018 年第 2 期。
③ 吴蓉、何万篷:《中国特色自由贸易港政策制度体系创新的基点与内涵探讨》,《海关与经贸研究》2020 年第 1 期。
④ 龚柏华:《中国自贸试验区到自由贸易港法治理念的转变》,《政法论丛》2019 年第 3 期。
⑤ 陈林、周立宏:《从自由贸易试验区到自由贸易港:自由贸易试验区营商环境升级路径研究》,《浙江社会科学》2020 年第 7 期。
⑥ 何力:《中国海南自贸港建设的国际贸易法律探讨》,《国际商务研究》2021 年第 2 期。

非"自由贸易港(Free trade port)"。《贸易政策术语词典》仅有"自由贸
易区"(Free trade zones)词条,并未收录"自由贸易港"。①《关于简化
和协调海关制度的国际公约》(《京都公约》)②专项附约四第二章"自
由区"(Free zone)在引言中表示,有些海关管理总局使用自由港(Free
port)、自由仓库(Free warehouse)或对外贸易区(Foreign trade zone)等
不同名称来表示自由区。③ 自由港在其语境中是自由区的下位概念。
《1994年关税与贸易总协定》(1994GATT)第 24 条使用自由区的称
谓。④《联合国禁止非法贩运麻醉药品和精神药物公约》同时使用自由
贸易区与自由港。⑤ 在其看来,"自由贸易区"与"自由港"是两个不同

---

① Walter Goode,*Dictionary of Trade Policy Terms*,Cambridge University Press,2003,p.146.

② 《京都公约》有两个版本。第一个版本是 1973 年《京都公约》。1994 年,世界海关
组织决定对其进行修订。1999 年 6 月,修订后《京都公约》议定书及其文本在海关合作理
事会的年会上获得通过,并于 2006 年 2 月 3 日正式生效。除特别指出外,《京都公约》一般
是指经修订的《京都公约》。

③ 海关总署国际司编译:《京都公约总附约和专项附约指南》,中国海关出版社 2003
年版,第 261 页。

④ 1994GATT 第 24 条第 3 款(乙)项规定:"毗邻的里雅斯得自由区的国家,对与这
一自由区进行的贸易给予某种利益;但这些利益不能与第二次世界大战后缔结的和平条
约相抵触。"

⑤ 公约第 18 条"自由贸易区和自由港"(1)缔约国应采取措施,制止在自由贸易区
和自由港非法贩运麻醉药品、精神药物及表一和表二所列物质的活动,这些措施的严厉程
度不应低于在其领土其他部分采取的措施。(2)缔约国应努力:(a)监测货物及人员在自
由贸易区和自由港的流动情况,并应为此目,授权主管当局搜查货物和进出船只,包括游
艇和渔船以及飞机和车辆,适当时还可搜查乘务人员、旅客及其行李;(b)建立并实施一套
侦测系统,以侦测进出自由贸易区和自由港的涉嫌含有麻醉药品、精神药物及表一和表二
所列物质的货运;(c)在自由贸易区和自由港的港口和码头区以及机场和边境检查站设立
并实施监视系统。

的概念。1992年《欧共体海关法典》同时使用自由港与自由区。[①] 之后的《欧盟海关法典》全部调整为自由区。[②] 大部分自由贸易协定中使用自由贸易区,个别采用自由区称谓。例如,《欧盟—新加坡自由贸易协定》第35条"过境或储存货物的过渡性规定"就直接使用了"自由区"。

在国家层面,法国[③]、阿联酋[④]等采用自由区;英国[⑤]等仍使用自由港;土耳其[⑥]索性将自由贸易区与自由区混合使用,不做严格区分;美国[⑦]

---

① 1992年《欧共体海关法典》第173条规定,放置在自由区或免税仓库的非共同体货物可以保留在区或仓库中:为了自由流通在规定程序和条件下交货;无须授权进行通常处理,包括保存,改变外观或销售或分发或转售;在内部加工程序规定的条件下存放。但是,在加那利群岛,亚速尔群岛,马德拉岛和海外省的自由区内,以及汉堡旧自由港境内的加工业务不受监管限制。对于老汉堡自由港,如果由于这一优惠而影响到共同体特定经济部门的竞争条件,则理事会应根据委员会的建议,以有投票权的多数决定老汉堡港相应经济活动仍须适用监管限制,其中包括:按照海关监管程序规定的条件办理海关监管手续;满足程序所规定的条件,按照临时进口程序办理报关;非欧共同体货物被放弃或予以销毁,前提是有关人员向海关当局提供其认为必要的所有信息。如果货物基于上述的某一程序存储,成员国可在必要时考虑自由区或自由仓库的经营和海关监管条件作适当调整。COUNCIL REGULATION(EEC)No 2913/92 of 12 October 1992 establishing the Community Customs Code。

② 参见《欧盟海关法典》第七编"特殊程序"第三节"自由区"。

③ 参见《法国海关法典》第十一编"自由区"。

④ Saeed Azhar, Alexander Cornwell, *Dubai's DP World hires banks for sale of flagship free zone stake-sources*, Reuters, June 30, 2021.

⑤ Dominic Webb, Ilze Jozepa, *UK Government policy on freeports*, 12 May 2021, p.1.

⑥ *Mersin Free Trade Zone*, Court Uncourt, Vol.5, No.12, 2018, p.42.

⑦ John J. DaPonte, Jr, *United States Foreign-Trade Zones: adapting to time and space*, Tulane Maritime Law Journal, 1980, Fall, p.200.

则另辟蹊径,采用对外贸易区的名称来化解国内贸易保护主义者的压力。从国际组织角度,称谓同样杂乱无章。联合国贸易和发展会议(UNCTAD)采用特别经济区(Special economic zones,SEZs)。① 经济合作与发展组织(OECD)使用的是自由贸易区。② 投资环境咨询服务机构③(FIAS)将特别经济区分为自由贸易区、出口加工区(Export processing zones,EPZ)、自由港与企业区(Enterprise zones)等四种。④ 曾任阿塞拜疆国家海关委员会主席的阿里耶夫认为,自由港以及在铁路和航空枢纽区设立的保税仓库都是自由经济区(Free economic zone,FZT)的原型。⑤ 各方都在根据自身立场作出定义,反而制造了概念的迷雾,因此,自由贸易港在国际上属于"无公认法定定义,有约定俗称说法"。⑥

三、"自由贸易港"概念的认知偏差

自由贸易港概念的认知造成实践的南辕北辙,甚至"鸡同鸭讲",这在自由贸易港数量的问题上表现得淋漓尽致。UNCTAD 声称,全球有近 5400 个 SEZ,其中 1000 多个是在过去五年内建立的,预计未来几

① UNCTAD,*World Investment Report* 2019:*Special Economic Zones*,p.128.

② OECD,*Recommendation of the Council on Countering Illicit Trade:Enhancing Transparency in Free Trade Zones*,OECD/LEGAL/0454,2021,p.3.

③ 投资环境咨询服务机构(Facility for Investment Climate Advisory Services,FIAS)是 16 个发展伙伴(捐助国和慈善组织)与世界银行集团的合作项目。

④ Kenji Omi,"*Extraterritoriality*" *of Free Zones:The Necessity for Enhanced Customs Involvement*,WCO Research Paper No.47,September 2019,p.5.

⑤ 阿里耶夫:《海关业务与世界经济发展》,方宁等译,中国海关出版社 2006 年版,第 112 页。

⑥ 张释文、程健:《我国自由贸易港建设的思考》,《中国流通经济》2018 年第 2 期。

年至少再发展 500 多个,约占当前总数的 10%。① FIAS 指出,1975 年有 75 个 SEZ,分布在 25 个国家,2008 年这个数字膨胀到超过 3000 个,遍布 135 个国家。国际劳工组织(ILO)在 2014 年的报告里说全球有超过 3500 个 EPZ。2018 年,世界海关组织(WCO)②对 61 个成员实施在线调查时显示,有超过 2300 个自由区,而当时 WCO 有 183 个成员。《经济学人》2015 年时认为有 4300 个左右的自由贸易园区。③

　　学者们对这个问题的看法仁者见仁,智者见智。Susan Tiefenbrun 认为,按照暂时豁免关税的标准,全球超过 135 个国家设立此类区域,数量有 3500 多个。④ 胡加祥和朱福林提出,全球有 600 多个自由贸易港。⑤ 全球排名前 10 位的国际集装箱港口大多实行自由贸易港政策。⑥ 裴

---

① UNCTAD, *World Investment Report 2019: Special Economic Zones*, p.128.

② 世界海关组织(World Customs Organization)是海关合作理事会(Customs Cooperation Council, CCC)非正式工作名称,其目的是为了能够更加明确表达海关合作理事会这一国际组织的世界性地位,强调其与 WTO 同样都有"世界"这一在自身所在领域中独一无二的权威性。它作为国际组织在联合国登记备案的仍是"海关合作理事会",使用 WCO 并没用涉及法律地位的改变。因此,海关合作理事会与世界海关组织两个名称可以互相通用,在正式法律文件上以海关合作理事会为正统。参见何力:《世界海关组织及法律制度研究》,法律出版社 2012 年版,第 12 页。

③ Kenji Omi, "*Extraterritoriality*" *of Free Zones: The Necessity for Enhanced Customs Involvement*, WCO Research Paper No.47, September 2019, p.5.

④ Susan Tiefenbrun, *U.S. Foreign Trade Zones. Tax-free Trade Zones of the world, and their impact on the U.S. economy*, Journal of International Business and Law, 2013, p.151.

⑤ 胡加祥:《我国自由贸易港建设的法治创新及其意义》,《东方法学》2018 年第 4 期。

⑥ 朱福林:《"十四五"期间中国特色自由贸易港建设思路与路径》,《国际贸易》2020 年第 2 期。

长洪认为,全球海关监管和其他经济监管内容和功能相似的自由贸易港有 130 多个,还有 2000 多个自由经济区域。① 龚柏华也持 130 多个自由港的观点。② 靳光涛等认为,全球有数千个自由港(区)。③ 我们可以继续列举下去,数字的悬殊差异让人一瞬间觉得仿佛讨论的不是同一个问题。无疑,这给自由贸易港的研究与实践带来了不小的困难。

四、"自由贸易港"概念的再厘清

正如富勒所说,清晰性要求是合法性的一项最基本的要素。含糊和语无伦次的法律会使合法成为任何人都无法企及的目标,或者至少是任何人在不对法律进行未经授权的修正的情况下都无法企及的目标,而这种修正本身便损害了合法性。他还形象地比喻:从污浊之泉中喷出的水流有时可以被净化,但这样做的成本是使之成为它本来不是的东西。④ 针对自由贸易港概念的迷雾,有两种代表性的解决之道:第一,使用"自由贸易港"的上位概念"自由区"。自由区的定义毕竟是国际上公认的、具有法律意义的标准范本。⑤《京都公约》《欧盟海关法典》等"自由区"的表述,足以证明它可成为具有相同核心

---

① 裴长洪:《海南建设中国特色自由贸易港,"特"在哪里?》,《财经问题研究》2021年第 5 期。

② 龚柏华:《"一带一路"背景下上海自由贸易港构建的法治思维》,《上海对外经贸大学学报》2018 年第 2 期。

③ 靳光涛等:《国际先进经验视角下海南自贸港创新发展路径》,《国际贸易》2021年第 2 期。

④ 富勒:《法律的道德性》,郑戈译,商务印书馆 2005 版,第 75—76 页。

⑤ 赵晋平、文丰安:《自由贸易港建设的价值与趋势》,《改革》2018 年第 5 期。

要素的特殊经济区的最大公约数,因而"自由区"可统称自由港以及其功能外化和形态异化后的各类特殊经济区。① 龚柏华认为,广义自由区涵盖自由港,后者是设在港口的自由区。② 廖凡则主张自由贸易港不能等同自由区。它是自由区的一种重要形式,是高级阶段。③ 这两种观点并无实质差异。第二,选择一个概念,对其外延做扩大解释,足以覆盖其他特定概念的内涵。例如,"自由经济区"④"特殊经济功能区"⑤"自由港区"⑥"中国特色自贸区(港)"⑦等。它很大程度是出于解决自由贸易港概念厘定问题的实际需要,并未给出多少的学理性解释。

　　一般认为,学术与实践未将自由贸易港与自由贸易区、对外贸易区、出口加工区严格区分是产生概念分歧一个重要的原因。⑧ 问题众

---

　　① 胡凤乔、李金珊:《从自由港代际演化看"一带一路"倡议下的第四代自由港发展趋势》,《社会科学家》2016 年第 5 期。

　　② 龚柏华:《"一带一路"背景下上海自由贸易港构建的法治思维》,《上海对外经贸大学学报》2018 年第 2 期。

　　③ 廖凡:《上海自由贸易港:内涵、特征及其法制保障》,《国际贸易法论丛》2019 年第 8 卷。

　　④ 孟广文:《自由经济区演化模式及对天津滨海新区的启示》,《地理学报》2009 年第 12 期。

　　⑤ 曾文革等:《特殊经济功能区法律制度研究》,对外经济贸易大学出版社 2012 年版,第 68 页。

　　⑥ 郭信昌:《试论战后自由港区加速发展的客观必然性》,《南开经济研究》1987 年第 5 期。

　　⑦ 陈利强:《中国特色自贸区(港)法治建构论》,人民出版社 2019 年版,第 13 页。

　　⑧ 龚柏华:《"一带一路"背景下上海自由贸易港构建的法治思维》,《上海对外经贸大学学报》2018 年第 2 期。

所周知,但现阶段能否界定?柯文认为,概念不像人,不能对环境做出经济回应,但它的内涵起码部分是由环境决定,因为概念只有在人的头脑中才产生意义,而某一概念对某一人的含义是受表达这一概念时各种环境条件所深刻制约的。① 换言之,概念只有放置于特定的社会环境中才可能被清晰地界定,但各国环境的客观差异决定了几乎不可能有一个统一、权威的自由贸易港概念。正因为此,如果《海南自由贸易港法》对何为自由贸易港进行定义,概括出其内涵外延,这势必将在世界有关自由贸易区域性立法中奠定开创性的地位和影响。② 遗憾的是,该法回避了这个问题。自由贸易港的概念难题,就像"忒修斯之船(The Ship of Theseus)",会跟随时代变化而不断演绎。笼罩在其身上的迷雾,在未来一段时间内仍不能拨云见日。英国自由港官方报告声称,自由贸易港没有单一的定义,它在不同的国家以不同的方式运作。③ 与其将精力用于反复纠缠概念的再厘清,倒不如去探寻自由贸易港的内涵所指。因此,本研究不执念于自由贸易港中国概念与国际概念的统一,而选择从要素切入,解构自由贸易港概念内涵,或许这在当下更有意义。

---

① 【美】柯文:《在中国发现历史——中国中心观在美国的兴起》,林同奇译,社会科学文献出版社 2017 年版,第 120 页。

② 贺小勇:《〈海南自由贸易港法(草案)〉修改的七大建议》,《上海对外经贸大学学报》2021 年第 2 期。

③ Dominic Webb, Ilze Jozepa, *UK Government policy on freeports*, 12 May 2021, p.4.

第二节　自由贸易港概念的要素框架

一、内容("贸易")要素

贸易是人类社会交往的一种古老形式。最初,贸易主要表现为以物换物。希罗多德在《历史》中曾形象地描绘:远道而来的迦太基商人与利比亚人在海岸边放下货物或黄金即可离开,各自根据对方留下的货物和黄金进行估价,相应调整报价,达成未曾谋面的交易。[①] 生产力发展后,短途贸易逐渐向长距离贸易过渡。何谓长距离贸易? 王国斌和罗森塔尔给出的解释是:买卖双方相距 200 公里以上的贸易。它不仅包括区域之间的贸易,还包括本地消费者与外国商人之间的贸易,以及在商品交易会上进行的贸易。长距离贸易显然是短途贸易的升级。公元 1000 年以前,不管是北欧还是其他任何地方,长距离贸易都非常罕见,因为它要花费几天甚至几周的时间。所以,人类社会早期的贸易系统往往建立在物物交换或现金交易的基础上。[②] 具体来说,长距离贸易主要包括三种形式:一是一个地区的天然特产同另一个地区的天然特产的交换;二是制造品同天然特产的交换;三是制造品同制造品的交换。[③]

---

① 【古希腊】希罗多德:《历史》,徐松岩译注,上海三联书店 2008 年版,第 257 页。

② 【美】王国斌、罗森塔尔:《大分流之外:中国和欧洲经济变迁的政治》,周琳译,江苏人民出版社 2019 年版,第 72—73 页。

③ 【英】A.古德温编:《新编剑桥世界近代史(第 8 卷),美国革命与法国革命:1763—1793 年》,中国社会科学院世界历史研究所组译,中国社会科学出版社 2018 年版,第 35 页。

显然,这是一个梯次发展进化的过程。

其他学者则从不同角度对贸易进行了诠释。Vansina 提出"区域贸易",即同一国家内不同文化人群之间或相邻不同文化人群之间的跨越相对较长距离的贸易。它的特殊意义在于强调与政治结构相联系,市场往往由国家组织,贸易商品包括食物、手工制品等短途贸易产品与盐、铜等长距离贸易产品。① 格雷与伯明翰则将贸易分成"维持性导向的贸易"与"超越维持性经济和亲族体系贸易"。前者与维持性农业生产密切相关,受制于当地亲族体系,商品交换不会对维持性经济本身构成实质性影响,也不会激发维持性农业基本需求之外其他更广泛的活动,创新刺激和经济专业化持续受到压制。后者以市场为导向,在商业机会的基础上促成了影响深远的经济革新,创造新形式的财富和商品。②

各种形式的贸易在一个时期内往往并存。古埃及人通过海上贸易维系与美索不达米亚及安纳托利亚地区主要国家间的联系,并在地中海东部持续长距离航行。③ 他们用谷物、酒、玻璃、家具、冶金制品交换伊特鲁里亚人的花瓶、希腊人的雕塑、提尔人的紫礼服,以及迦太基商人从锡利群岛或康沃尔带来的锡。埃及商船取道黑里欧波里斯或者米

---

① J.Vansina, *Long-Distance Trade-Routes in Central Africa*, Journal of African History, Ⅲ, 3, 1962, pp.375-376.

② 【美】理查德·格雷、大卫·伯明翰:《前殖民时代中部与东部非洲贸易活动的经济与政治影响》,理查德·格雷、大卫·伯明翰主编:《20 世纪前中部与东部非洲的贸易》,刘伟才译,上海社会科学院出版社 2020 年版,第 3—4 页。

③ 【美】林肯·佩恩:《海洋与文明》,陈建军等译,天津人民出版社 2017 年版,第 35 页。

奥斯赫尔墨斯,甚至更靠南的港口,经红海到香料产地"神灵保佑的阿拉伯半岛",或到阿比西尼亚的木材产区,或到桑给巴尔岛和莫桑比克的海岸,或绕过阿拉伯半岛到波斯湾的泰勒顿,甚至可能到印度的锡兰,还有一些来自遥远的中国产品。① 贸易不仅互通有无,还推动社会发展,引导消费习惯的养成。印度洋上活跃的贸易浪潮最早将前现代的非洲和国际经济联系在一起。② 贸易在高度发达的罗马经济中培育出一个庞大的市场,充斥着一群极具鉴赏力的顾客,成为时尚潮流的追风者。③ 腓尼基人出口的大宗货品中,需求最旺、价格最高的是独家供应的紫色染料,罗马人在穿不起整件紫色长袍或声讨贵族奢侈的同时,至少也会为自己的袍服镶上紫边,紫边宽窄视各人等级而定。④

　　城市共和国时期,贸易与城市形态产生更多勾连。庞兹认为,城市不同于乡村居民点或村庄,其本质特征是拥有特定的经济功能,即买卖商品,没有市场就没有城市。⑤ 然而,货物流通的缓慢和不规律,以至于几乎所有问题的产生都来自到货和发货的时断时续,信息和指令不确实或被耽误,仓储成为解决实际问题的方法。阿姆斯特丹汇集、储

---

① 【英】乔治·罗林森:《古埃及史:环境基因、地缘争霸与文明兴衰》,姜燕译,中国画报出版社 2018 年版,第 11—12 页。

② 【美】拉尔夫·A.奥斯丁:《非洲经济史:内部发展与外部依赖》,赵亮宇等译,上海社会科学院出版社 2019 年版,第 91 页。

③ 【英】艾佛尔·卡梅伦等编:《剑桥古代史(第十四卷)晚期古典世界:帝国及其继承者:425—600 年》,祝宏俊等译,中国社会科学出版社 2020 年版,第 432 页。

④ 【俄】泽内达·A.拉戈津:《亚述:从帝国的崛起到尼尼微的沦陷》,吴晓真译,商务印书馆 2020 年版,第 49 页。

⑤ 【英】诺尔曼·庞兹:《中世纪城市》,刘景华等译,商务印书馆 2015 年版,第 4—114 页。

存、出售和倒卖全世界货物,法国的葡萄酒、烧酒和高级织物进入市场后又重新离开。它依靠充足备货,可以随意调节商品的销售。① 贸易并不用于国内消费,主要是储存起来用于转口贸易。1609 年,阿姆斯特丹汇兑银行(Amsterdam Exchange Bank)的营业简化了贸易收支平衡问题,随后开始兑付金银硬币存款,在商界发行广泛流通的票据。它是阿姆斯特丹取代安特卫普成为欧洲西北部贸易中心的明显证据。②

与此同时,贸易的快速发展推动社会分工的深化。从事贸易的人群开始有不同组织形式,还有互相制定协议和计划长期航行的商团,不仅要考虑风况,还必须顾及在目的地和中转站居留的相应问题。③ 后来,由于贸易额集中于数量有限的特定地区,或者更确切地说是沿着这些地区之间数量有限的商路集中,某种决定性的集聚开始形成,贸易在经历各种纯粹量变的同时开始发生质的变化,并足以持续支撑三个独立的部分:留在北意大利的专职坐商,专门从事筹措租金和组织进出口贸易;专门的承运商,要么是海上的船主,要么是陆上的承运人,他们把来自委托人的货物交给自己的代理商;专职的代理商自身,他们居住在海外或阿尔卑斯山以北,根据接收到的指示卖力地献身于销售或购买。其中,大宗生活必需品贸易很大程度上取决于人口规模,特别是城市人

---

① 【法】费尔南·布罗代尔:《十五至十八世纪的物质文明、经济和资本主义》(第三卷),顾良等译,商务印书馆 2017 年版,第 467 页。

② 【荷】马尔滕·波拉:《黄金时代的荷兰共和国》,金海译,中国社会科学出版社 2013 年版,第 28 页。

③ 【德】罗德里希·普塔克:《海上丝绸之路》,史敏岳译,中国友谊出版公司 2019 年版,第 76 页。

口的规模,而高价值商品的贸易则依赖于相对狭小的富人群体的需求。① 随着威尼斯在亚得里亚海域和东地中海的贸易中地域日益扩大,城市人口迅速增长成为欧洲最大规模:1200 年达到 80000 人或更多,1300 年有 120000 人左右。尽管黑死病在 1347 年及后几年毁灭了一半以上的人口,居民数量仍维持在大约 120000 人。②

至此,贸易的主要内容是货物。1947 年《关税和贸易总协定》中的"贸易"是货物贸易,国际商会编纂的《国际贸易术语解释通则》、联合国秘书处每年编辑出版的《国际贸易统计年鉴》等所提及"贸易"均是货物贸易。③ 基于货物贸易附加的运输、保险、信贷的服务业日趋增加。虽然这些服务业的跨境交易已有百年,但在 20 世纪 60 年代前,人们尚未深刻认识到它们具有"可贸易"的属性,在观念上仍认为服务业从属于制造业,它本身没有价值创造功能。随着信息技术革命推动经济结构转型,人们看到了服务业跨境交易的"世界图景",发现绝大多数服务业都具有"可贸易"属性。④ 服务贸易观念对于各国制定贸易政策、创建国际贸易新规则非常重要。它蕴含的基本思想是市场法则与自由贸易,体现了服务业发展的市场逻辑。⑤

---

① 【英】迈克尔·琼斯:《新编剑桥中世纪史(第六卷):约 1300 年至约 1415 年》,王加丰等译,中国社会科学出版社 2020 年版,第 177—199 页。

② 【美】查尔斯·蒂利:《强制、资本和欧洲国家(公元 990—1992 年)》,魏洪钟译,上海人民出版社 2021 年版,第 162 页。

③ 何力:《贸易含义的演进与中国(上海)自由贸易试验区性质探析》,《海关与经贸研究》2014 年第 1 期。

④ 江小涓:《服务全球化的发展趋势和理论分析》,《经济研究》2008 年第 2 期。

⑤ 谢瑝:《服务贸易观念的构建及其意义》,《国际贸易》2020 年第 11 期。

对于"服务"内涵，有很多说法。简言之，"服务"是指没有实物形态产出的经济活动。[①] 按常人理解，"服务"是指范围不断扩大的经济活动，如视听、建筑、计算机及相关服务、快递、电信、电子商务、金融、会计和法律服务、零售和批发、运输和旅游等。服务不仅作为最终用途产品发挥作用，还促进了经济发展的其他方面。例如，运输服务将全球供应链上的中间产品和最终产品交给消费者；电信服务推动电子商务快速发展；金融服务为商品生产和消费或者农作物的生产提供信贷等。[②] 服务与货物相对应，其基础在于两者都是人类劳动的产物。尽管人类劳动产出形式各异，但最终归结起来都是物化形式的货物与活化形式的服务。服务与货物一样提供使用价值，而服务具有特殊的使用价值。服务活动是人类生产、生活与生俱来的产物，无论处于什么阶段，人类生产活动中都包括有服务的成分。服务作为人类经济社会的生产活动，在任何社会经济形态中都存在并发展着，是一个带有普遍性的概念。[③]

贸易内涵从货物贸易拓展至服务贸易，自由贸易港中"贸易"内涵随之扩大。欧盟海关法典明确自由区允许开展任何服务业活动。[④] 在大部分情况下，自由贸易港基于货物贸易，但不排除有些时候，自由贸

---

① 江小涓:《服务全球化的发展趋势和理论分析》,《经济研究》2008 年第 2 期。

② Rachel F. Fefer, *U. S. Trade in Services: Trends and Policy Issues*, Congressional Research Service, January 22, 2020, p.1.

③ 周振华:《服务经济发展——中国经济大变局之趋势》,格致出版社 2013 年版,第 24—31 页。

④ 《欧盟海关法典》第 244 条第 2 款。参见海关总署国际合作司编译:《欧盟海关法典》,中国海关出版社 2016 年版,第 97 页。

易港不以发展货物贸易而是以服务贸易为主要目标。英属维京群岛、百慕大等自由贸易港几乎与货物贸易无关,主要依靠低税负吸引公司注册,发展总部经济。[①] 新加坡和中国香港属于全域型自由港,并未对货物贸易与服务贸易做出区分。[②] 当前,世界贸易组织(WTO)框架内《货物贸易总协定》(GATT)与《服务贸易总协定》(GATS)平行分立,各司其职调整货物贸易与服务贸易的关系。其指导思想是:货物贸易与服务贸易是不同的贸易部门,以货物为主的制造业与以服务为主的服务业相互独立、自成体系。随着数字技术的迅猛发展,"服务/货物"两分法已难以适应现实需要,与数字贸易的发展趋势格格不入。长远来看,货物贸易与服务贸易很可能统合为数字贸易,成为贸易的主要内容。自由贸易港理应率先做出改变。

二、空间("港")要素

在庞兹看来,人类所处的位置由三个因素决定:环境本身,居住在那里的人们所具有的生活态度和社会组织形式,最后是他们的技术水平。[③] 这恰好构成解构自由贸易港空间要素的三个维度。从其字面,"港口"不仅指海港,还可是河港、湖港、空港和内陆港。"港"是否一定要依附于地理层面? 它们可以作为自由贸易港的空间载体吗? 空间载

---

① 胡加祥:《我国自由贸易港建设的法治创新及其意义》,《东方法学》2018 年第4 期。

② 何力:《贸易含义的演进与中国(上海)自由贸易试验区性质探析》,《海关与经贸研究》2014 年第 1 期。

③ 【英】诺曼·庞兹:《欧洲历史地理》,王大学等译,商务印书馆 2020 年版,第 1 页。

体究竟发挥着什么作用?

依据环境因素,自由贸易港最先是海港形态,这很可能出于以下两点考量:

第一个因素是安全。亚里士多德提出,港口与城区应保持一定的距离,而不能合并一处。城港之间则联以墙垣以及其他类似的碉堡,使城区的武力足以捍卫港埠的安全。这样既可获得港埠的便利,又不难以法律防止其附带的任何不良影响,城邦还可以订立某种规章,分别外来的商旅,限定谁可以入城,谁不得入城从事交易。① 修昔底德观察到,沿海一带出现有城墙的城市,地峡被占据着,以为通商和防御邻人侵略之用,但由于海盗活动广泛流行,不论是岛屿还是大陆的古代城市都建筑在离海岸有一定距离的地方。② 先哲理念在古希腊城邦发展中得到印证。雅典在比雷埃夫斯(Piraeus)有港口,科林斯在肯其瑞(Kenchreai)和勒凯翁(Lechaion)都有港口,它们通常建造在能提供防御的高地上。意大利中部的城市大体上与希腊的城邦发展相似。③

随着长距离运输货物价值的增加,商人对保护措施的需求日渐凸显。安全因素在贸易中的作用逐渐发酵,并开始摆脱港口的束缚。香槟市集火热的一个重要原因是香槟伯爵会非常主动地保护参加市

---

① 【古希腊】亚里士多德:《政治学》,吴寿彭译,商务印书馆 2020 年版,第 362—363 页。

② 【古希腊】修昔底德:《伯罗奔尼撒战争史:详注修订本》,徐松岩译注,上海人民出版社 2017 年版,第 58 页。

③ 【英】诺曼·庞兹:《欧洲历史地理》,王大学等译,商务印书馆 2020 年版,第 40—42 页。

集的商人。① 现在看来,安全因素在和平年代里仍属于自由贸易港考虑的重要问题,但内涵发生了很大改变,不再是军事方面,更多是日常管理。在迪拜自由港,虽然白天和黑夜的任何时候都可以相对安全地走在城市的街道上,但暗地里发生了大量与过境有关的犯罪行为。② 事实上,自由区不仅吸引合法商业,还吸引非法贸易或其他利用自由区管制豁免的非法活动。③ 因此,自由贸易港高度自由的特点使其非常容易成为滋生各种违法行为的天堂,从而挑战安全因素。

第二个原因是海运的便利。货物运输问题并不像想象得那样与社会发展同步或者超前。它不仅指货物安全送达,费用能否最小化,还涉及人员的运输,交易地点通常是商人容易到达的地方。布罗代尔曾毫不留情地评论:从黎塞留或查理五世皇帝时代的欧洲到宋代的中国或到神圣罗马帝国,运输这个领域简直毫无变化,或变化少得可怜! 这对商业交往和人与人的联系既是无声的命令,又是沉重的包袱。直到18世纪,水上运输仍是那么慢吞吞,陆上运输似乎陷于瘫痪。④ 在蒸汽机发明与修筑铁路前,海运比相同距离的陆运更加便利。刘易斯带有悲情地说道,大件或沉重货物的运输,真是令人痛苦的缓慢且无效率。人

① 【美】珍妮特·L.阿布-卢格霍德:《欧洲霸权之前:1250—1350 年的世界体系》,杜宪兵等译,商务印书馆 2015 年版,第 58—63 页。

② Christopher Davidson, *Dubai: The Security Dimensions of the Region's Premier Free Port*, Middle East Policy, 2008, 15(2), pp.143-160.

③ Kenji Omi, *"Extraterritoriality" of Free Zones: The Necessity for Enhanced Customs Involvement*, WCO Research Paper No.47, September 2019, p.2.

④ 【法】费尔南·布罗代尔:《十五至十八世纪的物质文明、经济和资本主义》(第一卷),顾良等译,商务印书馆 2017 年版,第 505—507 页。

们更偏爱的、且是商品运输唯一实用的方式就是海运。① 主要的贸易地区均集中在大海——大西洋、地中海、波罗的海——周围。② 从爱尔兰北部港口海运 4.4 万人到美洲花了 5 年时间,而运送 5000 人到苏格兰的邓迪(Dundee)的陆运则花了三代人的时间。③ 18 世纪中叶,一吨货物陆上运输 20 英里的成本可能高达货值的一倍,而在利物浦和曼彻斯特或伯明翰之间,运河能将每吨成本砍去 80%。④ 19 世纪末期,南美洲厄瓜多尔瓜亚基尔(Guayaquil)经麦哲伦海峡向美国纽约运送一吨货物的费用,比通过陆路向首都基多(Quito)要更为便宜,巴西里约热内卢从英国进口面粉与小麦比从邻近阿根廷更加经济。⑤

然而,并不是任何海港都适合发展自由贸易港或贸易中心。海运便利只是一个必要条件,却不是充分条件。英国等沿海国家在对外贸易中因为海运便利被公认为获得了先天的优势。⑥ 货物从英国一个地

---

① 【英】D.M.刘易斯等编:《剑桥古代史(第六卷):公元前 4 世纪》,晏绍祥等译,中国社会科学出版社 2020 年版,第 586 页。

② 【英】A.古德温编:《新编剑桥世界近代史(第 8 卷),美国革命与法国革命:1763—1793 年》,中国社会科学院世界历史研究所组译,中国社会科学出版社 2018 年版,第 33 页。

③ 【英】艾瑞克·霍布斯邦:《革命的年代:1789—1848》,王章辉等译,国际文化出版社 2006 年版,第 5 页。

④ 【英】埃里克·霍布斯鲍姆:《工业与帝国:英国的现代化历程》,梅俊杰译,中央编译出版社 2017 年版,第 40 页。

⑤ 【美】E.布拉德福德·伯恩斯、朱莉·阿·查利普:《简明拉丁美洲史——拉丁美洲现代化进程的诠释》,王宁坤译,世界图书出版公司 2009 年版,第 113 页。

⑥ 【英】马歇尔:《货币、信用与商业》,叶元龙等译,商务印书馆 1986 年版,第 103 页。

方运往另一个地方的自然便利程度远优于大陆国家。① 希腊取得成功是因为其是两片海洋之间的中转地。腓尼基以及热那亚和威尼斯,则是接受和重装货物,成为来往东方的贸易中心。② 威尼斯由一系列的战略据点、停泊港口、岛屿和城市商业区组成,它们位于中世纪一条最大的贸易路线上而占据优势,但仍需要生产粮食和肉类的地区,也需要保证从阿尔卑斯山通往北方市场的道路畅通无阻,因而不得不采取向陆地上扩张的政策。③ 反面的例子也有。布隆迪西乌姆是意大利东部沿海安科拉以南最好的港口,面对希腊和东方,却未能发展成为一个主要中心。位于波河出海口的拉文纳拥有非常突出的港口,据说能够停泊250艘船只,但从未成为商业中心。④

　　辩证地看,如今人类已是一种无法单纯被其环境所主宰的生物,他拥有历史地获取其存在和意识的力量。⑤ 庞兹的三角因素中,空间要素的重要性在技术飞速革新的背景下持续走弱。在论述贸易中心从一个国家或中心转移到另一个国家或中心的原因时,罗斯甚至提出是随

---

①　【英】A.古德温编:《新编剑桥世界近代史(第8卷),美国革命与法国革命:1763—1793年》,中国社会科学院世界历史研究所组译,中国社会科学出版社2018年版,第42页。

②　【美】尼古拉斯·斯皮克曼:《和平地理学——边缘地带的战略》,俞海杰译,上海人民出版社2016年版,第114页。

③　【英】G.R.波特编:《新编剑桥世界近代史(第1卷)文艺复兴:1493—1520年》,中国社会科学院世界历史研究所组译,中国社会科学出版社2020年版,第50页。

④　【英】M.I.芬利:《古代经济》,黄洋译,商务印书馆2021年版,第168页。

⑤　【德】卡尔·施米特:《陆地与海洋——世界史的考察》,林国基译,上海三联书店2018年版,第9页。

犹太人被驱逐或找到庇护所而定。① 姑且不说该观点有特定的语境，但至少可以作为空间要素日益削弱的一个侧面注脚。同时，地理环境和气候影响，会因技术革新而发生变化。② 自由贸易港逐渐突破了海港地理布局的限制，扩展到河港、湖港、空港和内陆港。胡加祥进而主张，资源禀赋、地理位置等在自由贸易港建设中不是最重要的，人才和技术是发展的核心要素，内陆交通枢纽城市可以发展成为自由贸易港。③ 巴西玛瑙斯自由贸易园区是位于亚马逊河口上游与内格罗河交汇处，属于内河港。④ 英国 East Midlands 也是新设 8 个自由港中的唯一内陆自由港，其目的旨在创建一个连接全球、世界领先的先进制造和物流中心。⑤ 中国重庆⑥、郑州⑦、武汉⑧、福州⑨等内陆城市均积极申请自由贸易港。"一带一路"倡议与丝绸之路经济带的构建为内陆自

---

① 【英】塞西尔·罗斯：《犹太人与世界文明》，艾仁贵译，商务印书馆 2021 年版，第 164 页。

② 【美】福山：《政治秩序与政治衰败：从工业革命到民主全球化》，毛俊杰译，广西师范大学出版社 2015 年版，第 215 页。

③ 胡加祥：《我国自由贸易港建设的法治创新及其意义》，《东方法学》2018 年第 4 期。

④ 资料来源：http://thebrazilbusiness.com/article/manaus-free-trade-zone。

⑤ 资料来源：https://www.gov.uk/guidance/freeports。

⑥ 薛飞、程健：《我国内陆自由贸易港建设探索》，《重庆社会学科》2019 年第 9 期。

⑦ 姚莲芳、张曼：《我国探索建设内陆自由贸易港的相关思考》，《学习与实践》2020 年第 11 期。

⑧ 余振、李萌：《我国中部地区建设自由贸易港的若干思考》，《学习与实践》2020 年第 1 期。

⑨ 陈春玲：《福州建设"腹地辐射联动型"自由港初探》，《福建论坛·人文社会科学版》2020 年第 5 期。

由港的崛起提供了必要性。中国中西部地区自由贸易港的建设对于辐射中西亚、南亚、欧洲,配合"一带一路"建设,重塑欧亚大陆价值链可能起到重要的作用。① 而中国在内陆和边境地区设立的综合保税区则为打造内陆自由港奠定了良好的基础。② 它们均在不断丰富自由贸易港"空间"要素的内涵。

毋庸置疑,外部的地理因素仍是决定一个地点能否在国际贸易中具有战略意义的绝对重要条件。③ 海运与陆运的争论都是地理因素在不同历史阶段、领域乃至国家的差异化表现。海洋历史学家不得不承认:历史的"创造"终究依附于陆地,而不是海上。陆地区域的历史偶尔或从不需要考虑海洋,但海洋地区的历史却无法完全舍弃陆地。④ 麦金德也表示:海洋上的机动性,是大陆心脏地带的马和骆驼的机动性的天然敌手,但海上运输要包括四次装卸货物的工序,而陆路铁路货车可以直接从输出的工厂开到输入的仓库。⑤ 但是,在自由贸易港空间要素领域,尽管形态的多元化已成事实,从海港拓展到多种空间载体,在相当长时期内仍改变不了海港占主流的客观事实。

---

① 崔凡等:《论中国自由贸易港的战略意义与功能定位》,《国际贸易》2018 年第 4 期。

② 胡云乔、李金珊:《从自由港代际演化看"一带一路"倡议下的第四代自由港发展趋势》,《社会科学家》2016 年第 5 期。

③ 【美】珍妮特・L.阿布-卢格霍德:《欧洲霸权之前:1250—1350 年的世界体系》,杜宪兵等译,商务印书馆 2015 年版,第 76 页。

④ 【德】罗德里希・普塔克:《海上丝绸之路》,史敏岳译,中国友谊出版公司 2019 年版,第 4 页。

⑤ 【英】哈・麦金德:《历史的地理枢纽》,商务印书馆 2010 年版,第 64—67 页。

如果脱离海港、河港等载体的表层,就会发现自由贸易港空间要素与人同样受到环境与人互动关系的深远影响。环境正在以自己的力量形塑着人类社会。段义孚就认为,物质环境对人们的感知起到反作用,在"刀砍斧剁"的环境里长大的人,相比与那些生长在由自然线条组成的环境里的人,更容易受到情绪的感染。① 孟德斯鸠也认为,自然地理把欧洲国家分为均衡数量的竞争性政治体,导致谁也无法实现大一统,欧洲自由成为这一现实的结果。② 豪斯霍弗甚至提出,太平洋地缘政治学的一个终极远大目标是在日益增长的人口压力中,更公正、更有意义地分配地球上的空间。③ 所以,环境论本质上是一个静态的理论。民族和文化因其环境条件而成就各自的面貌,尽管这些的确能够被人类制度所改良。④

这种互动关系推动了居住在自由贸易港区域的人们更容易被特有的社会组织形式—"港口与腹地"—所影响。腹地是为港口提供出口物资并消费港口进口物资的地理区域,是可以促进人力资源往来、产业转移、资本流动以及技术与信息传递的地理区域。⑤ 任何港口的发展,

---

① 【美】段义孚:《恋地情结》,志丞等译,商务印书馆2018年版,第369—370页。

② 【美】福山:《政治秩序与政治衰败:从工业革命到民主全球化》,毛俊杰译,广西师范大学出版社2015年版,第210—211页。

③ 【德】卡尔·豪斯霍弗:《太平洋地缘政治学——地理与历史之间关系的研究》,马勇等译,华夏出版社2020年版,第416页。

④ 【美】克拉伦斯·格拉青:《罗德岛海岸的痕迹:从古代到十八世纪末西方思想中的自然与文化(上下册)》,梅小侃译,商务印书馆2019年版,第175页。

⑤ 吴松弟:《通商口岸与近代的城市和区域发展——从港口到腹地的角度》,《郑州大学学报》2006年第11期。

除与先天的有利条件及外界的促进因素外,也与其经济腹地有息息相关的依存关系。① 沿海口岸城市对其辐射区域的经济影响的规模,远远超过古代行政中心城市与区域的经济关系,在性质上有着极大的不同。城市是相对主动、占有优势的一方,但区域也不是完全被动地接受城市的辐射,也对城市产生不可忽视的影响。这种双向互动的经济区,以港口城市为龙头、以腹地为龙身,以交通干线为血管,形成紧密的经济联系,从而改变以往的区域经济联系的模式,并为新的经济地理格局的形成奠定了基础。② 彭慕兰曾对旧中国腹地的畸形发展作如下描述:帝国主义对正在发展着的、重新形塑的中国地区之间关系的干预,对某些地区有推动作用,但这极大加剧了其他地区的困境,并短暂地把中国某些最肥沃的地区与这个国家的其他地区分隔开来,而把这些地区与新的海外贸易伙伴联在一起。这些扭曲了的地区性变化,反过来极大地束缚了中国政府维持基本秩序的能力,极少能提供推动现代发展所必需的服务,即某些地区的"现代化"进程加剧了其他地区的"衰落化"。③ 虽然它是过去的实践,但对当下有一定印鉴。如果港口与腹地没有良性互动甚至彼此不再关联,那么,这个自由贸易港的发展将很难持续。

这个特点在世界各地似乎都有生动地展示。巴拿马港是欧洲人在

---

① 戴鞍钢:《港口·城市·腹地——上海与长江流域经济关系的历史考察(1843—1913)》,复旦大学出版社 1998 年版,第 133 页。

② 吴松弟等:《港口—腹地与北方的经济变迁(1840—1949)》,浙江大学出版社 2011 年版,第 25—35 页。

③ 【美】彭慕兰:《腹地的构建——华北内地的国家、社会和经济(1853—1937)》,马俊亚译,上海人民出版社 2017 年版,第 38—39 页。

美洲建造的年代最悠久的太平洋港口,政府官员、商人、水手、码头工人都生活在巴拿马城里,组织和管理港口贸易的政府部门也设在巴拿马城,这种城市规划反映了市政权力(civil power)和贸易的密切关系。换言之,港口的空间运用反映了占主导地位的自由贸易思想,来自众多国家的公司彼此相处融洽。① 孟加拉湾的内陆城市依赖农业基础,而新的港口城市则以鼓励贸易为主要目的。旧日的中心城市架构完全反映出皇室的宇宙观,新的港口政治布局则证明了其居民的多元性。外国人通常担任港口长官,这是仅次于统治者的最重要政治职位,其主要任务是保障贸易顺利进行,让来访和常驻的商人相信价格合理,税率公道,协议得到遵守,争议被体面地解决。② 德国汉堡自由港的腹地于19世纪扩展至中欧,将柏林和萨克森纳入其网络,战胜了与吕贝克、斯德丁和其他波罗的海港口的竞争。阿姆斯特丹、鹿特丹和安特卫普为了比利时与莱茵兰的贸易竞争激烈,每个港口的命运都受到运河建设、河流调节、码头建造和其政府政策的影响,鹿特丹则作为工业化的鲁尔和莱茵兰地区的主要海港而不断壮大。汉堡和不来梅在并入关税同盟后保留了自由区。1894年,哥本哈根建立自由区,塞萨洛尼基为方便与塞尔维亚的贸易也划出这样一块区域,其商品通过铁路而非海路抵达。③ 成立于1985年梅尔辛(Mersin)自由区建立于地中海东部海岸,

---

① 【哥】玛丽萨·拉索:《被抹去的历史:巴拿马运河无人诉说的故事》,扈喜林译,广东人民出版社2021年版,第21—23页。

② 【印度】苏尼尔·阿穆瑞斯:《横渡孟加拉湾:自然的暴怒和移民的财富》,尧嘉宁译,浙江人民出版社2020年版,第45—46页。

③ 【英】诺曼·庞兹:《欧洲历史地理》,王大学等译,商务印书馆2020年版,第512—513页。

与该地区最大的港口——梅尔辛港相连,是土耳其最重要的出口港之一。① 俄罗斯符拉迪沃斯托克自由港拥有码头、仓库、车间和储存设施的港口区域。② 美国对外贸易区主区与分区(subzone)制度正是"港口—腹地"空间与功能拓展成功的范例。它们无不提示着中国自由贸易港的功能设计应以"港区经济"发挥产业集群聚集效应。③ 因此,自由贸易港选址的成功是一个客观硬件。④ 它必须将腹地要素纳入其选址考虑范围。

三、深度("自由")要素

美国地理学家亨廷顿在《文明与气候》一书中提出:历史上的文明发祥地似乎都拥有相同类型的气候。这种气候似乎是文明进步的必要条件。但它并非文明产生的动因这类更深层次的东西,因为深奥性远非气候可比。气候也不是文明进步的唯一或最为重要的条件,它只是几个重要条件之一,就如同足够的纯净水仅是保证身体健康的一个主要条件一样。好水不一定会使人健康,宜人的气候也不一定会使愚蠢、堕落的种族所创造的文明达到一个更高的高度。但若水质不好,人就会生病,没有力气;同样,若气候恶劣,就没有任何种族能够

---

① *Mersin Free Trade Zone*, Court Uncourt, Vol.5, No.12, 2018, p.42.

② Iu.A. Avdeev, *The Free Port of Vladivostok*, Problems of Economic Transition, Vol.59, No.10, 2017, p.711.

③ 余南平:《中国自由贸易港建设:定位与路径》,《探索与争鸣》2018 年第 3 期。

④ 何力:《南美沿海型和内陆型自贸区实践与我国自贸区建设》,《国际商务研究》2014 年第 2 期。

保持活力和发展。① 这个逻辑同样适用于自由贸易港的"深度"要素。有观点认为,人们始终无法客观地衡量自由区成功取决于哪些因素,诸如汉堡自由港的工业传统和能力,劳动力廉价,甚至在某些"异国风情"的自由区内不用缴纳社会保险,有国家补贴等等。② 然而,"自由"这个要素,无疑是每个自由贸易港所必须。没有自由,自由贸易港就没有存在的意义,虽然它不是自由贸易港的唯一特点。

自由贸易港的"深度"要素可从两个方面来解构:第一,"境内关外"是自由贸易港"自由"的基石;第二,"自由"的实质是贸易要素的自由。讨论自由贸易港的"深度"要素,就是贸易要素自由的比较。

"境内关外"中"境"是国境,"关"是关境(customs territory),可称为税境、海关领土或关税领土。③ 狭义关境是行使关税权力的空间界线,而线外是其他关税区当局的管理范围。④《京都公约》对关境的解释是"一国海关法规能得到全部实施的领域"。⑤ 国境与关境并不总是一致。《中国—冰岛自由贸易协定》⑥第 1 章"一般条款"第 3 条"地理

---

① 【美】埃尔斯沃思·亨廷顿:《文明与气候》,吴俊范译,商务印书馆 2020 年版,第 7 页。

② 【法】克劳德·让·贝尔、亨利·特雷莫:《海关法学——欧盟与法国海关法研究(第七版)》,黄胜强等译,中国海关出版社 2019 年版,第 162 页。

③ 何晓兵:《关于关境概念的再认识》,《对外经济贸易大学学报》1999 年第 3 期。

④ 何力:《国际贸易法的关境本位》,《国际贸易法论丛》2018 年第 8 卷。

⑤ 海关总署国际司编译:《京都公约总附约和专项附约指南》,中国海关出版社 2003 年版,第 21 页。

⑥ 该协定于 2013 年 4 月 15 日签署,2014 年 7 月 1 日生效。

适用范围"第 1 款规定,"本协定适用于中国的全部关税领土",意味着它仅适用中华人民共和国关境,不包括中国香港等单独关税区,第 2 款规定,"本协定适用于冰岛的全部领土",这就表明冰岛不存在国境与关境脱钩的情形。关境一般在海关法中予以明确界定。《欧盟海关法典》第 4 条就对欧盟关境做了详细规定。① 法国关境包括法国大陆领土及领水、科西嘉岛和法国沿海岛屿领土及领水,以及瓜德罗普、法属圭亚那、马提尼克岛和留尼汪岛四个海外属地的领土及领水。② 《关税同盟海关法典》规定,亚美尼亚共和国、白俄罗斯共和国、哈萨克斯坦

---

① 该条规定:1.欧盟关境包括下列领土,包括其领海、内水及领空:比利时王国领土;保加利亚共和国领土;捷克共和国领土;除法罗群岛及格陵兰外的丹麦王国领土;除黑尔格兰岛及布辛根外的德意志联邦共和国领土(1964 年 11 月 23 日《德意志联邦共和国与瑞士联邦条约》);爱沙尼亚共和国领土;爱尔兰领土;希腊共和国领土;除休达及梅利利亚外的西班牙王国领土;除依据《欧盟运行条约》第四部分规定的法国海外附属国及领地外的法兰西共和国领土;克罗地亚共和国领土;意大利共和国领土,但利维尼奥市、坎皮奥内市、位于卢加诺湖岸和蓬泰特雷萨与切雷西奥港间的政治边界之间的卢加诺湖的意大利领水除外;塞浦路斯共和国领土,依照 2003 年加入法案的规定;拉脱维亚共和国领土;立陶宛共和国领土;卢森堡大公国领土;匈牙利领土;马耳他领土;荷兰王国欧洲领土;奥地利共和国领土;波兰共和国领土;葡萄牙共和国领土;罗马尼亚领土;斯洛文尼亚共和国领土;芬兰共和国领土;瑞典王国领土;以及大不列颠及北爱尔兰联合王国领土,以及海峡群岛和马恩岛。2.考虑到适用于有关地区的公约和条约的规定,下列位于成员国领土外的地区,包括其领海、内水和领空,应该被视为欧盟关境的一部分:(a)法国,1963 年 5 月 18 日在巴黎签署的《海关公约》(1963 年 9 月 27 日法兰西共和国公报第 8679 页)中所指的摩纳哥公国领土。(b)塞浦路斯,1960 年 8 月 16 日在尼科西亚签署的《关于成立塞浦路斯共和国的条约》【英国条约系列第 4 卷(1961)第 1252 号文件】所指亚克罗提利与德凯利亚英属地区全境。海关总署国际合作司编译:《欧盟海关法典》,中国海关出版社 2016 年版,第 11—12 页。

② 《法国海关法典》第 1 条第 1 款。国家口岸管理办公室编译:《法国海关法典》,中国海关出版社 2016 年版,第 1 页。

共和国、吉尔吉斯共和国和俄罗斯联邦的领土,以及位于关税同盟成员国境外的关税同盟成员国对其具有专属管辖权的人工岛屿、装置、构建物及其他设施构成关税同盟统一关境。①

　中国曾在 1987 年《海关法》讨论稿中对关境如下定义,"中华人民共和国全部领域为中华人民共和国关境,但享有单独关境地位的地区除外",但未能付印正式文本。② 严格意义上,中国海关特殊监管区域是海关管辖区,法律地位是"境内关内",由于特殊监管区域货物暂不征税,事实上处于"欠账"状态。③ 1999 年 8 月,《关于进一步采取措施鼓励扩大外贸出口的意见》提出"境内关外"的管理体制,似乎明确出口加工区是"境内关外",但 2000 年《海关对出口加工区监管的暂行办法》对此并未涉及。《大连保税区管理条例》第 2 条规定保税区是"综合性对外开放的境内关外特定区域",2010 年修改为"综合性对外开放的特定经济区域",这或可从一个侧面反映官方的态度。④ 孙远东强调,地方政府招商引资时往往宣传所在地的保税区属于"境内关外",但各部门对"境内关外"的定性不同。商务部认为"境内关外",外汇管理部门将区内企业视为境外企业,实行特别外汇政策,财政和税务部门

---

① 国家口岸管理办公室编译:《关税同盟海关法典》,中国海关出版社 2016 年版,第 1—2 页。

② 丁良培:《关境试析》,《政治与法律》1987 年第 6 期。

③ 周和敏等:《从海关特殊监管区到自由贸易区——上海自贸区海关监管政策分析》,《海关法评论》2014 年第 4 期。

④ 刘剑文:《法治财税视野下的上海自贸区改革之展开》,《法学论坛》2014 年第 3 期。

则比较模糊,海关则进退失据。①

　　对"境内关外"是自由贸易港一个核心要素的观点,普遍没有异议。《京都公约》专项附约四第二章"自由区"指缔约方境内的一部分,进入这一部分的任何货物,就进口税费而言,通常视为在关境之外。② 郭永泉因而认为,它就是"境内关外"说法的原始出处。③ 法国海关法的自由区,指为使货物在应纳进口关税及其他税和数量限制方面被视为不在关境之内而划定的法国领土一部分。④ 2020 年 7 月 1 日生效的《美国—墨西哥—加拿大自由贸易协定》(USMCA)明确,美国本土与波多黎各的对外贸易区属于美国领土。⑤ "关外"并非海关法完全不适用,仅指关税豁免和常规海关监管的简化,实际上是关税法的不适用而非海关法不存在,属于海关特殊监管。⑥ 那些将"关外"理解为彻底排除海关监管或类似机构监管,而成法外之地的看法极其错误。对货物的监管仍是海关法实施的最基本工具,欧洲单一市场建成后取消海关边界,但真正消灭的东西,是共同体内部的边界监管,而不是监管这一

---

　　① 孙远东:《从海关特殊监管区域到自由贸易园区——中国的实践与思考》,首都经济贸易大学出版社 2014 年版,第 136 页。

　　② 海关总署国际合作司编译:《京都公约总附约和专项附约指南》,中国海关出版社 2003 年版,第 262 页。

　　③ 郭永泉:《中国自由贸易港的海关制度创新》,《海关与经贸研究》2018 年第 2 期。

　　④ 《法国海关法典》第 286 条。国家口岸管理办公室编译:《法国海关法典》,中国海关出版社 2016 年版,第 156 页。

　　⑤ territory means:for the United States,(ii)the foreign trade zones located in the United States and Puerto Rico.

　　⑥ 龚柏华:《"法无禁止即可为"的法理与上海自贸区"负面清单"模式》,《东方法学》2013 年第 6 期。

原则本身,监管在海关其他方面仍必须存在。①

自由港实行最高程度的通关便利化,但并未弱化贸易规制内容。② 它是一个国家政治边界内仅对海关惯常监管手续而言的"海关域外之地"。早期巴拿马设立自由港就是希望将商人从严格的政府规章和惯例中解脱出来,特别是以海关法为代表的繁琐海关程序。③ 英国官方报告认为,自由港的共同特点包括海关手续与税收方面的减让、规划优势以及减少官僚作风。④ 胡加祥提出,有的自由贸易港以服务贸易为主,鉴于海关监管对象主要是货物贸易,甚至可以不设海关监管。⑤ 这种观点得存疑。海关同样可以监管服务贸易,特别是与货物贸易相结合的服务贸易。货物贸易与服务贸易互相融合的速度正在加快,数字贸易时代也将推动海关等机构监管手段更加丰富。如何在数字贸易背景下理解"关外"将是各国海关面临的一个严峻挑战。

"贸易要素"的自由包括哪些内容? 黄山河主张,以进出口贸易、直接投资工商经营、金融活动和人员流动四个方面的"自由度"为参照系,此处自由度既指对四个方面负约束的程度,也指对四方面给予正面

---

① 【法】克劳德・让・贝尔、亨利・特雷莫:《海关法学——欧盟与法国海关法研究(第七版)》,黄胜强等译,中国海关出版社有限公司 2019 年版,第 11 页。

② 何力:《域外自由贸易港海关法律管制及其对我国自由贸易港建设的借鉴》,《海关法评论》2009 年第 9 卷。

③ Kenji Omi, "*Extraterritoriality*" *of Free Zones*: *The Necessity for Enhanced Customs Involvement*, WCO Research Paper No.47, September 2019, p.2.

④ Dominic Webb, Ilze Jozepa, *UK Government policy on freeports*, 12 May 2021, p.4.

⑤ 胡加祥:《我国自由贸易港建设的法治创新及其意义》,《东方法学》2018 年第 4 期。

优惠刺激的程度,可以把各类自由港归入不同的模式。如果将四方面的活动按单项细分为自由度高低不等的层面后组合起来,便可以得到一组按"综合自由度"高低排列的自由港模式,而每个自由港都可以在这个排列组合中找到相应的原型。① 廖凡认为,货物、资金、人员的进出自由,既是自由港"境内关外"定位的逻辑延伸与具体体现,也是确保实现这一定位的必要安排。② 胡加祥则将其归纳为经济自由化。③它的实质是原有扭曲市场经济的法律与政策不断消除与革新的过程。④

显然,货物进出自由是贸易要素自由最直观的表现。⑤ 它是各国为发展国际贸易,便利货物流通,而在海关管理上做出的让步和协调。⑥ 其中,业务开展范围在很大程度上成为丈量货物进出自由度的一把尺子。有的自由贸易港采取正面清单方式,例如,欧盟规定自由区内应允许开展任何工业、商业或服务业活动。⑦ 土耳其梅尔辛自由区

---

① 黄山河:《关于自由经济区和自由港的若干思考——兼议厦门实行自由港政策的可行性》,《中国经济问题》1987 年第 2 期。

② 廖凡:《上海自由贸易港:内涵、特征及其法制保障》,《国际贸易法论丛》2009 年第 8 卷。

③ 胡加祥:《我国自由贸易港建设立法模式研究》,《法治研究》2021 年第 3 期。

④ 刘志云:《法律全球化进程中的特征分析与路径选择》,《法制与社会发展》2007 年第 1 期。

⑤ 刘敬东:《国际贸易法治的危机及克服路径》,《法学杂志》2020 年第 1 期。

⑥ 王淑敏、冯明成:《〈贸易便利化协定〉与〈京都公约〉(修订)比较及对中国自由贸易港的启示》,《大连海事大学学报》(社会科学版)2019 年第 2 期。

⑦ 《欧盟海关法典》第 244 条第 2 款。参见海关总署国际合作司编译:《欧盟海关法典》,中国海关出版社 2016 年版,第 97 页。

明确,在自由区设立的公司不能在自由区外开展商业活动,并在自由区可以从事:(1)生产各种轻工业——电子、光学、机械、零部件、纺织品和服装;(2)批发业;(3)包装和重新包装;(4)工作场所租赁;(5)装配;(6)仓储;(7)维修保养;(8)银行/保险;(9)安装/拆卸。① 符拉迪沃斯托克自由港使用负面清单模式,即禁止以下活动:(1)石油和天然气的开采;(2)除汽车、摩托车、机油、航空、柴油和汽车燃料外,可生产其他应税货物;(3)行政和相关附加服务活动(农业机械和设备、土木工程施工机械和设备、车辆、航空车辆、水上车辆、铁路车辆、发动机、涡轮机和机床的租赁;机械和设备、物资、旅行社和其他在旅游业提供服务的组织的活动除外)。②

贸易要素自由还包括资金流动、人员流动等。前者主要涉及人民币与可自由使用货币自由兑换;后者针对与自由贸易港有业务往来的境外商务人士实施灵活的签证制度,放宽外国人工作许可制度,对外籍高层次人才申请永久居留权给予适当倾斜。如今关税持续降低,对大多数工业国家来说,避免对以后出口的商品征收关税的负担要小得多。自由贸易港往往是重点更广泛的自由区,在自由区可以减轻更广泛的财政和监管负担。它们在关税税率高、官僚机构效率低的发展中国家尤其有用。③ 总之,自由贸易港所在国基于自身需求和优势,在贸易要素上附加更多优惠和便利措施,提供"增值"和"加成",形成开放程度

---

① *Mersin Free Trade Zone*, Court Uncourt, Vol.5, No.12, 2018, p.43.

② 资料来源:http://erdc.ru/en/about-spv/。

③ Peter Holmes, *Free ports——preparing to trade post-Brexit*, UK Trade Policy Observatory, 26 September 2019.

不等的梯队。① 不管何种"增值"或者"加成",最少干预均是"自由"的核心要义。

第三节　自由贸易港国际法治的实质构成

一、法治的源流

古希腊柏拉图信奉人治,他提出:一个人如果天生具有良好的记性,敏于理解,豁达大度,温文尔雅,爱好和亲近真理、正义、勇敢和节制,在完成了教育后,应当正是让这种人而不是让别种人当城邦的统治者。② 亚里士多德则主张法治,他在《政治学》中论及:法治应当优于一人之治。遵循这种法治的主张,这里还须辨明,即便有时国政仍须依仗某些人的智虑(人治),这总得限制这些人只能在应用法律上运用其智虑,让这种高级权力成为法律监护官的权力。应该承认邦国必须设置若干职官,必须有人执政,但当大家都具有平等而同样的人格时,必须有人执政,但当大家都具有平等而同样的人格时,要是把全邦的权力寄托于任何一个个人,这总是不合乎正义的。③

希罗多德借用波斯人之口讨论了民治、寡头之治与独裁之治的问

① 廖凡:《上海自由贸易港:内涵、特征及其法制保障》,《国际贸易法论丛》2009 年第 8 卷。

② 【古希腊】柏拉图:《理想国》,郭斌和等译,商务印书馆 2021 年版,第 231—236 页。

③ 【古希腊】亚里士多德:《政治学》,吴寿彭译,商务印书馆 2020 年版,第 169 页。

题。欧塔涅斯提出:人民的统治的优点首先在于它的最美好的声名,在法律面前人人平等;其次,不会产生一个国王所易犯的任何错误,一切职位都抽签决定,任职的人对他们任上所做的一切负责,而一切意见均交人民大众加以裁决。美伽比佐斯却认为,没有比不好对付的群众更愚蠢和横暴无礼的了。他断言:把我们自己从一个暴君的横暴无礼的统治之下拯救出来,却又用它来换取那肆无忌惮的人民大众的专擅,那是不能容忍的事情。选一批最优秀的人物,把政权交给他们,我们自己也可以参加这一批人物,而既然我们有一批最优秀的人物,那我们就可以做出最高明的决定。大流士认为,独裁之治比其他两种好得多。没有什么能够比一个最优秀的人物的统治更好了,他既然有与他本人相适应的判断力,他就能完美无缺地统治人民,同时为对付敌人而拟订的计划也可以隐藏得最严密。结果在判断上述的三种意见时,七个人里有四个人赞成大流士的看法。[1]

古罗马西塞罗则主张官吏的职能是治理,并发布正义、有益且符合法律的指令。由于法律治理官吏,因而官吏治理人民,而且可以确切地说,官吏是会说话的法律,而法律是沉默的官吏。他还称赞禁止个人例外的法律。没有什么能比任何惩罚个别人的法律更不公正,因为"法律"这个词本身就意味着一种约束所有人的法令或指令。[2] 显然,西塞罗的观点更贴近当前法治共识下的实践。

---

① 【古希腊】希罗多德:《希罗多德历史(全二册)》,王以铸译,商务印书馆1959年版,第271—273页。

② 【古罗马】西塞罗:《国家篇 法律篇》,沈叔平等译,商务印书馆2019年版,第226—249页。

时至今日,法治从人类远古以来崇尚的一种社会秩序形态,演变成为支撑人类现代社会运作最重要的理念和共同价值。[①] 福山认为,法治是一个非常开放的概念,存在很多理解与解释。似乎有多少法律学者,就会有多少法治的定义。[②] 此话并非虚言。法治逐渐形成一个基本共识是:法治社会的基本要求和特征是以法制(约)权(力),以权利制约权力,使权力之间互相制衡。[③] 博登海默提出:法治最好的保证是一部成文的或不成文的宪法,按规定并限制政府的权力,并认许人民有某些基本权利,不能轻易地被侵犯或剥夺。即便在这样的一种制度之下,专擅权力的危险仍然存在,就必须由议会或法律机关解释宪法上不明的或意义广泛的文词。[④] 同时,法治不是一套必须要遵循的机械性规则。它是一套松散、模糊、不确定,需要按照法治得以实现价值的方式加以解释的原则。[⑤] 赛普罗维奇甚至主张:法治应该充满弹性。一个理想的社会应允许人们拒斥法治,它不是为了摒弃理想社会之观念,

---

① 赵宏:《处于十字路口的国际法:国际法治的理想与现实》,《国际贸易》2020 年第 2 期。

② 【美】福山:《政治秩序的起源:从前人类时代到法国大革命》,毛俊杰译,广西师范大学出版社 2014 年版,第 246 页。

③ 吕世伦主编:《西方法律思想史论》,商务印书馆 2006 年版,第 6 页。

④ 【美】博登海默:《博登海默法理学》,潘汉典译,法律出版社 2015 年版,第 31 页。

⑤ 阿隆·哈勒尔通过考察以色列最高法院运用法治立项证成和保护其宪法权力,特别是其司法审查权的方式后提出,以色列最高法院的司法审查一定有助于保障法治的论断是错误的,它所理解的法治概念是为自身的制度目的服务的,包括力图扩大最高法院的权力,在以色列《宪法》中将其受正义的角色定位正当化,确立最高法院在以色列法治话语中的特权地位。参见【以色列】阿隆·哈勒尔:《法治与司法审查:以色列"最高法院权力改革"反思》,【加】大卫·戴岑豪斯编著:《重构法治:法秩序之局限》,程朝阳等译,浙江大学出版社 2020 年版,第 203—225 页。

而是为了思考法治如何有助于或无助于理想社会实现其所追求的目标。①

二、中国法治的演进与新道路

"法治"一词不见中国古代典籍,遍考经、史、子、集均无从查证。最早使用"法治"的是梁启超在 1922 年《先秦政治思想史》中提出"人治主义"和"法治主义",用来概括中国古代儒法的政治主张。② 中国法家的法治思想包括三层含义:第一,法的内容和施行平等,在相当广的范围内,法要超越贵贱、尊卑、亲疏等社会差异,用同一、单纯的法律约束人民,反对儒家提倡的因贵贱、尊卑、长幼、亲疏等差异而实施的礼治。第二,事断于法,治国不务德而务法,用法来安排一切国家大事,包括臣民的职责权限、施赏用刑、化民易俗等。第三,法有所不为,即法律以维持秩序为目的,重在惩恶止奸,而不在推行道德。③ 福山认为,中国法律变成法家和儒家的混合物,中国只有依法统治而没有法治。法律并不能限制或约束君主本身,因为后者才是法律的最终来源。④ 沃特金斯提出,中国人政治思想的特色都是伦理而非法律。⑤ 福山因而断言:

---

① 【加】大卫·戴岑豪斯:《重构法治:法秩序之局限》,程朝阳等译,浙江大学出版社 2020 年版,第 251—252 页。

② 何勤华等:《法律名词的起源》,北京大学出版社 2009 年版,第 52 页。

③ 赵晓耕:《中国古典法治的表达——再说韩非子》,商务印书馆 2021 年版,第 59—60 页。

④ 【美】福山:《政治秩序与政治衰败:从工业革命到民主全球化》,毛俊杰译,广西师范大学出版社 2015 年版,第 326—466 页。

⑤ 【美】沃特金斯:《西方政治传统:近代自由主义之发展》,李丰斌译,广西师范大学出版社 2016 年版,第 8 页。

中国是一个没有法治的伟大世界文明。① 相比之下,国内专家态度较为缓和。高鸿钧认为,对中国的法律传统、法律现实以及西方法律理念和制度等三者进行重构是中国真正形成自己的法治和法学的前提条件。②

2021 年 12 月 6 日,习近平总书记在十九届中央政治局第三十五次集体学习时,作"坚持走中国特色社会主义法治道路,更好推进中国特色社会主义法治体系建设"的主题讲话。他指出:中国法治体系还存在一些短板和不足:法律规范体系不够完备,重点领域、新兴领域相关法律制度存在薄弱点和空白区;法治实施体系不够高效,执法司法职权运行机制不够科学;法治监督体系不够严密,各方面监督没有真正形成合力;法治保障体系不够有力,法治专门队伍建设有待加强;涉外法治短板比较明显等等。他强调:全面依法治国是国家治理的一场深刻革命,关系党执政兴国,关系人民幸福安康,关系党和国家长治久安。必须更好发挥法治固根本、稳预期、利长远的保障作用,在法治轨道上全面建设社会主义现代化国家。③ 法治兴则民族兴,法治强则国家强。中国正处在实现中华民族伟大复兴的关键时期,世界百年未有之大变局加速演进,改革发展稳定任务艰巨繁重,对外开放深入推进,需要更好发挥法治固根本、稳预期、利长远的作用。为此,应着力坚持法治体

---

① 【美】福山:《政治秩序的起源:从前人类时代到法国大革命》,毛俊杰译,广西师范大学出版社 2014 年版,第 262 页。

② 高鸿钧:《认真对待英美法》,《清华法学》2010 年第 6 期。

③ 习近平:《高举中国特色社会主义伟大旗帜　为全面建设社会主义现代化国家而团结奋斗——在中国共产党第二十次全国代表大会上的报告》,人民出版社 2022 年版,第 40 页。

系建设正确方向、加快重点领域立法、深化法治领域改革、运用法治手段开展国际斗争以及加强法治理论研究和宣传。① 中国式法治现代化新道路是中国式现代化新道路在法治领域的具体体现,是中国特色社会主义法治道路的理论投射,是中国共产党领导中国人民在长期法治探索和实践中成功走出的法治现代化唯一正确道路,具有鲜明的中国特色、时代特色、历史底色。走中国式法治现代化新道路,是新时代法治建设全部理论和实践的立足点。②

三、法治与国际法治内涵的展开

法治的内涵应从形式主义与实质主义两个维度展开。③ 它又可分为形式法治与实质法治,具有国内与国际属性,即国际法治与国内法治。④ 国际法治是国际社会和平发展的基石,倡导在国与国的关系上建立法治。⑤ 国际法治与国内法治在观念、定位、功能等领域各有差异,两者借助"良法"和"善治"两大法治核心要素实现有效衔接。国内法治是国际法治进路的基础和前提,而国际法治则是国内法治的延伸和发展。⑥

---

① 资料来源: www. gov. cn/xinwen/2022 - 02/15/content _ 5673681. htm? token = 274d9611-02d9-4188-a527-85b49fe47761。

② 张文显:《论中国式法治现代化新道路》,《中国法学》2022 年第 1 期。

③ 何勤华等:《法治的追求———理念、路径和模式的比较》,北京大学出版社 2005 年版,第 93—94 页。

④ 高鸿钧:《现代法治的困境及其出路》,《法学研究》2003 年第 2 期。

⑤ 曾令良:《国际法治与中国法治建设》,《中国社会科学》2015 年第 10 期。

⑥ 赵骏:《全球治理视野下的国际法治与国内法治》,《中国社会科学》2014 年第 10 期。

如果将现代法治机械地理解为国家制定法的完备及实施则是片面与不符合实际的。现代法治的"法",应是软法与硬法的结合,其中也包括了法的主流价值观与社会共识。①

国际法治的内涵同样可以尝试实然与应然的两个维度,即从实在法与自然法的意涵中理解。法律的客观性对自然法为"实然",自然法的客观性是本质的和绝对的;法律的客观性对实在法为"应然",实在法应忠实地反映自然法。② 自然国际法基本原则指导、评价、转化实在国际法,补正实在国际法的缺失,实在国际法不能违背自然国际法及其基本原则;反过来,自然国际法基本原则通过实在国际法实现,它的发展程度制约着自然国际法基本原则的发现程度,它的正误也影响着自然国际法基本原则的实现程度。③ 国际法治还是一种状态,表明国际社会接受了公正的法律治理,具体包括四个方面的表现:第一,国际社会生活的基本方面均接受国际法的治理;第二,国际法应高于国家意志;第三,各国在国际法面前一概平等;第四,非经法定程序,不得剥夺国家权利、自由和利益。④ 其中,国际法治特别需要限制个别成员滥用优势。法治是对社会中最强大政治参与者也具有约束力

---

① 马小红:《"软法"定义:从传统的"礼法合治"说起》,沈岿等主编:《传统礼治与当代软法》,北京大学出版社 2017 年版,第 71 页。

② 方孔:《实在法原理:第一法哲学沉思录》,商务印书馆 2007 年版,第 40 页。

③ 罗国强:《论自然国际法的基本原则》,武汉大学出版社 2011 年版,第 156—164 页。

④ 车丕照:《国际社会契约及其实现路径》,《吉林大学社会科学学报》2013 年第 3 期。

的规则。① 即使是联合国采取的行动也越来越被要求遵守法治原则，大国的行动也将因此受到更有力的制约。② 虽然国际法已是当前国际秩序的重要支柱，但谁也不能否认，在很多重大国际事件上国际法的无能为力已经危害到了国际法治。国际法治都服从于国际权力统治的需要。在每一个转变时期，强权似乎仍在创造公理。③ 这些破坏国际法治的行为恰恰说明了一定要维护国际法治，它代表了从文明开始人类就共同维护的一种根本共同价值，否则意味着人类道德与灵魂的失落。④ 乌克兰危机便是最新的例证，它在呼唤着国际法治的有力实践。

站在实然维度上，国际法治是国际法理论体系丰富的观念源泉，也是观察与评判国际实践的价值核心，更是审视与建议国际发展的理念基础。⑤ 从国际关系与国际法发展的状况看，国际法治包含了"国际事务的法治化"与"法治原则的国际化"两种情况，前者是在国际社会的层面上践行法治，国际的法治化，后者是事务在跨越国界的地域范围上由法律的途径解决。⑥ 换言之，国际法治包括国内法治的跨国化与国际事务的法治化双重内涵。基于人类命运共同体的视角，既要认识到

---

① 【美】福山：《政治秩序与政治衰败：从工业革命到民主全球化》，毛俊杰译，广西师范大学出版社 2015 年版，第 8—9 页。

② 蔡从燕：《国际法上的大国问题》，《法学研究》2012 年第 6 期。

③ 【美】詹姆斯·巴克斯：《贸易与自由》，黄鹏等译，上海人民出版社 2013 年版，第 334 页。

④ 赵宏：《处于十字路口的国际法：国际法治的理想与现实》，《国际贸易》2020 年第 2 期。

⑤ 何志鹏：《国际法治何以必要—基于实践与理论的阐释》，《当代法学》2014 年第 2 期。

⑥ 何志鹏：《国际法治：一个概念的初定》，《政法论坛》2009 年第 4 期。

以《联合国宪章》宗旨及原则为基础的国际法治的"实然"缺陷,又要以人类命运共同体的国际法制度化"应然"原则为引领,朝着未来更加公正合理的国际法治方向发展。人类命运共同体视角下的国际法治理论揭示:持久和平与普遍安全、共同繁荣与可持续发展、文明共存的国际法原则是建立健全国际法治的"应然"基石、核心和保障;遵循《联合国宪章》及其国际法,推进构建人类命运共同体的国际法治对国际社会所有成员具有普遍性,但有别于西方学者的"宪法化";国内法治具有特殊性,并无统一模式,而以各国宪法及法律为准则,唯有如此,人类才能走向国内与国际的法治交相辉映之命运共同体。[①]

四、自由贸易港国际法治的实质构成

自由贸易港因国内立法而生,但自由贸易港事务具有国际性。习近平总书记指出:"要坚持统筹推进国内法治和涉外法治。"[②]这便引出一个问题:自由贸易港国际法治是否仍延续国内法治与国际法治的分野? 还是应增加考虑涉外法治? 张骥认为,国内法治与国际法治是一直以来的普遍思维方式,但它们之间有一个涉外法层面,对应的既非国内法治,也非国际法治,而是涉外法治。[③] 刘静坤主张,涉外法治规则体系的法律渊源包括国际法、国际组织的规则、国内法涉外规范以及

① 张乃根:《人类命运共同体视角的国际法治论》,《国际法学刊》2022 年第 1 期。
② 习近平:《坚定不移走中国特色社会主义法治道路　为全面建设社会主义现代化国家提供有力法治保障》,《人民日报》2020 年 11 月 18 日第 1 版。
③ 张骥:《涉外法治的概念与体系》,《中国法学》2020 年第 2 期。

比较法域外规范等。① 何志鹏进一步提出,涉外法治包括本国法的域外适用,外国法域内适用的规制以及本国参与国际法制定和运行等各个方面。② 它注重单国视角,以是否与一国有关联作为判断标准;而国际法治更注重跨国视角,即只要具有跨越国境的性质,无论是否与某一特定国家相关,都应属于国际法治。③ 黄惠康则强调,涉外法治可能包含国际法治元素,国际法治也可能包含各国法治体系中的涉外法治元素,但其本质上属于国家法治范畴,而不是国际法治的组成部分,不能将涉外法治视为独立于广义的"国内法治"("国家法治")和"国际法治"的第三种法治体系或国内法治和国际法治相互重叠的部分。④ 蔡从燕则将统筹推进国内法治和涉外法治的目标总结为:建设中国图景中的法治中国与世界图景中的法治中国;实现对内事务与对外事务的全面法治;综合考虑维护国家主权、安全与发展利益的需求以及平衡中国国家利益与国际社会利益。⑤

综上,自由贸易港国际法治包含自由贸易港国际公约、区域与双边自由贸易协定等传统国际法,是围绕自由贸易港事务的法治化不同形式。它还应包括自由贸易港的国内立法,即惯称的涉外国内立法。两者都是自由贸易港国际法治的重要组成部分。中国海南自由贸易港的

---

① 刘静坤:《涉外法治建设的规则体系探究》,《武大国际法评论》2022 年第 4 期。

② 何志鹏:《涉外法治的世界和平维度》,《武大国际法评论》2022 年第 4 期。

③ 何志鹏:《现代化强国的涉外法治》,《吉林大学社会科学学报》2022 年第 2 期。

④ 黄惠康:《准确把握"涉外法治"概念内涵 统筹推进国内法治和涉外法治》,《武大国际法评论》2022 年第 1 期。

⑤ 蔡从燕:《统筹推进国内法治和涉外法治中的"统筹"问题》,《武大国际法评论》2022 年第 4 期。

法律法规调整的是涉外经济法律关系,当然属于泛指的国际法范围。① 自由贸易港国际法治之所以纳入国际法与涉外国内立法,主要原因如下:第一,国际法包括私法意义上的国际法和公法意义上的国际法,作为后发的法律秩序,国际法在发展过程中借鉴较为成熟的国内法是很自然的。② 国际法治内涵本身就囊括了国内法治的跨国化。自由贸易港的国内立法因其规制的对象而具有跨国性,而不是单纯的国内立法,涉外性这一点是客观因素;第二,传统国际治理机制的失灵导致全球治理范式发生重大改变,不仅意味着治理问题、治理主体和治理机制及其相互关系都更为复杂,更意味着人们看待和理解世界的观念需要发生根本性转变——即以"地球村"居民的视角看待共同的世界和世界事务的治理。③ 因此,看待自由贸易港国际法治问题不仅局限于狭义上的国际视角,还包括国内立法的角度。这一点是视角突破的因素;第三,当下是国家"回归"即强化对主权的诉求与维护的时代,国际法将向国内法给予更多的尊重,其适用可能更多地受到国内法的制约。④ 自由贸易港涉外国内立法在很大程度上决定着一国在国际法治上的作用与地位。帕尔伯格(Paarlberg)在总结美国"二战"后经济崛起和外交成功的经验后指出,美国在国际上的领导力必须从国内开始培养和

---

① 何力:《中国海南自贸港建设的国际贸易法律探讨》,《国际商务研究》2021年第2期。

② 蔡从燕:《国内公法对国际法的影响》,《法学研究》2009年第1期。

③ 薛澜、俞晗之:《迈向公共管理范式的全球治理——基于"问题—主体—机制"框架的分析》,《中国社会科学》2015年第11期。

④ 蔡从燕:《"国家的'离开''回归'与国际法的未来"》,《国际法研究》2018年第4期。

推动。一国在世界上具有某一领域领导力的前提,是在国内先推动相关政策的单边实施。如果在进行有效的国内改革前先行推动其对外领导力,甚或期望以对外领导力取代国内政策的改变,往往不能产生预期效果,甚至损害国内改革的预期和前景。如果一项改革在国内先行实施,则更容易在国际上争取合作并取得成功。① 从这个角度看,自由贸易港涉外国内立法的好坏将直接关系到国际法治。因此,自由贸易港国际法治是国际法与涉外国际内法的组合。

第四节　自由贸易港国际法治的规则表现

一、国际公约层面

国际公约作为治理规则的形式载体,具有覆盖成员众多、适用统一的优点。此处国际公约主要分为两个类别:直接规定自由贸易港和间接涉及自由贸易港。前者只有 WCO 牵头制定的《京都公约》,它在专项附约四第二章"自由区"用了 21 个条款,包括 17 个标准条款和 4 个建议条款,对自由贸易港的海关监管事项作出了相对细致的规定。鉴于《京都公约》是唯一直接规范自由区制度的多边条约,这个唯一性决定了公约对于自由区制度的重要意义。② 伊羊羊认为,《京都公约》改

---

① Robert Paarlberg, *Leadership Abroad Begins at Home: U.S. Foreign Policy After the Cold War*, The Brookings Institution, 1995, pp.83−85.

② Kenji Omi, "*Extraterritoriality*" *of Free Zones: TheNecessity for Enhanced Customs Involvement*, WCO Research Paper No.47, September 2019, p.5.

变了以往国际海关法领域中针对一项海关业务达成一项条约的立法方式,其内容广泛涵盖进出境税费征收与缴纳、一般通关程序、海关事务担保、海关仓库和自由区、转运、加工、特殊通关制度与程序、原产地规则、海关事务的申诉等实体与程序法,因而是一部几乎涵盖了所有海关业务制度的综合性国际海关法典。[①] 同时,计量经济学方法业已证明,《京都公约》总附约的原则与贸易量的增加密切相关,签署公约将会增加 0.17—0.24% 的贸易。如果非缔约方遵守公约总附约,世界贸易可能会增加 47—66 亿美元。[②] 从进口看,实施公约使进口贸易成本降低了 54.7%—57.3%,进口贸易时间减少了 69.9%—73.5%;在批准公约生效的国家中,自批准生效起,每增加 1 年,进口贸易成本减少 8%—8.8%,进口贸易时间减少 9.47%—9.56%。从出口视角看,实施公约降低出口贸易时间 40%,自批准生效起,每增加 1 年,出口贸易时间减少 3.9%—4.2%。从人均收入与地区分组回归看,实施公约对交易效率的影响具有稳健性。[③] 然而,公约对缔约方的实践效果不一,摩洛哥取得了成功而前南斯拉夫遭遇了失败。[④]

---

① 伊羊羊:《贸易便利化视角下 WCO〈京都公约〉(修订)的发展分析》,《海关法评论》(第 5 卷),法律出版社 2015 年版,第 331 页。

② Joakim Svensson, *Estimating the WCO Revised Kyoto Convention's Impact on International Trade*, Lund University Department of Economics, Bachelor Thesis, 2012, p.35.

③ 刘洋、殷宝庆:《海关制度对交易效率的影响研究:基于世界海关组织数据的分析》,《世界经济研究》2020 年第 1 期。

④ 1997 年,摩洛哥成为最早采用修订后公约的国家之一。摩洛哥海关认为其成功的原因如下:第一,努力分析和理解操作环境,与贸易界形成伙伴关系,与其他政府机构合作并向其咨询;第二,注重实效的方法,其目标不仅是发展一部新法律,还包括避免任何程序改进上的普遍缺陷;第三,全体海关工作人员的参与,通过努力使全体工作人员意识到,

当前,《京都公约》共有 133 个缔约方①,有 52 个缔约方接受了不同数量的专项附约,33 个②接受专项附约四第二章"自由区",其中,6 个缔约方提出保留③,27 个缔约方未提出保留。④ 如果按联合国 193

立法的最终目标是改进流程,完成包括经济发展在内的各项使命。摩洛哥海关鼓励其他政府部门检查它们的边境制度,它先实施海关法典的基本条款,后以函件和注释等行政指令的形式,加以解释澄清并继续实施。摩洛哥海关法律规定了与其他相关政府机构的紧密合作。这对于卫生和农业监管以及执行和执法部门之间的信息交换尤为重要。海关法律定义了合作的原则,而规则为这类合作详细说明了条款和条件。另一方面,20 世纪 90 年代初南斯拉夫解体的时候,新独立的共和政体沿用了南斯拉夫海关法典,法典被认为主要是以用户为导向的,当初是为主要以国有企业为主体的国际贸易交换而设的,没有设想过贸易实体的快速大量涌现,制度不再适用。在新的市场竞争者的可信赖度得到评估之前,延期付款不再现实。老法典过于周详,相当官僚,甚至规定了海关的工作时间,这在快速变化的经济环境中很不现实。为对用户友好,老法典武断地设置了海关清关的最长时限。海关处理有经验的贸易商和新入行的进口商的业务时间都是相同的。所有货物都必须在 5 小时内清关,对任何一桩业务延长的查验都会耽搁货物申报,关员们没时间彻底查验可疑交易。更糟的是,南斯拉夫法典强制规定了必须检查每一票货物,阻碍了选择性查验的引入和实施。从处罚的角度,法典区别对待个人和法律实体。理论上,法律实体对海关有所欺诈的行为所受的处罚高于个人欺诈行为,但这在市场经济环境下没有多大意义。当小公司涉及逃税时,无法明确是公司还是个人违法违规,从而带来许多争端。【比】伍尔夫,【巴】索科尔编:《海关现代化手册》,上海海关翻译小组译,中国海关出版社 2008 年版,第 82—93 页。

① 截至到 2022 年 6 月 25 日的统计。

② 它们分别是阿尔及利亚、阿塞拜疆、贝宁、布基纳法索、喀麦隆、中国、刚果金、刚果布、科特迪瓦、埃及、加蓬、哈萨克斯坦、韩国、老挝、利比亚、马达加斯加、马拉维、毛里求斯、尼日尔、巴布亚新几内亚、菲律宾、塞内加尔、新加坡、瑞典、塔吉克斯坦、多哥、土库曼斯坦、乌干达、乌克兰、美国及津巴布韦。

③ 它们分别是中国、韩国、毛里求斯、菲律宾、乌干达及美国。

④ 资料来源:www.wcoomd.org/-/media/wco/public/global/pdf/about-us/legal-instruments/conventions-and-agreements/revised-kyoto/pg0311ea.pdf? la=en。

个会员国计算占比是 68.9%,接近七成;换成自由区专项附约,这个比例大幅度缩水到 17.1%。由于对国际法上国家认知的差异,不能简单按照各大洲缔约方进行划分,但可以从接受自由区附约的数量管中窥豹,可见一斑。亚洲有 10 个缔约方接受自由区附约其中 4 个提出保留,非洲 19 个缔约方接受自由区附约其中只有 2 个提出保留,南北美洲仅有美国接受自由区附约且提出保留,大洋洲也只有 1 个缔约方接受自由区附约但未提出保留,欧洲有 2 个缔约方接受自由区附约未提出保留。值得注意的是,欧盟本身是《京都公约》的缔约方,《欧盟海关法典》自由区制度与公约的内在一致性,加上非欧盟成员的瑞士与乌克兰,因此,在整体上反而增强了《京都公约》自由区制度在欧洲的影响力。

与自由贸易港间接相关的国际公约大致可归纳为三种类型:第一,虽然主题不是自由贸易港,但条文直接与自由贸易港相关的。例如,《联合国禁止非法贩运麻醉药品和精神药物公约》第 18 条①直接规定自由港。1994GATT 第 24 条与 GATS 第 5 条虽然没有直接规定自由贸易港,但明确 WTO 框架下任何缔约国有权为便利边境贸易对毗邻国

---

① 该条规定:"自由贸易区和自由港 1. 缔约国应采取措施,制止在自由贸易区和自由港非法贩运麻醉药品、精神药物及表一和表二所列物质的活动,这些措施的严厉程度不应低于在其领土其他部分采取的措施。2. 缔约国应努力:(a)监测货物及人员在自由贸易区和自由港的流动情况,并应为此目的,授权主管当局搜查货物和进出船只,包括游艇和渔船以及飞机和车辆,适当时还可搜查乘务人员、旅客及其行李;(b)建立并实施一套侦测系统,以侦测进出自由贸易区和自由港的涉嫌含有麻醉药品、精神药物及表一和表二所列物质的货运;(c)在自由贸易区和自由港的港口和码头区以及机场和边境检查站设立并实施监视系统。"

家给予某种利益。第二,公约基本原则直接约束自由贸易港的。例如,
1994GATT 与 GATS 所倡导的非歧视、透明度原则是自由贸易港所必须
遵守的限制性规范。《关于解释 1994 年关税与贸易总协定第 24 条的
谅解》中要求应当将一国或某一区域内的特殊经济区对其他 WTO 成
员的影响降至最低,提高其法律规则制定的透明度,保障 WTO 贸易货
物理事会工作的有效性。第三,公约的基本原则直接作为自由贸易港
的重要框架。例如,《贸易便利化协定》(TFA)第一部分(从第 1 至 12
条),规定了各成员在贸易便利化方面的实质性义务,涉及信息公布、
预裁定、货物放行与结关、海关合作等内容,共 40 项贸易便利化措
施。毫无疑问,自由贸易港的一个重要优势在于相对于其他区域更
加贸易便利化。TFA 的规定便成为自由贸易港制度设计的重点
内容。

二、自由贸易协定层面

随着多边谈判的阻滞,多边主义受到抑制,各主要经济体纷纷转向
双边和区域自由贸易协定寻求,高水平自由化规则的突破。当前,自由
贸易协定涉及自由贸易港规则内容的重点集中在知识产权边境执法。
例如,《全面与进步跨太平洋伙伴关系协定》(CPTPP)[①]第 18 章"知识
产权"第 18.77 条"刑事程序与处罚"第 2 款脚注中强调,"缔约方理
解,一方可遵守其在本款下的义务,规定以商业规模分销或销售假冒商
标商品或盗版版权商品属于违法行为,将受到刑事处罚。此外,第 1

---

① 该协定于 2018 年 3 月 8 日签署,12 月 30 日生效。

款、第 2 款和第 3 款规定的刑事诉讼程序和处罚适用于缔约方的任何自由贸易区。"①USMCA 在第 20 章"知识产权"中第 20. 83 条"与边境措施有关的特殊要求"第 5 款(d)项②、第 20. 84 条"刑事程序与处罚"第 2 款脚注③中也有类似规定。《美国—韩国自由贸易协定》④第 18 章"知识产权"第 18. 10 条第 22 款明确,"各缔约方应规定,其主管当局可对涉嫌假冒或混淆类似商标商品或盗版版权商品的进口、出口或过境商品,或自由贸易区内的商品,依职权采取边境措施。"⑤

---

① 该款具体为:The Parties understand that a Party may comply with its obligation under this paragraph by providing that distribution or sale of counterfeit trademark goods or pirated copyright goods on a commercial scale is an unlawful activity subject to criminal penalties. Furthermore, criminal procedures and penalties as specified in paragraphs 1,2 and 3 are applicable in any free trade zones in a Party.

② 该款具体为:5. Each Party shall provide that its competent authorities may initiate border measures ex officio against suspected counterfeit trademark goods or pirated copyright goods under customs control that are:(a)imported;(b)destined for export;(c)in transit;and(d)admitted into or exiting from a free trade zone or a bonded warehouse.

③ 该脚注具体为:The Parties understand that a Party may comply with its obligation under this paragraph by providing that distribution or sale of counterfeit trademark goods or pirated copyright goods on a commercial scale is an unlawful activity subject to criminal penalties. The Parties understand that criminal procedures and penalties as specified in paragraphs 1,2,and 3 are applicable in any free trade zones in a Party.

④ 该协定于 2007 年 1 月 30 日签署,2012 年 3 月 15 日生效。

⑤ 该款具体为:Each Party shall provide that its competent authorities may initiate border measures ex officio with respect to imported, exported, or in-transit merchandise, or merchandise in free trade zones, that is suspected of being counterfeit or confusingly similar trademark goods, or pirated copyright goods。

三、国际软法层面

国际软法是用于国际层面的软法,其在跨国法律体系中的定位是核心硬法的外围。① 基本特征是规范性、自治性和灵活性,外延包括专业共同体的辅助性渊源、国际组织的决议或示范法、国际会议的普遍性文件及国际商业惯例和行业标准等。② 例如,国际劳工大会通过公约和建议书的形式采用了大量的标准,给出了国内立法内容的最低标准、享受津贴的条件以及管理机构。ILO 设定的标准具有最低限度共识的特点,构成了最低限度的规范。③ 一般认为,关于国际软法的效力有四种理论解释。④ 沈崴教授则主张沟通主义法律观作为软法具有规范性

① 徐崇利:《全球治理与跨国法律体系:硬法与软法的"中心—外围"之构造》,《国外理论动态》2013 年第 8 期。

② 刘晶:《国际软法视域下的国际法渊源》,湖北人民出版社 2019 年版,第 13—21 页。

③ 【荷】弗朗斯·彭宁斯编著:《软法与硬法之间:国际社会保障标准对国内法的影响》,王锋译,商务印书馆 2012 年版,第 2—3 页。

④ 第一种是作为协调机制的软法理论,即国家行动者可能使用软法,进行直截了当的协调博弈,只要就重要的核心事项达成共识,就足以形成服从。第二种是损失规避理论,硬法比软法产生更严厉的制裁,而制裁不仅会阻止更多背离规则的行为,而且由于制裁在国际体系中是负和的,也会增加当事人的净亏损。当背离规则的预期损失的边际成本超过禁止背离规则的边际收益的时候,国家行动者就会倾向于选择软法。第三种是委托理论,当国家行动者不确定今天制定的规则在未来是不是值得的时候,当允许特定国家或者一部分国家面对情势变更及时调整预期是利大于弊的时候,国家行动者就会选择软法,从而便于其宣布放弃既定规则或其解释,更有效率地推动软法规则的演进。第四种是国际普通法理论,聚焦于非国家行动者的裁决或标准,由于国家行动者之间有的希望进行深度合作,有的则只想浅层合作,为了在广大范围内实现合作,国家行动者可能就模糊规则或粗浅规则达成合意,并成立裁判机构或组织。裁判机构或组织的决定,除特定争议事项

的解释。首先,软法的形成者可以是国家和国家以外的其他制度化共同体,如国际组织、政党、各种形式的社会自治组织、行业自治组织等,商谈沟通造就了软法形成主体资格的多元化;其次,软法主要有助于沟通的成文形式;再次,软法制定、实施并发生实效的核心机制是商谈沟通以及通过商谈沟通完成合法性认同或合意;最后,软法与硬法的并存,成为后现代治理的规范体系结构特点。①

　　自由贸易港国际软法领域中最有影响力是 WCO“世界海关组织自由区实践指南”(WCO Practical Guidance on Free Zones,FZ Guidance)。它是国际海关软法的一种形式,即包括建议、宣言、决议和其他国际海关文件与工具,属于非约束性法律文件,但它们是 WCO 对国际海关制度进行协调、统一、简化的主要方法与途径,特别是建议类的法律文件,不仅得到 WCO 采用,还会得到联合国及其特别机构,海关联盟及经济类国际组织的采用与认可。② FZ Guidance 包括七个核心要素:自由区的地域性;海关全面介入自由区;海关参与公司批准流程与“经认证经营者”概念;向海关报告与数据和 IT 系统的使用;自由区海关审计;海关监管、在自由区内扣押非法货物的权力、在自由区内现场查验、自由区内科技的使用等以及合作。旨在根据 WCO 第 47 号研究文件的调查

外、针对特定当事国家有效外,通常并不具有约束力,从而形成软法的一种形式。但是,它们可以形塑每个国家行动者关于什么是约束力法律规则的预期。Andrew T. Guzman,Timothy L. Meyer,*International Soft Law*,2 Journal of Legal Analysis 171(2000)转引自沈岿等主编:《传统礼治与当代软法》,北京大学出版社 2017 年版,第 8—12 页。

　　① 沈岿:《“软法”概念正当性之新辩——以法律沟通论为视角》,沈岿等主编:《传统礼治与当代软法》,北京大学出版社 2017 年版,第 41—45 页。

　　② 朱秋沅:《国际海关法研究》,法律出版社 2011 年版,第 99 页。

结果和分析以及 WCO 的最佳实践所提供的实践指南,帮助海关加强自由区内全球适用的海关程序,从而有效支持自由区的健康发展和竞争力。①

　　2017 年 12 月,OECD 计划制定一套打击自由贸易区非法贸易的指南草案。在分析工作与专家咨询的基础上,2018 年 3 月与 WCO、WTO 等讨论了初步草案。同年 7 月至 9 月,进行了公众咨询,OECD 成员国与非成员国代表、自由贸易区运营商及其协会、托运人、货运代理、物流商、自由贸易区内行业代表等利益相关者提供了意见或者书面评论。2019 年 10 月 21 日,OECD 通过了"关于打击非法贸易:提高自由贸易区透明度的建议"(Recommendation of the Council on Countering Illicit Trade:Enhancing Transparency in FreeTrade Zones)。该建议旨在协助各国政府和决策者减少和阻止通过自由贸易区及其内部进行的非法贸易。虽然自由贸易区为当地带来了经济利益,但强有力的证据表明,非法贸易(例如,假货、野生动植物和武器)流经自由贸易区。从就业和公司数量看,自由贸易区的规模与非法假冒商品贸易的价值之间存在正相关关系。一些自由贸易区被发现是非法货物的关键转运点,这些货物在进入合法供应链之前已被重新包装或重新贴标签以隐藏其原产地。该建议鼓励自由贸易区遵守自愿的"干净自由贸易区行为守则"(Code of Conduct for Clean Free Trade Zones)。基于自由贸易港硬法的《京都公约》的独木难支与自由贸易协定的松散,尽管在性质上归为国际软法,但其实际上发挥着类似于硬法的引导作用,不容小觑。

---

　　① WCO,*Practical Guidance on Free Zones*,2020,p.7.

四、涉外国内立法

各国自由贸易港的惯例是"先立法、后设港"。立陶宛于 1995 年 6 月 28 日颁布《关于自由经济区基础的法律》(On the basics of free economic zones),在考纳斯(Kaunas)①、克莱佩达(Klaipeda)②和希奥利艾(Siauliai)③建立 4 个自由经济区。拉脱维亚为每个自由经济区制定对应特别法:《1996 年 12 月 19 日文茨皮尔斯(Ventspils)④自由港法》《2000 年 3 月 9 日里加(Riga)⑤自由港法》《1997 年在雷泽克内⑥(Rezekne)设立自由区的法律》《1997 年 2 月 17 日利耶帕亚⑦(Liepaja)特别经济区法》以及《2001 年 6 月 27 日关于自由港和特别经济区域税收适用的法律》。白俄罗斯于 1998 年 12 月 7 日发布《关于自由经济区的法律》,对自由经济区的建立和运作予以定义,重要标准载于 2005 年 6 月 9 日第 262 号总统令"关于白俄罗斯共和国境内自由经济区活动的某些问题",据此批准了布列斯特(Brest)、明斯克(Minsk)、

---

① 考纳斯(Kaunas)是立陶宛第二大城市,在涅曼河及其支流尼亚里斯河汇流处。

② 克莱佩达(Klaipeda)是立陶宛西部沿海城市,临波罗的海库尔斯基湾北端达涅河口。

③ 希奥利艾(Šiauliai)是立陶宛第四大城市,是工业、贸易、交通和文化中心之一。

④ 文茨皮尔斯(Ventspils)是拉脱维亚西海岸港市,波罗的海不冻港。

⑤ 里加(Riga)是拉脱维亚的最大港口,位于中部沿海道加瓦河口北岸,在里加湾的顶端,濒临波罗的海的东侧。

⑥ 雷泽克内(Rezekne)是拉脱维亚东部拉特加尔地区的中心城市,是拉特加尔地区重要的经济、历史和文化中心,也是拉脱维亚第七大城市。

⑦ 利耶帕亚(Liepaja)是拉脱维亚第三大城市和重要的不冻港,位于拉脱维亚西部波罗的海沿岸,隶属于里加市,是该市的构成区之一。

莫吉廖夫（Mogilev）、维特伯斯克（Vitebsk）、戈迈勒·拉顿（Gomel-Raton）和格罗德诺维斯特（Grodnoinvest）等六个自由经济区。[①] 土耳其总共 19 个自由区均是依据《第 3218 号自由区法》设立，从 1985 年起纳入土耳其法律体系。[②]

本章小结

本章先从"自由贸易港"概念入手，阐释其在中国与国外两种截然不同的境遇。中国自由贸易港的概念是确定的，并无模糊之处，但国外自由贸易港概念在国家、国际公约、国际组织乃至学者层面都存在明显差异，甚至导致实践中出现了南辕北辙的认知偏差。虽然有两种代表性的解决之道，但各国环境的客观差异决定了短期内几乎不可能有一个统一、权威的自由贸易港概念。与其将精力反复纠缠于概念的再厘清，倒不如去探寻自由贸易港的内涵所指。

自由贸易港可解构为"内容（贸易）+空间（港）+深度（自由）"。贸易是人类社会交往的一种古老形式，历经短途贸易、长距离贸易以及区域贸易等阶段。贸易在同一个历史阶段往往多种形式并存。在城市共和国时期，它开始与城市形态产生更多勾连，推动社会分工深化。贸易内涵从货物贸易拓展至服务贸易，自由贸易港中"贸易"内容随之扩

---

① Boyko, Natalya Nikolaevna, Rezida Miniyarovna Usmanova, *State Regulation of Special Economic Zones in Russia*, Journal of Advanced Research in Law and Economics, Vol.9, No.1, Spring 2018, p.49.

② *Mersin Free Trade Zone*, Court Uncourt, Vol.5, No.12, 2018, p.42.

大。依据环境因素,自由贸易港出于安全与运输便利,先是海港形态。技术革命推动自由贸易港逐渐突破了海港布局的限制,扩展到河港、湖港、空港和内陆港。其空间要素与人受到环境与人互动关系的深远影响,从而推动了自由贸易港更容易被特有的社会组织形式——"港口与腹地"——所影响,说明腹地要素在自由贸易港选址时的重要性。自由贸易港的"深度"要素主要包括:"境内关外"是自由贸易港"自由"的基石与"自由"的实质是贸易要素的自由。前者需要准确把握何为"境内"与"关外",特别是如何在数字贸易背景下理解"关外"将是一个严峻挑战。贸易要素自由包括最直观的货物进出自由、资金流动自由及人员流动自由等。其中,业务开展范围在很大程度上成为丈量货物进出自由度的一把尺子,最少干预均是"自由"的核心要义。

古希腊先哲对选择法治还是人治展开了热议。尽管法治已成为当前人类社会的最重要的理念与共同价值,但其本身是一个松散、模糊、不确定的开放概念。中国法治词源是梁启超提出的"人治主义"和"法治主义"。中国传统法家的法治思想并不符合现代法治内涵,因此需要重构。当前,中国法治体系还存在一些短板和不足,亟需着力坚持法治体系建设正确方向、加快重点领域立法、深化法治领域改革、运用法治手段开展国际斗争以及加强法治理论研究和宣传。中国式法治现代化新道路是新时代法治建设全部理论和实践的立足点。法治的内涵应从形式主义与实质主义两个维度展开。国际法治的内涵同样可以尝试实然与应然的两个维度。自由贸易港国际法治不能简单延续国内法治与国际法治的分野,应包括自由贸易港国际公约、区域与双边自由贸易协定等传统国际法以及自由贸易港的国内立法,即惯称的涉外国内立法。

　　具体来说,自由贸易港国际法治的规则主要表现为国际公约、自由贸易协定、国际软法与涉外国内立法。《京都公约》是唯一直接规范自由贸易港的国际公约,有着重要的地位。间接规范自由贸易港的国际公约主要包括三种:主题不是自由贸易港,但条文直接与自由贸易港相关;公约基本原则直接约束自由贸易港;公约的基本原则直接作为自由贸易港的重要框架。自由贸易协定涉及自由贸易港规则内容的重点集中在知识产权边境执法。国际软法领域中最有影响力是 WCO"世界海关组织自由区实践指南"与 OECD 的"关于打击非法贸易:提高自由贸易区透明度的建议"。虽然它们在性质上属于国际软法,但在自由贸易港硬法极为匮乏与松散的特定语境中,发挥着重要的引导作用。"先立法、后设港"是各国自由贸易港的惯例,并屡有相关实践。

第二章　国外自由贸易港的
演变与法治路径

自由贸易港诞生于西欧。对它的研究需要一个起点,即将其过往的情况当作未知,然后变迁由此开始。本章选择有据可查的古希腊城邦为起点,按照"线性历史"(linear history)的研究范式,从非国家状态进化到国家情境,揭示自由贸易港在不同历史阶段切片中如何萌芽、孕育与发展。它并非沿着一条直线向前延伸,而是发散于时间与空间之中,折射出自由贸易港实则缩影了不同社会形态的碰撞与融合。它是历史与现实的互动,因而又是一种"复线历史"(bifurcated history)观念的再现。① 其中,自由贸易港发展的粗线条研究并不是严谨的历史叙事,而是初窥堂奥,重在构成要素的探讨。自由贸易港法治经历了一个由国内立法到国际法治的路径。美国对外贸易区制度与欧盟自由区制

---

① 关于"复线历史"观念的解释,可参见杜赞奇:《从民族国家拯救历史:民族主义话语与中国现代史研究》,王宪明等译,江苏人民出版社 2009 年版,第 2 页。

度分别是国内立法转化国际法治与国际法治协调国内立法两个有代表性的法治路径。

第一节　自由贸易港演化的三个阶段

一、自由贸易港的萌芽——城邦与城市国家时期

(一)古希腊城邦与腓尼基

大约公元前 8 世纪,希腊半岛至西西里、意大利南部再至北非沿岸,逐渐出现了数百上千个希腊城邦。[①] 城邦是众多政治组织形式的一种,有一些地区包括好几个市镇,它们之间谁也不能完全控制其他市镇。[②] 围绕城邦的价值,有不同看法。亚里士多德认为,城邦的长成出于人类"生活"的发展,而其实际的存在却是为了"优良的生活"。[③] 芬利则批评城邦政体是个死胡同。[④] 但主流看法是城邦乃文明生活的理

[①] 城邦的面积都很小。雅典面积有 1000 平方英里,斯巴达将近 3000 平方英里,科林斯面积只有 340 平方英里,大多数城邦不超过 100 平方英里。【英】芬纳:《统治史(卷一):古代的王权和帝国——从苏美尔到罗马》,王震等译,华东师范大学出版社 2014 年版,第 337 页。【英】诺曼·庞兹:《欧洲历史地理》,王大学等译,商务印书馆 2020 年版,第 32 页。

[②] 【英】D.M.刘易斯等编:《剑桥古代史(第六卷):公元前 4 世纪》,晏绍祥等译,中国社会科学出版社 2020 年版,第 647—648 页。

[③] 【古希腊】亚里士多德:《政治学》,吴寿彭译,商务印书馆 2020 年版,第 5 页。

[④] 城邦不能扩张,只能自我复制,也无法自卫,只能在别处以殖民地的方式复制。如果扩张,公民就无法集合参加公民大会,但不扩张,当强大的君主政体联合起来,它就会成为受害者,注定要被吞并。【英】芬纳:《统治史(卷一):古代的王权和帝国——从苏美尔到罗马》,王震等译,华东师范大学出版社 2014 年版,第 6—394 页。

想框架。希腊的政治制度没有失败，并显示了非同寻常的生命力。①
公元前 4 世纪，出现了一个专门从事海外贸易的商人团体，包括
kapelos（坐商）、naukleros（商船的船主）和 emporos（海上贸易商人）。②
希腊历史上无数次战争，许多都是为了控制贸易垄断权和商业水路。③
施密特评价说，古希腊的世界诞生于海洋民族的航海和战争活动。④
古希腊城邦如何看待贸易？亚里士多德为此发出警示：一个城邦应该
慎重注意，凡输入的商货一定为本邦所不生产的物品，而输出的商货一
定为本邦生产有余的物品。从事贸易当以本邦的利益而不以他人的利
益为主。那些成为国际市集的城邦，其目的都是贪图税收，要是说一个
城邦不宜贪图这种利益，就不该让自己成为一个大商场。⑤ 它进一步
验证了古代城邦所谓的贸易政策与商业无关，最终目的不是增加财富，
只涉及粮食、木材等必需品的供应。古希腊城邦从来没有出于保护或
促进城邦公民产业发展之目的，施行过占领或维护国内外市场的政
策。⑥ 在他们看来，贸易最重要的功能仅是应对自给自足之外物资匮

---

① 【英】D.M.刘易斯等编：《剑桥古代史（第六卷）：公元前 4 世纪》，晏绍祥等译，中
国社会科学出版社 2020 年版，第 657—659 页。

② 【德】约翰内斯·哈斯布鲁克：《古希腊贸易与政治》，陈思伟译，商务印书馆 2019
年版，第 1—4 页。

③ 【加】卡列维·霍尔斯蒂：《和平与战争：1648—1989 年的武装冲突与国际秩序》，
王浦劬等译，北京大学出版社 2005 年版，第 274 页。

④ 【德】卡尔·施米特：《陆地与海洋——世界史的考察》，林国基译，上海三联书店
2018 年版，第 11 页。

⑤ 【古希腊】亚里士多德：《政治学》，吴寿彭译，商务印书馆 2020 年版，第 362 页。

⑥ 【德】约翰内斯·哈斯布鲁克：《古希腊贸易与政治》，陈思伟译，商务印书馆 2019
年版，第 3—170 页。

乏的一种额外保障。

公元前 6 世纪,在希腊扩张的压力下,身处西西里西部、西班牙南部以及西北非的腓尼基人展开了争夺控制权的竞赛。① 实际上,腓尼基人和希腊人都被认为创造了最早的海上殖民帝国,他们最早建造作战的船只并提出海战战略,也是最早建造复杂港口开展商品贸易的人,还是最早在地中海以外的水域进行有组织探险的人。② 希罗多德绘声绘色地描述腓尼基人趁在希腊地区中部阿尔哥斯交易货物时掳走国王女儿伊奥的故事。③ 公元前 400 年,腓尼基人已经摸清了西欧的大部分、东非及西非的海岸线,并牢牢控制了这一地区的长距离贸易。④ 腓尼基人的贸易与古希腊城邦明显不同,也是领先之处在于:它的船只在两个文明化国家之间或在一个集权国家与其周边之间不仅运送金属、木材、石头和奢侈品,还运送更大比例的加工品——谷物、酒、皮制品,以及他们生产的制成品。腓尼基人的城市里面有石匠业、木匠业、染业、纺织业以及较高价值的金属制造作坊和工厂。换言之,腓尼基人没有和以前商人那样,单纯地接受其他霸权的支配,相反将地域广泛的、更为漫散的、分权的经济组织起来,从而构成了对北方政

---

① 【英】阿诺德·汤因比:《希腊精神——一部文明史》,乔戈译,商务印书馆 2019 年版,第 51—53 页。

② 【美】林肯·佩恩:《海洋与文明》,陈建军等译,天津人民出版社 2017 年版,第81 页。

③ 【古希腊】希罗多德:《希罗多德历史(全二册)》,王以铸译,商务印书馆 1959 年版,第 1 页。

④ 【美】威廉·伯恩斯坦:《伟大的贸易——贸易如何塑造世界》,郝楠译,中信出版集团股份有限公司 2020 年版,第 40 页。

权的挑战。① 腓尼基人的贸易是一种典型的"超越维持性经济和亲族体系贸易"。拉戈津盛赞腓尼基人的使命是古代世界的行脚商人。② 腓尼基人和商人这两个词汇在一定程度上可以互用。③ 腓尼基因而构成了文明与民族的交叉路口。④

(二)威尼斯城市共和国

意大利港口城市的崛起,是中世纪欧洲商业革命早期阶段开始的标志,商人阶层开始拥有了支配性的特权。⑤ 他们何以发挥作用? 这是因为早期的贸易不完全受制于国家权威和政治权力,血缘、地缘、宗教、语言等联系以及行会、商会、同盟等网络为贸易提供了程度不一的制度框架和法律保护。⑥ 基于这个角度,古典贸易理论强调的是"区域贸易"而不是惯常的"国际贸易",贸易意义上的国家与政治意义上的国家完全是两个概念,并没有发生重合。⑦

---

① 【英】迈克尔·曼:《社会权力的来源》(第一卷),刘北成等译,上海人民出版社2015年版,第237—238页。

② 【俄罗斯】泽内达·A.拉戈津:《亚述:从帝国的崛起到尼尼微的沦陷》,吴晓真译,商务印书馆2020年版,第61页。

③ 【英】塞西尔·罗斯:《犹太人与世界文明》,艾仁贵译,商务印书馆2021年版,第20页。

④ 【英】D.M.刘易斯等编:《剑桥古代史(第六卷):公元前4世纪》,晏绍祥等译,中国社会科学出版社2020年版,第362页。

⑤ 【美】林肯·佩恩:《海洋与文明》,陈建军等译,天津人民出版社2017年版,第321—322页。

⑥ 贺平:《贸易与国际关系》,上海人民出版社2018年版,第42页。

⑦ 【英】马克·布劳格:《经济理论的回顾》,姚开建译,中国人民大学出版社2009年版,第162页。

　　威尼斯是意大利城市共和国中的典型代表。① 它定位于商业中心,而非过境地,具有中途停靠与转口港的功能,这就意味着必须明确禁止过境贸易。② 威尼斯为德意志商人设立了一个对外隔离的强制交易地点,后者必须在那里存放与出售货物,再用来购买威尼斯商品,从而将长距离贸易作为禁脔留给威尼斯人。另一方面,它禁止本国商人直接去德国经商,德国人必须亲自来威尼斯采购商品。③ 威尼斯还将

---

　　① 威尼斯在政治上隶属于拜占庭帝国,但两者关系并不那么简单,甚至非常微妙。在拜占庭看来,威尼斯是帝国的一部分。然而,威尼斯的总督为民选产生,所用语言和拜占庭的希腊语不同,宗教上倾向于教皇而非君士坦丁堡的牧首,与拜占庭唯一相近的,只有地方礼拜仪式时使用拉丁语,它实际上是一个完全独立的国家。【美】威廉·麦克尼尔:《威尼斯——欧洲的枢纽 1081—1797》,许可欣译,上海人民出版社 2021 年版,第 3 页。芬纳认为,威尼斯不属于西方的"帝国",它没有经历过封建制度,也没有经历过帝国主教或公爵的统治,是一个王权的共和政体。【英】芬纳:《统治史(卷二):中世纪的帝国统治和代议制的兴起——从拜占庭到威尼斯》,王震译,华东师范大学出版社 2014 年版,第 401 页。

　　② 显然,此处的过境贸易是作狭义的理解,而并非现在意义上的过境贸易。【法】让-克洛德·奥凯:《威尼斯》,【法】理查德·邦尼主编:《欧洲财政国家的兴起:1200—1815 年》,沈国华译,上海财经大学出版社 2016 年版,第 376 页。

　　③ 【法】费尔南·布罗代尔:《十五至十八世纪的物质文明、经济和资本主义》(第三卷),顾良等译,商务印书馆 2017 年版,第 142 页。威尼斯采用两种不同的税率:陆运商品课征"四什一税"(2.5%的税率),跨地中海的海运商品征"五什一"税(2%的税率)。不管陆运商品还是海运商品,威尼斯货主都缴纳"八什一"税(1.25%的税率)。1563 年,海路和陆路进口商品的出口税率统一为商品价值的 5%。1577 年,从黎凡特进口商品的税率降到 6%。1579 年,西地中海进口商品的关税威尼斯公民按 6.75%缴纳,而外国人是 10%税率,1626 年从大西洋经直布罗陀海峡过来的印度商品同样按这样的歧视税率纳税。1661 年,税率为 6%的进口关税被取消,威尼斯成为黎凡特进口商品的自由贸易港,但并没有带来预期的收益。1683 年,又以"新马厩费"(nuovo stallagio)的名称恢复进口税。【法】让-克洛德·奥凯:《威尼斯》,【法】理查德·邦尼主编:《欧洲财政国家的兴起:1200—1815 年》,沈国华译,上海财经大学出版社 2016 年版,第 377 页。

这项歧视性经济政策强加给受其控制的城市,从附庸经济中攫取利润,阻止附庸经济按自己意愿和逻辑行事。布罗代尔指出,这番操作的后果就是威尼斯成为世界的货仓,凡在威尼斯找不到的东西,在热那亚也不可能找到,作为经济世界的中心,威尼斯的便利和诱惑无法让人抗拒。①

威尼斯有两个主要收入来源:一是贸易和间接消费税,足够满足常规的支出;二是政府在有需要的时候,通常是发生战争的情况下,向最富有的公民借贷。这种性质的贷款是强制性的,但附有利息,反而被商人阶层认为是一种安全的投资方式。② 到 15 世纪,威尼斯的财政收入在欧洲跃居首位。③ 在一份所署日期为公元 992 年 3 月的黄金诏书上,拜占庭帝国同意让"真正的威尼斯货物"享受比其他外国商品低得多的关税税率,将来自他处与通过威尼斯货船运到帝国的商品排除在外。④ 在 1082 年的黄金诏书中,拜占庭帝国允诺威尼斯人免税进出君士坦丁堡、爱琴海及地中海的帝国贸易中心,后者在金角湾沿海兴建码头、仓库和其他贸易设施,并通过埃及获取大量印度和南海的香料及奢

---

① 【法】费尔南·布罗代尔:《十五至十八世纪的物质文明、经济和资本主义》(第三卷),顾良等译,商务印书馆 2017 年版,第 143 页。

② 【法】卡洛·卡普拉:《近代早期意大利诸国》,【法】理查德·邦尼主编:《欧洲财政国家的兴起:1200—1815 年》,沈国华译,上海财经大学出版社 2016 年版,第 406—407 页。

③ 【法】费尔南·布罗代尔:《十五至十八世纪的物质文明、经济和资本主义》(第三卷),顾良等译,商务印书馆 2017 年版,第 135—137 页。

④ 【英】约翰·朱利叶斯·诺里奇:《威尼斯史:向海而生的城市共和国》,杨乐言译,译林出版社 2021 年版,第 60 页。

侈品,再卖给意大利和阿尔卑斯山地区的富人阶层,将欧洲的木材、金属及其他粗制品送往埃及,用来支付香料的费用。① 威尼斯人很快形成一个移民区,其人数之多、财富之巨足以控制君士坦丁堡。拜占庭帝国决意废除特权,结果勃然大怒的威尼斯人立即派舰队侵入亚得里亚海和爱琴海诸岛。其他意大利沿海城市,如比萨和热那亚也享有商业特权,但与威尼斯相比不可同日而语。②

威尼斯取得东地中海的贸易霸权后,于1203年征服的里雅斯特,并奴役后者达一个多世纪。③ 威尼斯在黎凡特④、黑海以及更东方延续旧有商业联系并建立新商路的事业就再无受阻之忧。它在船只经常造访的所有重要港口设置常驻代理,由于威尼斯人极其重视货物周转时间,他们在港口建造仓储设施,累积预备供给下一批抵达船只的货物。威尼斯人将刚交付的商品囤积在仓库内,唯恐过快出售会压低价格。⑤ 十字军曾经要求威尼斯提供运输,开出的价码是在征服的每一座城市

---

① 【美】威廉·麦克尼尔:《威尼斯——欧洲的枢纽 1081—1797》,许可欣译,上海人民出版社 2021 年版,第 3—4 页。

② 【美】A.A.瓦西列夫:《拜占庭帝国史(324—1453)》,商务印书馆 2019 年版,第 634—635 页。

③ 【美】查尔斯·蒂利:《强制、资本和欧洲国家(公元 990—1992 年)》,魏洪钟译,上海人民出版社 2021 年版,第 161 页。

④ 黎凡特(Levant)在中古法语中是"东方"的意思,原指"意大利以东的地中海土地"。因此,它是历史上的地理名称,指代并不精确,一般指的是中东、地中海东岸、阿拉伯沙漠以北的一大片地区。历史上,黎凡特在西欧与奥斯曼帝国之间的贸易中担当重要的经济角色。

⑤ 【英】约翰·朱利叶斯·诺里奇:《威尼斯史:向海而生的城市共和国》,杨乐言译,译林出版社 2021 年版,第 320 页。

中都有一个贸易区,威尼斯人在作为被告的所有案件中拥有自主法权以及对国内关税和赋税的限制。① 到公元 1400 年,威尼斯成为全欧洲最受尊敬和羡慕的城市。它有惊人的财富、令人倾倒的美丽、健全的政府,并因不偏不倚地保护贫富贵贱、本地人和外国人的司法系统而闻名于世。②

二、自由贸易港的孕育——殖民国家时期

(一)荷兰阿姆斯特丹

威斯特伐利亚和会的召开标志着主权国家逐渐成为国际社会的主角登上历史舞台。贸易意义上的国家与政治意义上的国家开始走向融合。在此过程中,荷兰脱颖而出。布罗代尔对荷兰与商人之间暧昧关系作了大段形象的描述:它始终维护商人的整体利益。商业利益高于一切,压倒一切,为宗教感情或者民族感情所望尘莫及。贸易绝对自由,没有任何东西对商人是绝对禁止的,他们只要遵循利润法则就足够了。在国家看来,利润法则是基本行为准则。当个人因经商而似乎违背国家利益时,国家便闭上眼睛,装作没有看见。既然做生意,就按生意人的规矩办事。在用道德观念做判断依据的外国人看来,荷兰任何事情都可能发生。荷兰的影响沿着欧洲的主要商业路线向外伸展:沿莱茵河顺流而下,翻越阿尔卑斯山的隘口,参加法兰克福和莱比锡的交易

---

① 【英】罗伯特·巴特利特:《欧洲的创生》,刘寅译,民主与建设出版社 2021 年版,第 248 页。

② 【英】约翰·朱利叶斯·诺里奇:《威尼斯史:向海而生的城市共和国》,杨乐言译,译林出版社 2021 年版,第 338 页。

会,前往波兰、斯堪的纳维亚各国和俄罗斯等。1590年后,荷兰船只穿过了直布罗陀海峡,与比它们早到二十来年的英国船一样,荷兰船只除由意大利各城市出资进行有利可图的近海运输外,还在海上主要干线从事航运。欧洲不知不觉地接受了荷兰的统治,这也许是因为荷兰在其初期行事审慎,并不招摇。既然长期处于欧洲经济世界的中心,意味着要发展长距离贸易,控制美洲和亚洲。荷兰浩浩荡荡地闯进了胡椒、香料、药材、珍珠和丝绸的王国,几乎独吞了这些商业利益,成为世界的霸主。①

1595—1602年,荷兰陆续建立了十几家贸易公司。它们彼此竞争,争相派遣船队前往印度洋收购胡椒和香料,导致收购价格不断抬高,而在本国的销售价格反而严重下滑。如果任由情况发展,所有公司都将破产,东印度贸易航线将不得不终结。1602年3月,联合东印度公司因而成立。② 从此,对亚洲的商业活动只有一项政策、一种意志和一个领导。作为受政府监管的私人营利性公司,联合东印度公司在全球贸易领域进行武力扩张,让全世界的人第一次对商品外销产生依赖。③ 它就像一台二冲程发动机,将商品从巴达维亚送到阿姆斯特丹,又从阿

---

① 【法】费尔南·布罗代尔:《十五至十八世纪的物质文明、经济和资本主义》(第三卷),顾良等译,商务印书馆2017年版,第213—253页。

② 联合东印度公司是历史上第一家股份制公司,持续经营到1799年。公司规定出资时间以10年为一期,出资期间不得擅自撤资退出,新的投资者与原投资者必须在10年后的"一般清算"时,才可加入或者退出。公司因而实现了长久而稳定的经营,在东印度地区设置了分公司和商馆,派遣工作人员常驻当地。公司在货物价格下落时购买胡椒等储存到仓库中,等到货船抵达港口时,再将其运到欧洲。【日】浅田实:《东印度公司——巨额商业资本之兴衰》,顾珊珊译,社会科学文献出版社2016年版,第11—27页。

③ 【美】萧拉瑟:《阿姆斯特丹:世界最自由城市的历史》,阎智森译,译林出版社2018年版,第109—111页。

姆斯特丹运到巴达维亚,如此周而复始,双方不断就对方的影响做出反应,就像天平的两个载重不等的托盘一样,只要在一个托盘上加上额外的重物,平衡就被打破。荷兰将巴达维亚作为主要军事力量和商业活动的基地,编织起庞大的商业交易网络,开展和操纵世界各地的贸易活动。① 最终,荷兰成为整个 17 世纪世界上最大的海军和商业的强国。② 它作为一个海军强国的军事角色与欧洲商品转运者的经济角色密切联系。某种程度上,商船与海军相互依赖,海军的资金部分来源进出口贸易义务缴纳的安全通行费(convooien and licenten)。③

布罗代尔认为,阿姆斯特丹居高临下控制着经济世界的整体结构,原因可主要归纳为三点:第一,它如同威尼斯一样极力推动转口贸易,汇集、储存、出售和倒卖全世界的货物。其中,仓储货物是荷兰战略的中心,阿姆斯特丹的仓储能力庞大无比;第二,转口贸易击败直接贸易的背后是阿姆斯特丹的商人通过许多渠道提供大量低息信贷,荷兰人因而成为整个欧洲的信贷商人,这是繁荣兴旺的最大秘密;第三,委托贸易模式的兴起,在信贷配合下促使大批货物蜂拥挤向阿姆斯特丹,货物必定驯服地追随信贷指定的方向。④ 阿姆斯特丹这个被称为世界

---

① 【法】费尔南·布罗代尔:《十五至十八世纪的物质文明、经济和资本主义》(第三卷),顾良等译,商务印书馆 2017 年版,第 255—265 页。

② 【美】查尔斯·蒂利:《强制、资本和欧洲国家(公元 990—1992 年)》,魏洪钟译,上海人民出版社 2021 年版,第 103 页。

③ 【荷】马尔滕·波拉:《黄金时代的荷兰共和国》,金海译,中国社会出版社 2013 年版,第 60—61 页。

④ 【法】费尔南·布罗代尔:《十五至十八世纪的物质文明、经济和资本主义》(第三卷),顾良等译,商务印书馆 2017 年版,第 284—294 页。

最自由城市却没有发展成为自由贸易港,很大程度上是因为它延续了威尼斯的做法,实施低税率政策。有影响力的商人到处游说维持低税率,他们担心提高关税会危及贸易。这种自由主义税收策略帮助荷兰商人在与欧洲其他列强的同行争夺国际贸易市场份额的竞争中构建了重要的优势。关税一般按 3%—5% 的税率征收,税率几乎没有上涨过,结果导致关税收入在 18 世纪荷兰国家预算中的重要性有所下降。[1] 低关税税率对于荷兰的重商主义经济至关重要。[2] 但如果国家长时期无差别的实施低关税税率,对自由贸易港而言无异于釜底抽薪。

1730 年起,荷兰开始在欧洲衰落。马汉在《海军战略》中写道,英国经过十八个月对通往荷兰的航线实行控制之后,荷兰的贸易陷入停顿,一千五百艘荷兰商船被俘。这一数目相当于英国商船的两倍,通过对比可以看出两个民族之间的猜忌以及英国制定航海条例的动机。荷兰税源已经枯竭,工厂倒闭,工作停顿。须德海桅樯林立,国内乞丐遍地,街头杂草丛生,阿姆斯特丹有一千五百幢房屋无人租赁。这并非对主要贸易航线实行战略控制的结果。[3] 正所谓贸易引起战争,战争为了扩展贸易。事实上,在旧商业制度下,贸易本身

---

① 【荷】马洛莱因特·哈特:《合省联邦:1579—1806 年》,【法】理查德·邦尼主编:《欧洲财政国家的兴起:1200—1815 年》,沈国华译,上海财经大学出版社 2016 年版,第310—311 页。

② 【英】F.L.卡斯滕等编:《新编剑桥世界近代史(第 5 卷),法国的优势地位:1648—1688 年》,中国社会科学院世界历史研究所组译,中国社会科学出版社 2020 年版,第33 页。

③ 【美】艾·塞·马汉:《海军战略》,蔡鸿幹等译,商务印书馆 2018 年版,第 74 页。

就是一场战争。①

（二）英国殖民自由港

英国在击败荷兰取得世界霸权后,便树立贸易为核心的战略。此时,领土征服变成海外贸易扩张的直接焦点。1819 年 1 月,英国东印度公司说服苏丹将新加坡租给英国人,并派遣一支象征性的英军吓阻荷兰,并宣布新加坡实施自由港政策。除烟酒外,一切进出口货物免征关税,商人自由买卖。两年后,新加坡贸易额超过荷兰统治下的马六甲;三年后,贸易额超过了英国经营三十六年之久的槟榔屿,成为西欧与东亚的贸易中转站。1824 年 3 月,荷兰接受这无可改变的情势,承认新加坡自由港为英国属地。② 1841 年 6 月 7 日,英国查尔斯上尉以贸易总监的身份宣布中国香港为自由港,开始实行在英国殖民统治下的资本主义自由经济制度。之后,1843 年中英《虎门条约》中添加了"最惠国待遇原则",帝国主义国家之间的权益共享进一步合法化,即共同享有在属于其他国家殖民地的同等权益。中国香港的自由港制度是片面最惠国待遇的衍生品。19 世纪英国在华的主要利益是贸易,保持它在远东确立起来的商业优势地位。③ 另一方面,自由贸易使香港成为海盗、鸦片走私犯和人贩子的渊薮。④

---

① 【英】T.G.威廉斯:《世界商业史》,陈耀昆译,中国商业出版社 1989 年版,第 102 页。

② 【美】彭慕兰、史蒂文·托皮克:《贸易打造的世界——1400 年至今的社会、文化与世界经济》,黄中宪等译,上海人民出版社 2018 年版,第 126—127 页。

③ 【英】杨国伦:《英国对华政策:1895—1902》,刘存宽等译,中国社会科学出版社 2020 年版,第 2 页。

④ 【英】本·威尔逊:《黄金时代:英国与现代世界的诞生》,聂永光译,社会科学文献出版社 2018 年版,第 271 页。

与此同时,英国经历着从重商主义向自由贸易的转变。欧洲各地的行会和商人阶层一直利用集体的力量,争取在外国的独家贸易权。1833年东印度公司贸易垄断权的废止,是主张自由贸易商人阶层胜利的象征。① 东印度公司虽然没有马上解散,但之后英国国家权力不仅对印度,也对中国贸易展开了更为强有力的直接介入。② 霍布斯鲍姆对此尖刻地讽刺:英国终究是个"店小二民族",商人而非实业家才是它最典型的公民。③ 为推行自由贸易,拆除政治壁垒,英国软硬兼施:硬的一面是利用世界上最强大的海军、军事力量和金融杠杆;软的一面是万国博览会。它被认为是一种展示英国工业的方式,是英国关于新世界想象的现实表现。最重要的是,英国宣称自由贸易在道德和物质上有诸多好处:首先,世界和平成为可能。商品和思想的自由交流将会打破分隔人类社会的障碍,增进互相理解,战争也不再发生;其次,自由贸易对全世界普通民众有吸引力。竞争会释放活力和进取心,提高生活水平并降低物价。交流和贸易会使知识和繁荣得到扩散,让受压迫的人民渴望踢开压制创造力的传统、偏见和专制。自由贸易的新生气息会吹遍世界,推翻专制君主,自由交流取代封闭帝国。④

---

① 【英】斯蒂芬·奥尔福德:《伦敦的崛起:商人、冒险家与资本打造的大都会》,郑禹译,九州出版社2020年版,第48—49页。

② 【日】浅田实:《东印度公司——巨额商业资本之兴衰》,顾珊珊译,社会科学文献出版社2016年版,第187页。

③ 【英】埃里克·霍布斯鲍姆:《工业与帝国:英国的现代化历程》,梅俊杰译,中央编译出版社2017年版,第17页。

④ 【英】本·威尔逊:《黄金时代:英国与现代世界的诞生》,聂永光译,社会科学文献出版社2018年版,第21—26页。

因此,自由贸易是 19 世纪处于全球霸权顶峰时期的英帝国的意识形态咒语。①

三、自由贸易港的发展——主权国家时期

(一)俄罗斯符拉迪沃斯托克自由港

最初,俄罗斯自由港的实践是奥德萨港。1828 年 8 月 6 日,堪察加半岛的彼得罗巴甫洛夫斯克成为俄罗斯太平洋沿岸第一个自由港,1862 年,阿穆尔尼古拉耶夫、符拉迪沃斯托克及太平洋其他海港陆续成为自由港,最主要考量是居民生存困难。由于交通运输不便,远东与欧洲区域近乎隔绝,经济不发达造成商品匮乏,必须要从中国、日本等进口商品。因而,在俄罗斯东部边陲实行自由贸易制度可以解决人数稀少居民生活必需品供应的难题。② 当前,大约只有 20% 的俄罗斯人居住在欧洲和亚洲之间传统分割线——乌拉尔山脉——以东。俄罗斯政治、经济和文化活动的主要中心位于欧洲部分。③ 欧洲中心主义在俄罗斯国家政策中更占优势,事实上把资源丰富的广大东部地区变成了国家欧洲部分的某种伪殖民地。④ 福山对此总结为,地理环境对俄

---

① 【美】马立博:《现代世界的起源:全球的、环境的述说,15—21 世纪》,夏继果译,商务印书馆 2017 年版,第 104 页。

② 【俄】A.O.廖武什金娜、B.Φ.佩切利察:《〈符拉迪沃斯托克自由港法〉:经验、问题、矛盾》,李传勋译,《俄罗斯学刊》2016 年第 5 期。

③ 【澳】波波·罗:《孤独的帝国——俄罗斯与新世界无序》,袁靖等译,中信出版集团股份有限公司 2019 年版,第 167 页。

④ 【俄】米·季塔连科、弗·彼得罗夫斯基:《俄罗斯、中国与世界秩序》,粟瑞雪译,人民出版社 2018 年版,第 53 页。

罗斯的政治文化产生了持久的影响。①

波波·罗作过细致入微地分析:俄罗斯惯于制定雄心勃勃的区域发展计划与实施该计划之间严重脱节。这是事实与言辞不相符的一个常见现象。远东地区一直是俄罗斯在亚洲的窗户和转向东方的"晴雨表"。俄罗斯在亚洲的信誉不在于领导人参加高层次的双边和多边会议的次数多少,而在于它为了与更广泛的亚太地区相融合而做出的实质性的承诺。在这种情况下,最重要的关系是与它自己的关系,也就是俄罗斯与远东地区的关系。如果把远东地区转变为区域内合作的枢纽,那将迈出巨大的一步,认真扮演其在亚太地区的角色。但只要远东地区仍然是东北亚地区仅比朝鲜出色一点的地区,俄罗斯将只被视为一个自然资源和武器供应者,远东地区本身将越来越容易遭受一连串的国内外风险,地方经济进一步去工业化和犯罪化,社会道德沦丧和动荡,主权不断被侵蚀。②

苏联解体后,在国家经济发展低迷甚至倒退的情况下,远东地区享受的财政优惠政策被相继取消,长期依靠国家财政维持运营的地区经济陷入了困境。另一方面,运价、电价的大幅上涨加重了企业和居民的负担,致使地区经济萧条持续时间拉长,恢复速度变慢,多项经济社会发展指标低于全国平均水平。③ 2013 年中国已占到俄罗斯远东地区东

---

① 【美】福山:《政治秩序的起源:从前人类时代到法国大革命》,毛俊杰译,广西师范大学出版社 2014 年版,第 349 页。

② 【澳】波波·罗:《孤独的帝国——俄罗斯与新世界无序》,袁靖等译,中信出版集团股份有限公司 2019 年版,第 201—202 页。

③ 李勇慧、倪月菊:《俄罗斯远东超前发展区和自由港研究》,《欧亚经济》2019 年第 5 期。

北部对外贸易的 87%、俄罗斯犹太自治区的 82%、俄罗斯远东地区滨海边疆区的 52%、哈巴洛夫斯克的 46%。① 《2018 年前远东和贝加尔地区经济社会发展联邦专项纲要》获批，却因资金短缺和引入市场机制的特殊性，许多条款仅停留在构想和宣言层面。俄罗斯政府深刻意识到亚太对国家利益的重要性，官员们开始尝试强化这一方向的存在。专家学者们分析了将远东划分为不同区域的设想，引入当下比较流行的多种理论，并建议采取诸如轮休制工作方式来支持远东开发。从 2000 年开始的国内政治进程成为催化剂，并在 2012 年达到高峰期。当年，俄罗斯斥 200 多亿美元开发东部地区，符拉迪沃斯托克成为亚太经合组织（APEC）峰会的举办地。②

2014 年乌克兰危机爆发，西方对俄罗斯采取外交孤立和经济制裁，促使俄罗斯"向东看"（Turn to the East），坚定了对远东地区实施特殊政策的决心。社会经济超前发展区与自由港（"一区一港"）成为主要措施。美国担忧，俄罗斯与东北亚国家的接触取得了不同程度的成功，并挑战了美国在该地区的战略存在，可能会破坏美国对俄罗斯实施制裁的努力，这些国家的领导人更亲近俄罗斯，这也可能在美国及其盟友日本和韩国之间造成不信任。③ 2014 年 12 月 4 日，普京总统向联邦会议发表的国情咨文中谈到可能给予塞瓦斯托波尔港和克里米亚其他

① 【澳】波波·罗:《孤独的帝国——俄罗斯与新世界无序》，袁靖等译，中信出版集团股份有限公司 2019 年版，第 202 页。

② 【俄】A.C.瓦修克、O.E.希什基娜:《符拉迪沃斯托克自由港的设立——〈自由港法〉从构想到实施》，陈秋杰译，《西伯利亚研究》2020 年第 4 期。

③ Emma Chanlett-Avery, *Northeast Asia and Russia's " Turn to the East": Implications for U.S. Interests*, Congressional Research Service, August 31, 2016.

港口自由港地位。符拉迪沃斯托克是东北亚人口稠密地区俄罗斯最大的城市,是俄罗斯北极航行的关键点,也是通过俄罗斯从亚洲通往欧洲的门户。① 所以,俄罗斯政府再一次选择在此设置自由港。2015 年 7 月 8 日,联邦委员会批准《符拉迪沃斯托克自由港法》草案,7 月 13 日普京签署法案。有关部门对《土地法》《城市规划法》《商业航海法》以及《移民法》等作出相应修订。从普京总统提出设想到法案生效只用了 312 天。从俄罗斯官僚文化的角度,能够审议并通过一项法律的速度如此之快实属罕见。②

法律实施的效果主要如下:首先,成立了一批自由港的运作管理机构,包括远东和北极发展部超前发展区和基础设施司、远东发展公司、远东吸引投资和支持出口署、自由港观察委员会、自由港入驻企业支持协会及外贸企业工作咨询委员会。自由港入驻企业支持协会倡议成立远东海关局工作组,负责测试入驻的企业和远东海关局海关部门货物登记信息系统的集成情况,远东海关局已在法律框架下启动了人员培训工作。③ 考虑到中央制定政策的传统方式和具体落实政策的复杂性,包括开发的复杂性、遥远的距离和时差等,俄罗斯在符拉迪沃斯托克和哈巴罗夫斯克设立了分支机构。其次,推动《符拉迪沃斯托克自由港法》扩大适用范围。最初,只是针对滨海边疆区制定自由港法,但

---

① Yu, Popova Yuliya, *Report on Eastern Economic Forum* 2018, Journal of East Asia and International Law, Vol.11, No.2, Autumn 2018, p.494.

② 【俄】A.C.瓦修克、O.E.希什基娜:《符拉迪沃斯托克自由港的设立——〈自由港法〉从构想到实施》,陈秋杰译,《西伯利亚研究》2020 年第 4 期。

③ 【俄】A.C.瓦修克、O.E.希什基娜:《符拉迪沃斯托克自由港的设立——《自由港法》从构想到实施》,陈秋杰译,《西伯利亚研究》2020 年第 4 期。

是随后将法律推广到堪察加边疆区、哈巴罗夫斯克边疆区、萨哈林州和楚科奇自治区等远东其他行政区。远东的符拉迪沃斯托克、堪察加彼得罗巴甫洛夫斯克、瓦尼诺、科尔萨科夫和佩韦克等 5 个主要海港都实行自由港制度。① 这意味符拉迪沃斯托克自由港是一系列港口的总称,包括 5 个区域,还有 22 个市政机构。最后,自由港基础设施取得一些进展。然而,建立自由港扶持制度体系取得的效果与预期相去甚远。②

据报道,俄远东地区超前发展区和符拉迪沃斯托克自由港面临投资者短缺问题。"一区一港"累计吸引 1.8 万亿卢布(约合 245 亿美元)投资,其中民间资本占比 97%。在新冠疫情和发展机构改革的背景下,2020 年超前发展区新增投资者数量从 2019 年的 95 家降至 67 家,同比减少 30%,2021 年 1—5 月仅新增 15 家,虽然符拉迪沃斯托克自由港同期新增 37 家投资者,但有 91 项投资协议终止。③ 中方企业积极参与远东跨越式发展区和符拉迪沃斯托克自由港框架内的项目。所能查到的数据是截至 2021 年 9 月,58 个处于可研或实施阶段,总投资额将达到 116 亿美元。④ 同时,创新优先与面向外部需求是经济增

---

① 李勇慧、倪月菊:《俄罗斯远东超前发展区和自由港研究》,《欧亚经济》2019 年第 5 期。

② 【俄】A.C.瓦修克、O.E.希什基娜:《符拉迪沃斯托克自由港的设立——《自由港法》从构想到实施》,陈秋杰译,《西伯利亚研究》2020 年第 4 期。

③ 驻俄罗斯联邦大使馆经济商务处:《俄远东地区将进一步吸引投资》,http://ru.mofcom.gov.cn/article/jmxw/202106/20210603068815.shtml。

④ 驻俄罗斯联邦大使馆经济商务处:《2024 年远东对华贸易额目标 200 亿美元》,http://ru.mofcom.gov.cn/article/jmxw/ 202109/20210903195634.shtml。

长极点经验告诉远东地区所要坚持的两项基本原则。① 国内外企业家对远东开发新模式的参与程度下降,法律适用实践对国内企业而言是一个新挑战。从创造新的就业岗位看,其社会效应不大,仅在实施大项目时有所体现。② 其弱点是俄罗斯联邦"内部领土"的发展,缺少大的投资者,项目侧重于中小企业。③ 通过重大项目来改变经济模式,不是为了解决该地区的所有问题,而是为了吸引国际投资者与新技术,创造一个充满希望的环境。一个自由港会吸引一定数量的投资者,但这会不会真的帮助俄罗斯进入亚太市场? 俄罗斯制造商能否获得世界级的竞争力? 俄罗斯会在一体化进程中占据突出地位吗?④ 俄罗斯联邦现行立法也没有充分保障具有劳工移民身份的工人的权利。⑤ 2014 年后的制裁对俄罗斯的增长产生了负面但相对温和的影响。世界油价的变化和新冠疫情似乎对俄罗斯经济的影响大于制裁。⑥ 2022 年 2 月 24

---

① Savaley, Viktor Vasilevich, *Prospects for Creating an Interregional Innovation Center in the Russian Far East*, Journal of Advanced Research in Law and Economics, Vol.8, No.6, Fall 2017, p.1906.

② 【俄】A.C.瓦修克、O.E.希什基娜:《符拉迪沃斯托克自由港的设立——《自由港法》从构想到实施》,陈秋杰译,《西伯利亚研究》2020 年第 4 期。

③ 吴成锋:《"一带一路"倡议背景下符拉迪沃斯托克自由港发展对策研究》,青岛科技大学 2020 年硕士学位论文,第 63 页。

④ Iu.A. Avdeev, *The Free Port of Vladivostok*, Problems of Economic Transition, Vol.59, No.10, 2017, pp.724-725.

⑤ Ella V. Gorian, Realization of the international labor standards at the enterprises of the Free Port of Vladivostok: Will the investors say the last word? https://ssrn.com/abstract = 2953488, April 09, 2017.

⑥ Cory Welt, Rebecca M. Nelson, Kristin Archick, Dianne E. Rennack, *U.S. Sanctions on Russia*, Congressional Research Service, January 18, 2022.

日,很多国家对俄罗斯实施制裁,符拉迪沃斯托克自由港的前景暗淡。同年 3 月 9 日,普京总统签署税法修正案规定,对于前往南千岛群岛进行投资经营的国内外企业,原则上在 20 年内免征所得税。无疑,这些将对符拉迪沃斯托克自由港的发展带来不小的冲击。

(二)迪拜杰贝阿里自由区

迪拜是阿拉伯联合酋长国的贸易中心。它于 1985 年设立了杰贝阿里(Jebel Ali)自由区,当时只有 19 家公司,到 1995 年发展到 500 多家,如今超过 8000 家公司。杰贝阿里自由区占地 158 万平方米,占迪拜与阿联酋 GDP 的 33.4%和 10.7%,并吸引了迪拜近四分之一的外国直接投资。[①] 杰贝阿里自由区毗邻杰贝阿里地区最大深水港,旁边就是 2020 年迪拜世博会会址。海湾合作委员会成员国("GCC 成员国")于 2003 年建立关税联盟,致力于消除内部关税壁垒,构建一个共同市场。关税联盟的法律基础是《海湾合作委员会成员国共同海关法》(Common Customs Law for GCC States,《共同海关法》)以及面向同盟外市场的统一关税税率,其中包含了自由区的相关规定。它明确适用于其成员国所有领土和水域,但在该国的自由区则予以部分或全部适用。[②]

依据该法,"自由区"是指一国领土的一部分,在这个区域上工商业活动在该国相关法律之下进行。任何进入这个区域的货物都被认为

---

① Saeed Azhar, Alexander Cornwell, *Dubai's DP World hires banks for sale of flagship free zone stake-sources*, Reuters, June 30, 2021.

② 资料来源: https://www.dubaicustoms.gov.ae/en/Procedures/CustomsDeclaration/Pages/Definitions.aspx。

是处于关境之外,不应受制于惯常的海关监控和程序。① 货物由自由区和免税店运送至当地时则应适用当时有效的关税。因此,迪拜在本酋长国建立的自由区相当于自由贸易港。② 自由区由一国立法机关设立;自由区的制度和设立条件由一国有权机关制定。③ 除规定程序外,任何外国货物,无论其种类及原产地都可以进入自由区和免税店,或从一个自由区和免税店运至其他国家或其他自由区和免税店,无须缴纳关税;除关于出口限制以及对于再出口的海关程序规定外,从一国国内再出口的外国货物可以进入自由区和免税店;处于自由区和免税店的货物在其停留期间不应该受到任何限制。④ 记载于载货清单上的进口货物不能被转移或接收到自由区或免税店,除非获得海关关长的同意以及符合其规定的条件和管制规定。⑤

有些货物不能进入自由区和免税店,包括易燃物品,经营所需的燃料除外(需要自由区和免税店根据有权机构制定的条件给予许可);放射性材料;任何形式的武器、弹药和爆炸物,获得有权机关许可的除外;违反有权机关关于工业产权和著作权相关法律的

---

① 《共同海关法》第 2 条规定:"Free zone means a part of the state's territories in which commercial or industrial activities are exercised under the respective laws of that state. Any goods entering that zone are considered to be outside the customs zone and shall not be subject to the usual customs control and procedures。"

② 何力:《域外自由贸易港海关法律管制及其对我国自由贸易港建设的借鉴》,《海关法评论》2009 年第 9 卷。

③ 《共同海关法》第 77 条。

④ 《共同海关法》第 78 条。

⑤ 《共同海关法》第 79 条。

商品;各种类型的麻醉药及其衍生品;来自受经济制裁国家的货物;被禁止进入一国的商品,每一成员国应该制定一份这种商品的清单。① 海关办公室可以为侦查禁止类货物在自由区和免税店实施检查工作,也可以在怀疑存在走私操作时审核文件,检查货物。自由区和免税店管理人员应当在管理机关要求时向其提交所有进出货物的清单。②

非经海关规定的担保、保证以及程序,放置在自由区和免税店的货物不能被转移到其他自由区、免税店、仓库或厂房。根据现行有效的法律或海关关长的指示,货物应从自由区和免税店退出或进入一国市场。③ 从自由区运出至海关办公室的货物被视为外国货物,即便其中包含在进入自由区之前已经被征收了关税的当地原材料或物品。④ 国有和外国船只应该获准从自由区取得所有必须的水上设备。⑤ 自由区和免税店管理机关应对其管理人员的违法行为和非法带出的货物负责。所有关于安全、公共健康、走私的法律和指示在自由区和免税店依然有效。⑥ 从自由区和免税店进口并进入或出口到该国的货物应当被视为外国货物。⑦

---

① 《共同海关法》第 80 条。
② 《共同海关法》第 81 条、82 条。
③ 《共同海关法》第 83 条、84 条。
④ 《共同海关法》第 85 条。
⑤ 《共同海关法》第 86 条。
⑥ 《共同海关法》第 87 条。
⑦ 《共同海关法》第 88 条。

第二节　自由贸易港形成的多维考察

一、自由贸易港须依托民族国家载体

经过古希腊城邦、腓尼基、威尼斯城市共和国、荷兰阿姆斯特丹,最后是英国殖民自由港,自由贸易港的贸易形态终转化为现实。围绕究竟谁是第一个自由贸易港,存在很多争议:一种观点认为意大利的利沃诺(Livorno)是世界上第一个自由港。[①] 另一种观点坚称里窝那(leghorn)是自由港的先驱,是意大利最耀眼的明珠,其繁荣主要得益于鼓励外国商人的自由主义政策,以及外国商人特别是英国商人带到港口的生意,它成为英国在地中海地区贸易的主要集散中心。[②] 里窝那还被认为是北欧和西欧同地中海进行贸易的大集散地。[③] 实际上,

---

[①]　Corey Tazzara, *Managing Free Trade in Early Modern Europe：Institutions, Information, and the Free Port of Livorno*, The Journal of Modern History, Vol.86, No.3, September 2014, pp. 493-529。沃纳姆提出,利沃诺是真正的自由港口,中国很多学者持类似观点。例如,张释文和程健认为,早在13世纪,法国已经将马赛开辟为自由贸易区。随后在1547年,热那亚湾著名的港口里南那港被意大利总统正式更名为自由贸易港,这是第一个出现在世界上的自由贸易港。参见张释文、程健:《我国自由贸易港建设的思考》,《中国流通经济》2018年第2期。

[②]　【英】F.L.卡斯滕等编:《新编剑桥世界近代史(第5卷),法国的优势地位:1648—1688年》,中国社会科学院世界历史研究所组译,中国社会科学出版社2018年版,第27页。

[③]　【英】R.B.沃纳姆编:《新编剑桥世界近代史(第3卷),反宗教改革运动和价格革命:1559—1610年》,中国社会科学院世界历史研究所组译,中国社会科学出版社2018年版,第286页。

这种讨论更多基于考古样本意义,并不具有示范的制度价值。准确地说,第一个自由港诞生于意大利,但作为制度层面的自由港则成熟于英国。

无论是意大利还是英国,均是欧洲国家,为何不是其他区域的国家? 这是因为自由贸易港必须依托于民族国家的组织形式。民族国家是由一个或多个民族基于共同的国家认同而建立的主权国家。① 之前的国家可称之为传统国家,贸易与政治是两个不同维度,互相并未融合。例如,腓尼基既不是一个地理单位,也非一个政治单位,而是在叙利亚—巴勒斯坦沿海地区狭窄地带的一连串城市。② 它只是一个近似国家的身份,而非国家。它更像是一个松散的商业联盟,西方开展贸易。③ 罗马每年从印度、中国和阿拉伯进口各种香料的资金数额,若以今天④的法郎,至少要多达 100 万。⑤ 它甚至动用军队修建道路、堡垒和行省都城,在推动贸易的同时,又将军队将领、行政官员、地方精英与帝国捆在一起。⑥ 正所谓控制贸易,跟统御疆域一样,是帝国权力的活

---

① 于春洋:《现代民族国家建构:理论、历史与现实》,中国社会科学出版社 2016 年版,第 209 页。

② 【英】D.M.刘易斯等编:《剑桥古代史(第六卷):公元前 4 世纪》,晏绍祥等译,中国社会科学出版社 2020 年版,第 356 页。

③ 【英】约翰·朱利叶斯·诺里奇:《西西里史:从希腊人到黑手党》,陆大鹏译,译林出版社 2019 年版,第 13 页。

④ 本书写就于 1935 年。

⑤ 【比】亨利·皮朗:《穆罕默德和查理曼》,王晋新译,商务印书馆 2021 年版,第 122—123 页。

⑥ 【美】理查德·拉克曼:《国家与权力》,郦菁等译,上海人民出版社 2021 年版,第 7 页。

水之源。① 总体上,罗马对贸易采取的是自由放任的政策。② 芬利对此评论道:从那些做出战争决定的人的思想中找不到考虑商人利益的迹象,国家也从未使用税收作为贸易的杠杆。③

第一批民族国家兴起于从 13 世纪中叶到 15 世纪下半叶的西欧,王权得到了普遍地加强,为建立民族国家提供了现成的国家机器。④ 这段时间正是自由贸易港孕育的时期。城邦国家、城邦帝国和城市共和国作为商业和政治强权维持了几个世纪。它们高度重视商业目标,创造了没有大的官僚机构却有效率的国家体制,发明了相对充足的偿付战争和其他国家开支的方法,并建立起来代表它们商业寡头利益的政治制度。⑤ 简言之,它们都依托于国家体制发展对外贸易。威尼斯取得亚得里亚海的贸易霸权,荷兰一度握有世界霸权。托马斯·孟甚至用几分艳羡的口气说:"这些做生意的方法,就是使威尼斯、热那亚、荷兰和比利时等低地国以及有些别的地方的地位得以提高的主要手段,而英国所处的地位是最便于达成这一目的的,因为我们要这样做,只要自己勤劳努力,此外

---

① 【德】赫尔弗里德·明克勒:《帝国统治的逻辑——从古罗马到美国》,程卫平译,社会科学文献出版社 2021 年版,第 25 页。

② 【美】M.罗斯托夫采夫:《罗马帝国社会经济史》,马雍等译,商务印书馆 2020 年版,第 250—251 页。

③ 【英】M.I.芬利:《古代经济》,黄洋译,商务印书馆 2021 年版,第 251—252 页。

④ 宁骚:《民族与国家:民族关系与民族政策的国际比较》,北京大学出版社 1995 年版,第 282 页。

⑤ 【美】查尔斯·蒂利:《强制、资本和欧洲国家(公元 990—1992 年)》,魏洪钟译,上海人民出版社 2021 年版,第 165—176 页。

别无所需。"①

那么,为何自由贸易港制度成熟于英国? 这还是要回到民族国家层面去理解。早期形成的民族国家在经济基础与上层建筑方面都不是民族国家的现代形态。② 威尼斯是世界上唯一为了买卖活动而组织起来的国家。威尼斯人是地地道道的商人,他们以科学的精确性评估风险、计算收益和利润。③ 成也贸易,败也贸易。国际贸易如果不依附于国家政权,将不可持续。威尼斯无法使它的政治结构适应其商业的没落,就连政治家们几乎都认为它无法长期维持下去。④ 拉克曼指出,城邦国家的成功不是因为他们的强大,而是因为国工、教宗和贵族的羸弱。它调动的资源十分有限,包括城市公民和城邦控制的殖民地和网络的资源。城市商人和国王或教宗的联盟只有在双方保持现状下才能维持。因此,欧洲没有成为一个城邦国家统治的大国,威尼斯的辉煌时代昙花一现。⑤ 当现代国家发展起来后,自治城市已明显不合时宜,对领土和疆界有更高要求的国家不再容忍自治城市的存在,将其收编为

① 【英】托马斯·孟:《英国得自对外贸易的财富》,袁南宇译,商务印书馆 2014 年版,第 10—13 页。

② 宁骚:《民族与国家:民族关系与民族政策的国际比较》,北京大学出版社 1995 年版,第 283 页。

③ 【英】罗杰·克劳利:《财富之城——威尼斯海洋霸权》,陆大鹏等译,社会科学文献出版社 2017 年版,第 15 页。

④ 【英】A.古德温编:《新编剑桥世界近代史(第 8 卷),美国革命与法国革命:1763—1793 年》,中国社会科学院世界历史研究所组译,中国社会科学出版社 2018 年版,第 394 页。

⑤ 【美】理查德·拉克曼:《国家与权力》,郦菁等译,上海人民出版社 2021 年版,第 16—17 页。

自己的地方城市,同时建立起首府城市,作为国家的象征。对于威尼斯,能够在这种情况下还坚持很长的实践,可以算得上是城市发展史中的异类。然而,它们最终的衰落是由于无法与国家力量匹敌。在国家崛起之后,其自治地位也被消解,受到国家的控制。①

只有民主共和制与君主立宪制成为民族国家正常的国家政权形式,国家主权从君主手中全部或部分地转移到在形式上代表全民族,而在实质上由民族统治阶级掌管的国民议会手中的时候,民族国家建构才会真正得以完成。② 民族国家既是启蒙的产物,也是朝向以征服自然为目标的,对社会、经济诸过程和组织进行理智化的过程的一部分。③ 由于各种因素,威尼斯与阿姆斯特丹均未能完整地走过这个过程,只有英国在跌跌撞撞地完成整个流程的任务。埃特曼因而认为,英国国家政权在 17 世纪早期的结构性变化,给它在下一个世纪的发展过程中具备一种非常重要的竞争性优势。④ 自由贸易港作为一种制度设计的产物,是有意识实施特定贸易法律制度区域,民族国家是其背后的有力依托。国家的贸易维度与政治维度实现了完全融合,反过来推动了自由贸易港贸易形态的真正成熟。

---

① 朱明:《欧洲中世纪城市的结构与空间》,商务印书馆 2019 年版,第 199—200 页。

② 宁骚:《民族与国家:民族关系与民族政策的国际比较》,北京大学出版社 1995 年版,第 288 页。

③ 【美】艾恺:《持续焦虑:世界范围内的反现代化思潮》,生活·读书·新知三联书店 2022 年版,第 29 页。

④ 【美】托马斯·埃特曼:《利维坦的诞生——中世纪及现代早期欧洲的国家与政权建设》,郭台辉译,上海人民出版社 2020 年版,第 244 页。

二、自由贸易港须以统一市场为基础

西欧民族国家建构的根本动力是资本主义生产方式的发展,后者所具有的强烈的渗透性和扩散性,使得自其产生以后就有力地推动了社会分工的发展,加强各类经济活动主体之间的关联和相互依赖,进而客观上要求建立广阔的、联合成国家的统一地域,要求在国家的地域内有统一政府、统一关税、统一法律、统一语言以及同质的文化、统一交通和通信系统、统一国民教育体系、统一度量衡等等,而在所有这些要求之中,建立统一的民族市场是最基本的要求。① 它同样是自由贸易港得以存在的一个前提条件。自由贸易港是一般政策与特殊政策匹配下的产物。统一市场是一般贸易政策的实施区域,如果缺乏一般政策,何来自由贸易港的特殊政策? 一个国家形式上统一,不代表其市场必定统一,甚至有可能互相割裂,这将给自由贸易港造成致命的伤害。

古德温指出,意大利经济的基本缺陷就是城邦统治所造成的后遗症,即四分五裂的局面,后果就是市场狭小与价格人为确定,对贸易最严重的障碍是通行税和关税壁垒,促使走私成为一种几乎独立的行业。② 威尼斯拖到 1794 年才实现了关境统一,缴纳完进口税的外国商

---

① 宁骚:《民族与国家:民族关系与民族政策的国际比较》,北京大学出版社 1995 年版,第 281 页。

② 【英】A.古德温编:《新编剑桥世界近代史(第 8 卷),美国革命与法国革命:1763—1793 年》,中国社会科学院世界历史研究所组译,中国社会科学出版社 2018 年版,第 398 页。

品才能在各地间自由流通。① 荷兰的情况也好不到哪去。它由七个省——荷兰、泽兰、乌德勒支、盖尔德斯、上艾瑟尔、弗里西亚和格罗宁格等组成。每个省是一个相当密集的城市网。阿姆斯特丹是荷兰省的一个城市。七个省不仅各自认为享有主权,还分为许多小的城市共和国。虽然分歧不会影响商业利益,但客观上各省利害迥然不同,特别沿海省区与内陆省区之间经常会引起冲突。② 荷兰共和国政府的原则是不得强迫其任何成员服从多数,一个决定只有经过长时间谈判并且依靠主要国务家们的劝诱才能做出。③ 琼斯对此下结论:低地国家在经济和文化上有明显的集体认同感和团结一致,但没有形成一个政治统一体,至多是有几个支配着它们自己的卫星国的权力集团,怀着取得政治控制权的野心,彼此竞争。④ 因此,威尼斯与阿姆斯特丹,统一民族市场的目标要么实现得太迟,要么现实中遥不可及。

布罗代尔强调,任何统一民族市场的形成,都需要在农业、商业、运输、工业、供应与需求之间达到艰难的平衡。英国率先改变了原先占据主导地位的城市经济,形成统一民族市场,从而扭转了欧洲历史的发展

---

① 【法】理查德·邦尼主编:《欧洲财政国家的兴起:1200—1815 年》,沈国华译,上海财经大学出版社 2016 年版,第 375—378 页。

② 【法】费尔南·布罗代尔:《十五至十八世纪的物质文明、经济和资本主义》(第三卷),顾良等译,商务印书馆 2017 年版,第 213—232 页。

③ 【英】F.L.卡斯滕等编:《新编剑桥世界近代史(第 5 卷),法国的优势地位:1648—1688 年》,中国社会科学院世界历史研究所组译,中国社会科学出版社 2020 年版,第 286—287 页。

④ 【英】迈克尔·琼斯:《新编剑桥中世纪史(第六卷)约 1300 至约 1415 年》,王加丰等译,中国社会科学出版社 2020 年版,第 672 页。

方向。它得益于政治意志的强制,也是资本主义商业扩张的产物,特别是长距离对外贸易的推动,并显示出对荷兰的无比优越,后者从此永远丧失称霸世界的资格。①　因此,正确的逻辑可能是这样的:统一市场是对外贸易的发动机,不是对外贸易带动统一市场形成,而对外贸易的发展才可能给自由贸易港充足的制度设计空间。那种寄希望于通过自由贸易港来撬动对外贸易,进而推动统一市场的逻辑是本末倒置。英国成功的一种原因正是遵循了前一种逻辑行事。

三、自由贸易港须得到充足的法治保障

在现代国家,法治是国家治理的基本方式,是国家治理现代化的重要标志,国家治理法治化是国家治理现代化的必由之路。②　自由贸易港是贸易的一种形态,也是人类社会的制度设计,属于治理范畴,需要得到法治的充足保障。在贸易发展初期,特别是自由贸易港的萌芽与孕育时期,法治的要求不是那么完备,更多体现在某些重要环节的逐步成熟。贸易争端的解决就是一个由不成熟走向制度化的鲜明例证。贸易争端伴随贸易产生,它对贸易的可持续至关重要。马林诺夫斯基曾描述,巴布亚新几内亚岛东南端附近海域沿岸居住群体乘坐大型航海船进行远途贸易,或是发动突袭、进行征服。③　罗马与罗德斯岛之间贸

---

① 【法】费尔南·布罗代尔:《十五至十八世纪的物质文明、经济和资本主义》(第三卷),顾良等译,商务印书馆 2017 年版,第 340—366 页。

② 张文显:《法治与国家治理现代化》,《中国法学》2014 年第 4 期。

③ 【英】布罗尼斯拉夫·马林诺夫斯基:《西太平洋上的航海者——美拉尼西亚新几内亚群岛土著人之事业及冒险活动的报告》,弓秀英译,商务印书馆 2017 年版,第 16 页。

易冲突也是一例。罗得岛是希腊第四大岛屿,在公元前 3 世纪成为东地中海的经济中心,不仅是谷物、奴隶和其他东地中海贸易的集散中心,还提供了金融业务,执行商法,组建了一支打击海盗行为的舰队,从而引起了罗马的嫉妒。① 于是,后者宣布提洛岛为自由港并将其作为赠礼给予雅典,商贸交通由此从罗德岛转移到提洛岛,其经济体系被深深地动摇。② 争端后以罗德岛的单方面屈服告终。

人类社会创造出许多争端解决办法。第一,诉诸于血缘或地缘基础上的经济信任。商人们将长距离的、偶发的贸易变为本地的、频繁的贸易。最常见的就是在人际网络内进行长距离贸易。商人通常属于一个个互动频繁的血缘或地缘群体,在这个群体内部建立信用关系。在前工业化时代的欧洲,长距离贸易的核心机制恰恰正是非正式制度和商人网络。③ 第二,建立相同或相似的意识形态、宗教信仰。特尔普斯特拉认为,以前贸易的一个核心问题是缺乏第三方强制执行机构,而贸易侨民团体的出现是解决办法。④ 此处贸易侨民就是商人阶层。国家为何不能介入强制执行呢? 特尔普斯特拉接着解释道,尽管缺乏政府强制执行的基础设施,罗马法确实为交易方提供了强制执行的优势。

① 【美】道格拉斯·C.诺思:《经济史上的结构和变革》,厉以平译,商务印书馆 2016 年版,第 122 页。

② 【英】A.E.阿斯廷等编:《剑桥古代史(第八卷):罗马与地中海世界至公元前 133 年》,中国社会科学出版社 2020 年版,第 372 页。

③ 【美】王国斌、罗森塔尔:《大分流之外:中国和欧洲经济变迁的政治》,周琳译,江苏人民出版社 2019 年版,第 73—74 页。

④ 【美】塔科·特尔普斯特拉:《古代地中海的贸易:私人秩序与政府机构》,董孝朋译,格致出版社 2022 年版,第 33 页。

但商人阶层主要利用帝国意识形态来支持私人秩序,同样的意识形态是群体内部合同强制执行的一个关键因素。① 第三,采取诉讼或契约等法律方式。公元前4世纪中期,雅典城邦引入"商业诉讼"的法律程序,快捷裁决航海季节雅典商业交易中出现的纠纷,确保了将商品进口到雅典的外来者得到全面的法律保护和便捷的司法处理。② 荷兰则是阿姆斯特丹商人阶层通过"对等契约"(contracts of correspondence)轮流执政和分享利润。③ 13世纪到17世纪,激烈的商业竞争使得荷兰等低地国家自治城市争相试图吸引专业的、不受地域限制的外国商人,后者共同参与了一个不断创新的订立契约的过程,迫使政府不断改善其提供的体制基础架构。④

然而,法治在量上的积累并不足以达到保障自由贸易港诞生乃至成熟的程度。阿什顿指出,工业革命不只是"工业上的",还是社会和思想上的。"革命"这个词意味着一种突然变化,突然变化并不是经济变革过程的特点。⑤ 自由贸易港法治保障不仅有量的要求,更需要思想上的准备。在这个问题上,威尼斯就交出不合格的答卷。贸易是威

---

① 【美】塔科·特尔普斯特拉:《古代地中海的贸易:私人秩序与政府机构》,董孝朋译,格致出版社2022年版,第157—158页。

② 【英】M.I.芬利:《古代经济》,黄洋译,商务印书馆2021年版,第205页。

③ 【美】理查德·拉克曼:《国家与权力》,郦菁等译,上海人民出版社2021年版,第84页。

④ 【美】塔科·特尔普斯特拉:《古代地中海的贸易:私人秩序与政府机构》,董孝朋译,格致出版社2022年版,第226页。

⑤ 【英】T.S.阿什顿:《工业革命:1760—1830》,李冠杰译,上海人民出版社2020年版,第2页。

尼斯的生命线,其长期目标是保护与发展贸易,而对外贸易是一种比国内贸易更有吸引力的潜在收入来源。① 但是,威尼斯人是精打细算的商人而不是虔诚的朝圣者,他们只等着在胜利以后捞上一笔。② 威尼斯的规则越来越倾向于把资本从商业中抽出来,投资于他们在威尼斯本土的地产。③ 换言之,威尼斯城市共和国能够彻底脱离以维持生活为导向,贸易带来的财富已经成为商人阶层孜孜以求的东西,但它仅止步如此。

相比较,英国不同于欧洲其他任何国家,是一个受法治原则统治的国家。一些观察英国风俗的外国评论家,如伏尔泰、德·洛尔默、托克维尔和格奈斯特等均深受触动,其程度甚至远超英国人自身;对英国人依法办事的习性与意识,大为惊讶和赞叹。④ 不妨这样说,法治原则帮助英国在自由贸易港发展上实现了关键的一跃。英国的立法更突出更持久:由于英国工业、贸易和船运发展迅速,这就使英国有可能满足殖民地越来越多的需求,因而有可能保证法律的实施。由于这些法律有效地将殖民地贸易同母国联系起来,抵挡住了欧洲其他势力的竞争,并

---

① 【美】道格拉斯·C.诺思:《经济史上的结构和变革》,厉以平译,商务印书馆 2016 年版,第 160 页。

② 【法】米肖、普茹拉:《十字军东征简史》,杨小雪译,北京时代华文书局 2014 年版,第 95 页。

③ 【英】R.B.沃纳姆编:《新编剑桥世界近代史(第 3 卷),反宗教改革运动和价格革命:1559—1610 年》,中国社会科学院世界历史研究所组译,中国社会科学出版社 2020 年版,第 286 页。

④ 【英】A.V.戴雪:《英国宪法研究导论》,何永红译,商务印书馆 2020 年版,第 220 页。

有助于伦敦转口贸易的发展。① 1834 年,英国殖民当局颁布法令征收进口税,取消新加坡自由港政策,却遭到商人们的强烈反对,不得不在1836 年宣布废除。② 中国香港自由港发展的一个重要因素是港英政府"行政吸纳政治"模式的运作。英国将政府外的、非英国的,特别是中国的社会经济的精英吸纳进行政的决策机构,既达到了"精英的整合"的效果,也取得了政治权威的合法性。③

四、自由贸易港的形成须顺应世界的潮流

经济学家冀朝鼎提出一个观点:人类谱写历史,不仅是借助历史流传下来的某些背景知识,某些程度上还重新阐述着过去的历史。④ 回顾自由贸易港发展历史,还有更多失败的案例。例如,西班牙东北部的城市阿拉贡身处地中海西部错综复杂的政治形势,一度攫取了巴利阿里群岛和撒丁,势力一直伸展到西西里和那不勒斯,后由于国内政局不稳与意大利的激烈竞争,于 15 世纪

① 【英】F.L.卡斯滕等编:《新编剑桥世界近代史(第 5 卷),法国的优势地位:1648—1688 年》,中国社会科学院世界历史研究所组译,中国社会科学出版社 2020 年版,第 38—39 页。

② 李路曲:《新加坡道路》,中国社会科学出版社 2018 年版,第 7—524 页。

③ 金耀基:《中国政治与文化》,牛津大学出版社 1997 年版,第 43—44 页。

④ 这是因为历史本身就具有历史属性,只能根据各个时代的经验,被其所理解、所利用。新经验会带来新的历史认识,根据新的理解,可以阐述新的问题,重新考查新旧证据,从大量看似无用的数据中遴选出重要事实。因此,历史必须不断重写,以满足每个特定时期的人类需要。历史重写,是人类努力驾驭历史力量的一部分,这一任务在历史进程的每个转折点都显得特别迫切。参见冀朝鼎:《中国历史上的基本经济区》,岳玉庆译,浙江人民出版社 2016 年版,第 2 页。

衰微。① 荷兰安特卫普曾经被人惊呼:从来没有一个市场曾将世界上所有重要的商业国的贸易集中到这种程度,但竞争败给阿姆斯特丹后,安特卫普的作用自此以后注定仅是一种"本国的"作用。波特认为欧洲的政治和贸易大潮流曾使安特卫普成为经济界的中心,而这种"本国的"作用则是回归到此前的地位。② 即便威尼斯也无法承受脱离世界潮流的后果。当时里窝那的繁荣已经证明了自由关税政策在吸引贸易并维持长期繁荣方面的好处,但傲慢的威尼斯视这种政策为软弱的、找个立身之处的新手采用的手段而不屑一顾。结果称霸东地中海的威尼斯,退化为一个地区港口。1720 年以后,英国和荷兰的船只不再到威尼斯,在东地中海的港口也很少看到威尼斯的船只。布朗伯利不无揶揄地说:或许是由于长时期形成的狂欢节庆祝活动,使威尼斯成为欧洲最快乐的城市,长期吸引了大量奢侈的游客和被放逐的人,掩盖了这个最尊贵共和国的衰败。③

这些反面例子,无不验证一个命题:它们都没有抓住世界潮流。何为世界潮流?黄振乾和唐世平认为,当大西洋贸易成为新的国际贸易中心之后,能否参与或者主导大西洋贸易就变得非常重要,并逐渐成为

---

① 【英】G.R.波特编:《新编剑桥世界近代史(第 1 卷):文艺复兴:1493—1520 年》,中国社会科学院世界历史研究所组译,中国社会科学出版社 2020 年版,第 52—53 页。

② 【英】G.R.波特编:《新编剑桥世界近代史(第 1 卷):文艺复兴:1493—1520 年》,中国社会科学院世界历史研究所组译,中国社会科学出版社 2020 年版,第 51—71 页。

③ 【英】J.S.布朗伯利编:《新编剑桥世界近代史(第 6 卷),大不列颠和俄国的崛起:1688—1715/1725 年》,中国社会科学院世界历史研究所组译,中国社会科学出版社 2018 年版,第 599—600 页。

欧洲国家发展的分水岭。① 换言之,大西洋贸易的重要性在于它引发了欧洲国家发展的分化。首先,它导致了欧洲贸易中心转移。大西洋贸易的兴起逐渐使得传统的地中海贸易和欧洲大陆相对衰落。其中,对地中海贸易区的影响最为明显。中世纪的贸易同盟在与新兴的大西洋贸易国的竞争中败下阵来;其次,由于欧洲贸易中心转移到大西洋沿岸国家,大西洋贸易的参与国和非参与国之间出现财富分化。参与国凭借天时地利,社会财富迅速增加,国家有更多的物质力量投入到社会生产、军队建设、港口建设中去。② 柏克敏锐地指出,17 世纪威尼斯和阿姆斯特丹两个精英群体生活方式发生了一个极为重要的转变:从海洋转向陆地,从工作转向娱乐,从节俭转向炫耀性消费,从企业家转向食利者,从市民转向贵族。③

　　黄振乾和唐世平分析认为,初始制度、大西洋贸易和初始经济规模三个因素及其组合对早期欧洲国家崛起起到了决定性作用,而参与大西洋贸易是"第一波现代化"的必要条件。不同的条件组合导致了现代化的不同路径,两类国家在"第一波现代化"中更有可能率先崛起:一是初始制度开明且参与大西洋贸易的国家;二是初始经济规模小且参与大西洋贸易的国家。英国、丹麦、芬兰、挪威、葡萄牙、瑞典和瑞士

---

　　① 黄振乾、唐世平:《现代化的"入场券"——现代欧洲国家崛起的定性比较分析》,《政治学研究》2018 年第 6 期。

　　② 黄振乾、唐世平:《现代化的"入场券"——现代欧洲国家崛起的定性比较分析》,《政治学研究》2018 年第 6 期。

　　③ 【英】彼得·柏克:《威尼斯与阿姆斯特丹:十七世纪城市精英研究》,刘君译,商务印书馆 2014 年版,第 150—151 页。

是率先获得"第一波现代化"入场券的国家。荷兰虽然也拥有现代国家崛起的条件,但频繁的国家间战争阻碍了荷兰崛起。① 英国抓住了世界发展潮流,成为第一个现代意义的霸权国。② 基于此,再一次验证了为什么自由贸易港首先在意大利出现,却在英国臻于成熟。

如果从欧洲或当时的"世界"经济网络的角度看,存在着发达区域,主要是西欧,也存在它们与殖民地或半殖民地依附经济交换体系的其他地区;既有地中海势力,主要是意大利人及其同伙,再加西班牙和葡萄牙征服者,也有波罗的海势力,主要是日耳曼城邦,此种传统格局在 17 世纪的经济大萧条中已经消亡,新的扩张中心是北海和北大西洋周边的海上国家。先进区域与世界其他地区之间的新型关系有别于旧有格局,它趋于不断地强化并扩大商业交流,要是没有这种变化,便无法想象力量强大、不断增长并日益加速的海外贸易潮流。这股国际贸易潮流依赖于三点:一是欧洲对外来产品的日常需求有了上升,而随着更大量的外来产品能以更低的价格获得,该需求市场便得以继续扩大;二是海外形成了生产这些产品的经济体制,比如由奴隶耕作的种植园;三是对殖民地的征服,这种征服旨在助长欧洲宗主国的经济优势。③

对照这三点,在所谓"第一波现代化"的国家中,似乎只有英国满足条件。工业革命后英国具备强大的制造能力,其繁荣和实力是牢固

---

① 黄振乾、唐世平:《现代化的"入场券"——现代欧洲国家崛起的定性比较分析》,《政治学研究》2018 年第 6 期。

② 叶成城、唐世平:《超越"大分流"的现代化比较研究:时空视角下的历史、方法与理论》,《学术月刊》2021 年第 5 期。

③ 【英】埃里克·霍布斯鲍姆:《工业与帝国:英国的现代化历程》,梅俊杰译,中央编译出版社 2017 年版,第 45—46 页。

地建立在日益多样化的地方制造业的基础上的,这一点上荷兰人领先
时从未做到过。① 英国在海外拥有数十倍本土面积的殖民地,并通过
武力征服谋求控制权。贸易是维系帝国的纽带。在战争中,海军的任
务是封锁敌国的港口,保持连接帝国海军基地和商业基地的重要海上
航路的畅通;从而破坏敌人的贸易,同时保护英国的贸易。陆军的作用
在于守卫印度,保护国内港口和海外海军基地,并在海军的掩护下成为
攻击敌人领土的矛头。② 英国实现对殖民地控制后,比其他国家进口
更多的殖民地产品,推动伦敦成为转口贸易中心与国际金融中心。③
最终,在整个充满重大事件的 19 世纪最后几十年间,英国在世界事务
的各个方面都扮演领导角色。它是科学技术领域的拓荒者,推动了海
陆交通的发展,促进了非洲、亚洲和大洋洲的欧化,它的资本、企业家的
才能和熟练技术帮助开发了边远国家的资源,它的文化、经济、政治和
社会的制度被移植到全世界各个地区。英国各民族大批向国外移居,
使英国扮演了一些国家的创建者的角色,这是它事先没有考虑到的。④

---

① 【英】J.O.林赛编:《新编剑桥世界近代史(第 7 卷),旧制度:1713—1763 年》,中国
社会科学院世界经济研究所组译,中国社会科学出版社 2020 年版,第 34 页。

② 【英】J.P.T.伯里编《新编剑桥世界近现代史(第 10 卷),欧洲势力的顶峰:1830
年—1870 年》,中国社会科学院世界历史研究研究所组译,中国社会科学出版社 2018 年
版,第 380 页。

③ 【英】A.古德温编:《新编剑桥世界近代史(第 8 卷),美国革命与法国革命:1763—
1793 年》,中国社会科学院世界历史研究所组译,中国社会科学出版社 2018 年版,第 37—
38 页。

④ 【英】F.H.欣斯利编:《新编剑桥世界近代史(第 11 卷),物质进步于世界范围的问
题:1870 年—1898 年》,中国社会科学院世界历史研究所组译,中国社会科学出版社 2018
年版,第 416 页。

第三节　自由贸易港国际法治的美国路径

一、美国对外贸易区的发展

1894 年,第一次有人提及在美国立法设立对外贸易区。[①] 它是作为抵消当时美国高关税政策负面影响的一种设想。[②] 一战爆发,欧洲进口大幅下降导致关税下滑。威尔逊总统要求国会通过国内税增加 1 亿美元收入弥补关税损失,为美国人撤离欧洲提供资金,并为企业提供战争保险。[③] 威尔逊假定全球的商品、物资和金融市场都应当总是处于合众国的支配之下,其他国家的自然资源、商业活动和投资机会都应当随时随地满足美国人的欲望。[④] 关税委员会 1916 年便主持了针对自由区的调查。它注意到美国试图通过保税仓库和退税发展转口贸易,但这些手段并不适当,接着讨论了将自由港作为可能的补救措施。关税委员会还特别强调了"自由港"这一词语和"自由贸易"或"保护"的不同。前者是一个以促进转口贸易为目的的指定区域,自由港或自

[①] Susan Tiefenbrun, *U. S. Foreign Trade Zones*, *Tax-free Trade Zones of the world*, *and their impact on the U.S. economy*, Journal of International Business and Law, 2013, p.215.

[②] 加里·M·沃尔顿、休·罗考夫:《美国经济史(第 10 版)》,王珏等译,中国人民大学出版社 2011 年版,第 465 页。

[③] 【美】罗伯特·霍马茨:《自由的代价——美国筹集从革命到反恐时代的所有战争款项之实录》,张关林译,上海人民出版社 2010 年版,第 93 页。

[④] 【美】托马斯·本德:《万国一邦:美国在世界历史上的地位》,孙琇译,中信出版集团股份有限公司 2019 年版,第 296 页。

由区是受一定限制的地区,它不同于海关法所规定的注定要再出口的货物免税的临近区域;对于这些地区免收海关关税,这是一种自由,除非区内的进口货物进入国内市场一定要缴税,因而建议在美国港口建立自由区(对外贸易区)。①

其后,国会举行了一些对外贸易区立法听证会,社会各界代表纷纷陈述不同的意见。② 听证会后并未推动立法最终落地实施,一个比较重要的原因就在于自1789年起美国就开始实施退税制度。③ 它在一定程度上替代了对外贸易区的功能。不过,由于申请退税的程序非常耗时,导致许多复运出口企业放弃了申请。在对外贸易区法案出台的前12年,申请退税的金额几乎下降了80%。④ 1929年10月起,美国遭受了号称历史上最严重的一场经济危机,本来就很盛行的贸易保护主义势力得到进一步地扩张。⑤ 货币和财政因素是造成大萧条的主因。⑥ 结果美国对外贸易在经济危机与退税制度双重因素的叠加冲击下遭受到了重创。复运出口货物的金额从1920年的1.47亿美元下降到1930年的0.63亿美元。纽约州众议员塞勒(Cellar),也是后来对外贸易区

----

① 【美】布鲁斯·E·克拉伯:《美国对外贸易法和海关法》,蒋兆康等译,法律出版社2000年版,第73—297页。

② Free zones in ports:hearings before the subcommittee of the Committee on commerce,66 Congress,first session,on S.3170(1919).

③ John J.DaPonte,Jr,*United States Foreign-Trade Zones:adapting to time and space*,Tulane Maritime Law Journal,1980,Fall,p.198.

④ 78 Congressional .Record.9854(1934).

⑤ 孙玉琴:《大萧条时期美国贸易政策与中美贸易》,《美国研究》2012年第1期。

⑥ 【美】道格拉斯·欧文:《贸易的冲突:美国贸易政策200年》,余江等译,中信出版集团股份有限公司2019年版,第394页。

法案的始作俑者,他将法案视为失败的退税制度的一种补救。① 国会
参众两院的议员们纷纷转变态度。同时,1933 年"罗斯福新政"开始推
行,外贸政策随即转变。1934 年 5 月 29 日,国会投票通过《1934 年对
外贸易区法》,众议院 254 票赞成,95 票反对,80 票弃权,支持的票数将
近是反对票的三倍之多。② 参议院投票没有记录。③ 法案于同年 6 月
18 日得到批准实施。之所以使用了"对外贸易区"而不是常见的"自
由贸易区"(free trade zone)的名称,正是为了克服来自保护主义者利
益的阻力。④ 法案的通过毋庸置疑地表明其目的在于促进出口与转运
贸易,而它们也将给美国创造出新的业务与就业。⑤ 1936 年 1 月 30
日,委员会主席,商务部部长若珀(Daniel C. Roper)授权在纽约市成立
历史上的第 1 个对外贸易区。⑥

国会相信,拥有现代化设施与战略性地理位置的美国在创设了对
外贸易区制度后将成为世界上主要的转运点。美国处于中美洲与南美
洲、西印度群岛以及加拿大中间的理想位置,隔着大洋一端连着欧洲与
非洲,一端接着亚洲。⑦ 法案实施后将会达到五个预期目标:第一,鼓

---

① 78 Congressional.Record.9854(1934).

② 78 Congressional.Record.9859-60(1934).

③ 78 Congressional.Record.8477(1934).

④ John J.DaPonte,Jr,*United States Foreign-Trade Zones:adapting to time and space*,Tulane Maritime Law Journal,1980,Fall,p.200.

⑤ Hirotoshi Otsubo,*Regional Economic Function Analysis of U.S.Foreign-Trade Zones*,massachusetts institute of technology,2005,p.22.

⑥ U.S. Foreign-Trade Zones Board Order No.2,January 30,1936.

⑦ 78 Congressional.Record.9852-53(1934).

励美国资本在新兴产业方面的投资,法案将会产生新的"重组"或"混合"的业务;第二,对外贸易区内美国劳工的雇佣将会替代掉那些原先海外劳工的工作,海外组装与转运业务将搬迁回美国;第三,推动美国企业在外国市场与对外贸易上的发展;第四,销售全球各地外国货物的美国分销点的兴起;第五,增强美国商船实力,因为增加的转运量必将更多使用商船,提高利润。[1] 但它远没有人们预想中那么受到欢迎。到 1950 年,美国只有仅仅 5 个对外贸易区投入运营。[2] 美国的对外贸易在快速增长,人们对内陆口岸的兴趣不断增加,空运业务的发展使得这些口岸愈加便利。[3] 反差是对外贸易区立法设计、准入及货物监管问题的缺陷。

1970 年前,设有对外贸易区的城市数量不超过 10 个,且位于海港或五大湖港口。1970 年之后,对外贸易区才开始扩展到内陆。在整个 70 年代授权成立的 52 个对外贸易区中,24 个位于内陆。到 1982 年底,委员会共授权成立了 80 个对外贸易区。[4] 1980 财政年度,进出对外贸易区货物价值不到 30 亿美元,只有区区 1 万名左右的工人从事对

---

① 　S. Rep. No.905,73d Cong.,2d Sess.2(1934):1-5.

② 　General Accounting Office, *Report to the Chairman*, *House Committee on Ways and Means*, *Foreign Trade Zone Growth Primarily Benefits Users Who Import for Domestic Commerce*, March,1984,p.5.

③ 　Senate Fin. Comm, Expanding Activities Within Foreign Trade Zones, S. Rep. No. 1107,81st Cong.,2d Sess.2534(1949);See also,FTZs:Hearings on H.R. 6159 and H.R. 6160 Before the House of Representatives Committee on Ways and Means,80th Cong.,2d Sess.10 (1948).

④ 　John J.DaPonte,Jr,*United States Foreign-Trade Zones:adapting to time and space*,Tulane Maritime Law Journal,1980,Fall,pp.202-204.

外贸易区业务。① 委员会从成立后到 1970 年前总共颁布了 81 个命令。② 从 1970 年到 1982 年之间颁布了 120 个命令。③ 那些在对外贸易区从事制造或组装诸如汽车与摩托车的业务也因最终产品上的低税率而受益匪浅。④ 货物监管模式的创新为对外贸易区的腾飞奠定了坚实的基础。至今,对外贸易区已成为美国对外贸易中不可忽视的重要组成部分。它与美国对外贸易之间处于一种同步正向的关系,稳定提高的数值说明彼此之间的联系呈现出逐步加深的趋势,这从一个侧面反映了对外贸易区巨大的经济影响力。

二、美国对外贸易区的立法设计

法治一直是美国赖以骄傲的传统。美国几乎所有的政治问题都迟早要变成法律问题。⑤ 是否设立对外贸易区最初是一个纯粹的经济问题,是美国为了应对高关税与外贸发展乏力之下的举措,但由于牵涉到民主党与共和党之间围绕自由贸易与贸易保护的争论而成为政治问题。激烈的党派斗争是以《1934 年对外贸易区法》的出台告一段落,最终还是以法律问题的形式收场落幕。

对外贸易区立法设计中国际法主要是指海关国际条约。它是国家

---

① Hirotoshi Otsubo, *Regional Economic Function Analysis of U. S. Foreign-Trade Zones*, massachusetts institute of technology,2005,pp.11-12.

② 从 Order No.1,June 29,1935 到 Order No.81,September 29,1969,共计 81 个命令。

③ 从 Order No.82,April 20,1970 到 Order No.202,October 20,1982,共计 120 个命令。

④ Susan Tiefenbrun, *U. S. Foreign Trade Zones*, *Tax-free Trade Zones of the world*, *and their impact on the U.S. economy*,Journal of International Business and Law,2013,p.187.

⑤ 【法】托克维尔:《论美国的民主》,董良果译,商务印书馆 1997 年版,第 310 页。

等国际法主体根据国际法所确立的,以相互间海关事项上权利义务关系为主要内容的意思表示一致的协议。① 据统计,在 WCO 主持下制定并签署的海关国际条约共有 18 项,按时间先后顺序,美国先后于 1968 年 12 月 3 日批准实施的《关于货物凭 ATA 报关单证暂准进口的海关公约》、1970 年 11 月 5 日批准实施的《建立海关合作理事会条约》、1989 年 1 月 1 日批准实施的《协调商品名称和编码制度公约》以及 2006 年 3 月 6 日批准实施的修订后《关于简化与协调海关制度的国际公约》(京都公约)。美国于 1972 年 6 月 5 日签署《关于货物实行国际转运的海关公约》,该公约至今尚未生效。

在法律性质上,联邦法律属于制定法。② 对外贸易区联邦法主要包括《1934 年对外贸易区法》、CFR 第 15 卷"商业与对外贸易"(Commerce and Foreign Trade)第 400 部分以及第 19 卷"关税"(Customs Duties)第 146 部分。国会每次通过一部法律后,在发行单行本的同时,众议院法律修订委员会办公室(Office of the Law Revision Counsel of the House of Representatives)便将该法分解,再根据内容编排到 U.S.C. 的 50 个主题的相关卷中。《1934 年对外贸易区法》就被编入了 U.S.C. 第 19 卷"关税"第 1A 章第 81a 条至 81u 条,总共 21 条。③

与此同时,一些其他海关法律与联邦法律也在对外贸易区内适用。海关法律是指被收录在 U.S.C. 第 19 卷,包括美国协调关税表在内的法律。《1934 年对外贸易区法》本身也属于海关法律,它还包括 U.S.C. 第 18 卷"犯

---

① 何力主编:《国际海关法学——原理和制度》,立信会计出版社 2007 年版,第 216 页。

② 张文显主编:《法理学》,法律出版社 2004 年版,第 65 页。

③ 具体参见周阳:《论美国对外贸易区的立法及其对我国的启示》,《社会科学》2014 年第 10 期。

罪与刑事程序"第541—552条,因为它们原本规定在最初的1930年关税法中,其中的大部分已经编入了第19卷。除非另有规定,通常情况下海关法律在对外贸易区内并不适用。对于那些被许可通过关境进入对外贸易区前或者自对外贸易区内输出的货物而言,却是适用的。海关法律同样适用于对外贸易区内的禁止货物、进入或驶离对外贸易区的船只与航空器以及在《1934年对外贸易区法》中尚未规定的被运入对外贸易区的货物。虽然《1934年对外贸易区法》明确规定,只有在特定情况下,海关法律才能在对外贸易区内适用,但其他绝大多数联邦法律——公共卫生、移民、劳工、福利以及所得税——联邦法律在对外贸易区内予以适用。

三、对外贸易区国内立法的国际法化

对外贸易区与自由区具有完全一致的法律性质,不仅如此,从自由区制度的21个条款,即17个标准条款与4个建议条款的具体内容上,也能够一一找到对外贸易区立法的影子。标准条款1①意味着鉴于总附约的核心规定适用于所有的专项附约和章,也应该全部适用于自由区。若某一特定规定的应用与本制度无关时,则在执行本章规定时应牢记总附约总的方便原则。② 美国已经于2006年3月6日批准实施了公约,根据总附约不得保留的规定,自然也就全盘接受了总附约,因此,该款所指的内容美国也予以接收。又如标准条款2规定,国家立法应

① 该条规定,自由区适用的海关规定受本章条约约束,并在可适用的范围内,适用总附约。

② 海关总署国际司编译:《京都公约总附约和专项附约指南》,中国海关出版社2003年版,第262页。

对有关自由区的设立、允许进入自由区的货物种类以及自由区内货物应遵守的作业性质的要求,作出规定。这款明确,自由区的设立取决于国家立法中正式规定的内涵。① 这无疑是美国《1934 年对外贸易区法》立法经验在公约中直白的展示,要求公约缔约方应在本国内制定出相类似的立法予以规范。再如,标准条款 11② 与标准条款 12③ 这两款具体规定了在自由区内经授权的作业,而它又是 U.S.C.第 19 卷第 81c 条 a 款"各种外国或本国货物,除法律规定禁止或本章另有规定外,可运入对外贸易区并在区内储存、出售、展示、分割、改包装(大包改小包或小包改大包)、批发、分级、分类、清理、与其他外国或本国货物混合、进行其他处理、进行本章规定不准进行的加工以外的加工、出口、销毁、原状或者经过处理后运入美国关境"规定的翻版。

美国对自由区制度中建议条款 9④ 与建议条款 18⑤ 提出保留。美

---

① 海关总署国际司编译:《京都公约总附约和专项附约指南》,中国海关出版社 2003 年版,第 263 页。

② 准予进入自由区的货物应被允许为保存货物进行必要的作业,为改进包装或销售质量或为装运进行通常的处理,例如分装、合装、分类、分级和重新包装。

③ 如果主管机构允许在自由区进行加工或制造作业,应当在自由区适用的法规中或在给予从事这些作业的企业的许可中一般性规定和/或详细规定货物应遵守的加工或制造作业。

④ 该条规定,货物直接从国外进入自由区,如果从随附单证上已获信息,海关不应要求货物申报。商业发票、运货单、提单、发货通知单或者一份专门证明进入自由区货物的简化单证均可作为单证。海关总署国际司编译:《京都公约总附约和专项附约指南》,中国海关出版社 2003 年版,第 265 页。

⑤ 该条规定,如果从自由区直接运往境外的货物必须向海关交验单证,海关不应要求已从随附单证上获得的信息以外的更多信息。只需一份证明进入自由区的货物的专门格式的简化单证就足够。海关总署国际司编译:《京都公约总附约和专项附约指南》,中国海关出版社 2003 年版,第 268 页。

国之所以对此提出保留,是因为根据 CFR 第 19 卷第 146.32 的规定,所有进入对外贸易区的货物必须填写第 214 号海关表格进行申报。而从美国 CFR 第 19 卷第 146.67 的规定看,从对外贸易区直接运往境外的货物必须填写第 7512 号海关表格进行申报,同时需提交第 301 号海关表格的海关担保。从保留条款的数量上看,它占到整个自由区制度 21 个条款的极小比例,且它只涉及到货物的准入与运出的一部分,并非各自内容部分的全部条款。另外,这两条属于建议条款的性质意味着公约主观上意识到它们是 WCO 所倡导的发展方向,是公约总附约所反映出来的主要原则,即认为海关在日常活动的应用中有必要协调和简化所有有关的海关制度和做法。如果成员方有着各自的情况,也可以做出保留而并不影响其他条款的适用。

从《京都公约》自由区的角度,对外贸易区立法遵循了其主要内容框架。换言之,自由区制度为对外贸易区立法提供一种国际标准框架,美国结合自身的国情再衍生出具体的法律规定。站在对外贸易区立法的立场上,有理由认为,美国成功地将本国的对外贸易区立法映射到自由区制度中,后者实际上已经成为对外贸易区立法的"国际法化"。美国走向帝国主义分为三个不同的阶段:(1)美国作为资本输入国向世界其他地区提供食品和原材料的时期,也是美国海上商业利益相对很强的时期;(2)美国作为工业品和资本输出国与其他工业化国家竞争的时期,这一时期少量的工业和金融大企业开始在经济领域占统治地位;(3)美国成为统治资本主义经济的主体时期,同时是美国成为最大的制造商、国外投资者、交易者、世界银行的时期,这一时期美元成为主要的国际货币。[1] 通过多边关税和贸易谈判将美国的制度模式国际化,这正是关贸总协定制度的建立体现美国贸易霸权的重要因素之一。[2] 对外贸易区制度与自由区制度相互转化的实践再一次验证了美国法的全球化及其背后的美国霸权特质。

第四节　自由贸易港国际法治的欧盟路径

一、欧洲自由区制度的背景

欧洲自由区制度的宏观背景是其市场一体化的形成。不管是历史还是当下,欧盟的认同源于它的市场一体化。欧盟经常被作为市场一体化的试验场,它一直在进行市场一体化,几乎没有破坏一体化的行为。[3] 欧洲单一市场是欧洲政治联合后的产物。欧洲政治联合先从法德两国煤钢部门的合作开始。这是因为近代工业化第一阶段的技术状况就可以用煤和铁来概括。[4] 它更深层次的含义是改变相关区域长期以来致力于生产用于战争的军需品而使法德不断成为最大受害

---

[1] 【美】哈里·马格多夫:《无殖民地的帝国主义》,中国社会科学出版社 2019 年版,第 94 页。

[2] 舒建中:《多边贸易体系与美国霸权:关贸总协定制度研究》,南京大学出版社 2009 年版,第 26 页。

[3] 【英】卡罗琳·布沙尔、约翰·彼德森、【意】娜萨莉·拓茨编著:《欧盟与 21 世纪的多边主义——对有效性的追求》,薄燕等译,上海人民出版社 2018 年版,第 145—148 页。

[4] 【美】威廉·麦克尼尔:《西方的兴起:人类共同体史》,孙岳等译,中信出版集团股份有限公司 2018 年版,第 749 页。

者的命运。^① 不到一年,煤钢共同体正式建立。1957 年 3 月,成员国之间取消进出口关税、同等效应的其他税费以及进出口配额,对第三方采取统一税率。一个明显有别于外界的"欧洲经济"区域开始形成。^②1968 年 7 月 1 日,成员国间的贸易限制与关税取消,统一各国对外关税税率,组建关税同盟。在 1969—1971 年间,欧共体对自由区和海关仓库做出了三项理事会指令,规定了在自由区的法律地位,在区内一般仅可对区内货物进行表面处理(即流通性加工增值服务),入境加工等保税加工则另有规则。^③ 1973 年,欧共体实现统一的外贸政策。1991年 12 月,欧共体通过《欧洲联盟条约》,单一市场基本建成。

欧洲单一市场的形成是欧洲一体化进程中最关键的一把钥匙,是各种因素共同作用的结果,其中欧共体机构与利益集团是代表性的两大动力。欧共体机构泛指从煤钢共同体开始到后来的欧洲共同体机构。它从诞生起就是欧洲单一市场的关键推动者,着重体现在破除单一市场的障碍上发挥了非常重要的作用。1993 年后,为统一各成员国的海关操作,保障单一市场的有效实现,欧盟层面颁布了一系列海关法令,对成员国具有直接法律拘束力,各成员国海关在此法律框架下统一协调海关操作,保障了单一市场的有效运作,从而对欧洲国家海关产生

---

① 【比】斯蒂芬·柯克莱勒、汤姆·德尔鲁:《欧盟外交政策(第二版)》,刘宏松等译,上海人民出版社 2017 年版,第 39 页。

② 张茗:《摇晃的钟摆:欧盟——美国关系研究》,上海社会科学院出版社 2018 年版,第 44 页。

③ 朱秋沅:《欧盟自由区海关制度分析及对中国自贸区建设的启示》,《国际贸易》2014 年第 5 期。

了颠覆性影响,包括三个版本的《海关法典》①、欧盟海关通关监管以及免税政策调整等一系列海关规定,即取消欧盟内部陆路、水路边境交通工具检查,取消个人行李检查及申报手续,在全欧盟海关推行的海关情报系统、新版转关运输管理系统等配套电子系统,使一直存在的国与国之间关境限制和障碍得以消除。

欧洲单一市场的形成逻辑是:从为建立国家信任、消除战争存在因素的单一产业合作开始,扩大到其他经济领域,而后组成关税同盟,取消成员国之间的关税,消除过境关卡限制,逐步推动人员、劳动力、资本及货物自由流动,实现真正意义上的单一市场。它与欧洲联盟共同成长,可以说,单一市场促进了欧盟的形成,反过来欧盟又强化了单一市场。单一市场的一个无意的副作用是欧盟能够运用这种刺激措施,作为其外化战略的有意的重要组成部分。② 欧盟的巨大成就主要体现在经济一体化方面,欧盟的经济资源也成为吸引国家申请加入欧盟的恒定的软权力资源。③ 随着市场一体化向服务贸易市场延伸,由于服务贸易常常涉及人员流动,服务贸易自由化在市场一体化政治中引入了一些特别棘手的问题。例如,提供服务往往是暂时的,通常是劳动密集型的;劳动力成本是决定某项服务价格的主要因素;许多服务市场表现出的需求价格弹性很小,结果造成服务贸易是欧洲经济的重要组成部

---

① 《共同体海关法典》1992版、《现代海关法典》2008版和2016年正式实施的《欧盟海关法典》(UCC,Union Customs Code)。

② 【英】卡罗琳·布沙尔等编著:《欧盟与21世纪的多边主义——对有效性的追求》,薄燕等译,上海人民出版社2018年版,第158页。

③ 屈潇影:《软权力与欧盟扩大研究》,社会科学文献出版社2016年版,第149页。

分,却是欧洲单一市场最不成功的一个领域。① 透过表象看,市场一体化必然要求人员即欧洲市场公民的自由流动,他们对国民待遇提出要求,而这反过来又削弱了国民资格对市场公民地位的重要性,有人提出,将国民和欧盟公民身份解释为互补的附属关系,从而能够兼顾两者。② 因此,欧盟劳动力市场现在仍是分割的,离劳动力自由流动的目标有很大距离。③ 市场一体化背后的人员身份的统一与社会政策及政治一体化实践之间互相割裂使得欧洲单一市场发展步履艰难。欧洲一体化需要在三个维度上拓展:

第一,贸易可能被用来转移人们对更加激烈竞争的注意力。在某些情况下——欧盟就是个相当精彩的例子——由贸易关系形成的网络是避免残酷和直接冲突的有力工具——这是 19 世纪古典贸易理论家大卫·李嘉图的观点。第二,源于贸易支配的力量,贸易既带来和平,也需要和平,即使为此需要更强大的军事力量来确保其实现。这句话看似矛盾却深刻有理。第三,经济支配的另一个黑暗面,通过贸易扩大市场,生产者由此增强了单调乏味的统一性,并把自己的产品大量输往世界各地,破坏了当地的生产、文化和社会秩序。在扩张周期中,伴随而来的是自由贸易论调,似乎这经过所有经典定理的科学印证。这些

---

① Jonathon W. Moses, *Is Constitutional Symmetry Enough: Social Models and Market Integration in the US and Europe*, Journal of Common Market Studies, Vol.49, No.4, July 2011, p.827.

② Wollenschlager, Ferdinand, *A New Fundamental Freedom beyond Market Integration: Union Citizenship and its Dynamics for Shifting the Economic Paradigm of European Integration*, European Law Journal, Vol.17, No.1, January 2011, pp.32–34.

③ 赖德胜:《欧盟一体化进程中的劳动力市场分割》,《世界经济》2001 年第 4 期。

经典定理,就像任何定理一样,在非常具体的假设条件下是有效的,但这种论调实际上根本经不起"和平与贸易"的严酷现实的考验。如果达到了令人满意的市场规模,就可以利用类似 WTO 之类的机构的贸易规则来维持自己的地位,并处理竞争力发展中通常出现的各种不可避免的变化。①

二、《欧盟海关法典》与《京都公约》的协调

欧盟自由区制度海关演进过程可分为四个阶段:欧洲经济共同体协调成员国自由区制度的早期指令;欧共体首次对自由区制度进行统一区域立法;欧共体自由区制度走向高度统一化与法典化;欧盟自由区制度走向现代化与简化。② 2013 年 10 月,欧盟通过《欧盟海关法典》(Union Customs Code, UCC),并于 2015 年 7 月和 11 月先后分别通过《欧盟海关授权条例》(Delegated Rugulation)和《欧盟海关实施条例》(Implementing Regulation)。前者是根据法典赋予欧盟委员会的授权所做的补充性规定,后者则是法典有关条款的程序性规则。UCC 的准备和实施过程从 2013 年 10 月法典颁布一直持续到 2020 年全面实施,包括 2014 年制定工作方案,2016 年 5 月 1 日法典实施、启动过渡措施,直到 2020 年海关法各部分全面实施于欧盟的所有成员国,原先的《共同

---

① 【巴西】小雷纳托・加尔沃・弗罗雷斯:《否定康德贸易与和平观》,【意】吕西安・科帕拉罗、【加】弗朗辛・麦肯齐主编:《全球贸易冲突:16—20 世纪》,中国人民大学出版社 2021 年版,第 240—243 页。

② 朱秋沅:《欧盟自由区海关制度分析及对中国自贸区建设的启示》,《国际贸易》2014 年第 5 期。

体海关法典》同时废止。在过渡期中,还包括由欧盟制定详细具体的操作指南、各成员国继续进行国内立法等。UCC 及其相关条例为欧盟全境的通关规则及程序提供了新的法律框架,具有鲜明的特点,包括海关监管程序的简化,保证执法的统一性和确定性等。欧盟于 2004 年 4 月 30 日正式签署修改后《京都公约》议定书,但并没有接受任何专项附约,其中就包括专项附约四第二章的"自由区"。

1. 自由区的指定

成员国可以指定欧盟关境的部分区域作为自由区。成员国应确定每一自由区的区域范围并规定自由区的入口与出口。① 这与《京都公约》专项附约四第二章"自由区"定义的表述角度正好相反。欧盟强调所有自由区仍然属于"境内关内"区域。《京都公约》明确的是,单单进口税费豁免这一点而言,自由区属于境内关外,至于这一点之外的范畴,公约交给各成员方自行决定。因此,两者没有原则冲突,欧盟是从严解释的思路。随后,"成员国应将运营中的自由区的有关信息通报欧盟委员会"②、"自由区应当封闭。自由区的周边和出入口应受海关监管"③以及"海关可对进出自由区的人员、货物和运输工具采取监管措施"④与《京都公约》"自由区"附约中标准条款 2"国家立法应对有关自由区的设立、允许进入自由区的货物种类以及自由区内货物应遵守的作业性质的要求,作出规定"基本一致。欧盟是一个有着 27 个成员

---

① UCC 第 243 条第 1 款。
② UCC 第 243 条第 2 款。
③ UCC 第 243 条第 3 款。
④ UCC 第 243 条第 4 款。

国的政治实体,而不是一个主权国家,第 2 款的规定确保欧盟委员会动态掌握成员国自由区的相关信息。第 3 款与第 4 款赋予海关监管职责,自由区应当封闭的惯常理解是围网或围墙。汉堡自由港依托汉堡港而建立,由一条被称为长 23.5 公里,高 3 米的"关界围墙"的金属栅栏与其他港区隔开,进出自由港的陆上通道关卡有 25 个,海路通道关卡有 12 个。① 这说明欧盟自由区不能被视为不受约束的天堂,此处海关监管不是惯常意义的征税,而是针对走私或侵害贸易安全的违法行为的监管。② 法典立法说明第 49 条规定:鉴于安全因素的重要性,自由区内货物的放置适用海关程序,其入境时应受到海关监管并记录。③

2. 自由区内的建筑物和活动

为保证适当的海关监管,海关应对有关自由区的实用性、建设和布局提出要求。④ UCC 规定"自由区内的建筑物和活动"⑤,与专项附约

---

① 张世坤:《有关汉堡港、鹿特丹港、安特卫普港的考察——兼谈我国保税区与国际自由港的比较》,《港口经济》2006 年第 1 期。

② 王淑敏、李银澄:《〈欧盟海关法典〉的自由区规制及对中国自由贸易港的启示》,《海关法评论》2017 年第 9 卷。

③ Union Customs Code, Regulation(EU) No 952/2013 of the European Parliament and of the Council of 9 October 2013 laying down the Union Customs Code, Regulation(49).

④ 海关总署国际司编译:《京都公约总附约和专项附约指南》,中国海关出版社 2003 年版,第 263 页。

⑤ UCC 第 244 条规定:"(1)自由区内建筑物的建造应经海关当局批准。(2)在海关法规范围内,自由区内应允许开展工业、商业或服务业活动。开展上述活动应当通知海关当局。(3)考虑到有关货物的性质、海关监管要求或安全方面要求,海关当局可对第 2 款所述活动进行禁止和限制。(4)对于未能对遵守海关规定提供必要保证的人,海关当局可禁止其在自由区内开展活动。"参见海关总署国际合作司编译:《欧盟海关法典》,中国海关出版社 2016 年版,第 97 页。

自由区标准条款 3 基本对应,即海关应对海关监管的安排作出规定,包括有关自由区的适用、建造和布局的适当要求。其中,第 2 款"应"而非"可以"任何工业、商业或服务业活动的规定说明无论是贸易内容还是贸易要素自由度,欧盟自由区都将是最为开放的,但有两个限定条件:一个是货物性质、海关监管要求或安全方面考量;另一个是在海关法规范围内。这也是对公约标准条款 2 中"自由区内货物应遵守的作业性质的要求"作出回应。

3. 货物呈验及办理海关监管程序

如果说贸易便利化是对于一般贸易的常规要求,那自由区是在此基础上的进一步简化,但这不是说没有任何的手续要求。UCC 详细规定了一般程序与特殊程序。① 一般情况下,欧盟关境内进入自由区的货物不用办理相关手续。专项附约四第二章"自由区"标准条款 4 规定,"海关应有权随时核对自由区内储存的货物",在明确海关对自由区的监管比海关保税仓库制度更加灵活基础上,主要关注的对象是单证,海关有权随时对货物作实地核对以保证货物符合所要求的记账,批

---

① UCC 第 245 条规定,"1.有下列之一情形的,运入自由区的货物应向海关呈验并办理规定的海关手续:(a)从欧盟关境外直接运入自由区的;(b)按自由区程序办理时该货物办理的某海关监管程序已结束或办结的;(c)办理自由区程序以便享受进口关税准予退还或免征的决定的;(d)海关法规以外的法规要求办理手续的。2.货物运入自由区不属于第 1 款范围内情形的,不应向海关呈验。3.在不影响第 246 条的情况下,运入自由区的货物于下列时间视为按自由区程序办理:(a)货物计入自由区时,但货物已按其他海关监管程序办理的除外;或者(b)转运程序结束时,但货物立即按后续海关监管程序办理的除外。"参见海关总署国际合作司编译:《欧盟海关法典》,中国海关出版社 2016 年版,第 97 页。

准的作业等。① 标准条款5②明确自由区货物取向应包括国外和关境内,不是任何货物都可运入自由区,建议条款6③规定了两个例外。看得出来,公约"负面清单"的做法是表示除明确规定外,减少货物准入的限制。

对此,UCC只是明确"海关法规以外的法规要求办理手续的",至于如何规定、如何执行,依法行事即可。④《法国海关法典》就细化规定为,与保护公共道德、公共秩序、公共安全、公共卫生、人类及动植物生命,保护具有艺术、历史、考古价值的国家财富,或者保护知识产权等原因有关的禁限规定的货物不得运入自由区。⑤ 标准条款7⑥与标准条款8⑦规定,无论进口或是国产的自由流通货物,进入自由区将享有免除或退还的资格。它们已经被UCC第245条第1款(c)项所覆盖。根

---

① 海关总署国际司编译:《京都公约总附约和专项附约指南》,中国海关出版社2003年版,第263—264页。

② 标准条款5规定:"准予进入自由区不应仅适用于从国外直接进口的货物,也应适用于从该缔约方关境内进入的货物。"

③ 建议条款6规定:"不应仅因为从国外进入的货物受到禁止或限制而拒绝准予进入自由区,无论原产国、发运国或者目的国如何,基于以下原因受到禁止或限制的除外:——公共道德或秩序、公共安全、公共卫生或健康、或动植物检疫的需要;或——保护专利、商标和版权。危险货物,可能会影响其他货物的或需要特别设施的货物,应只准进入特别设计的自由区。"

④ UCC第245条第1款(d)项。

⑤ 《法国海关法典》第288条第2款。国家口岸管理办公室编译:《法国海关法典》,中国海关出版社2016年版,第1页。

⑥ 标准条款7规定:"出口时有权免除或退还进口税费、准予进入自由区的货物,进入自由区后应立即具有免除或退还的资格。"

⑦ 标准条款8规定:"出口时有权免除或退还国内税费、准予进入自由区的货物,进入自由区后应具有免除或退还的资格。"

据 UCC 第 5 条"海关手续"①与"向海关呈验货物"②的定义,虽未与建议条款9③相关联,但究竟海关手续中是否涵盖了货物申报,抑或是将商业发票、运货单、提单、发货通知单或者一份专门证明进入自由区货物的简化单证④视为申报,则交给各成员国海关法自行决定。

4. 自由区内的欧盟货物与非欧盟货物

货物状态分类监管是确保自由区高效运转的必要条件,货物在自由区内进行各种业态的处理给税与非税以及对应手续等监管带来难度。欧盟采用"欧盟货物"⑤与"非欧盟货物"⑥的分类,并在第 246 条

---

① UCC 第 5 条第(8)项的规定,"海关手续"(customs formalities),系指为遵守海关法规而须由有关的主体和海关当局开展的一切业务活动。参见海关总署国际合作司编译:《欧盟海关法典》,中国海关出版社 2016 年版,第 13 页。

② UCC 第 5 条第(33)项的规定,"向海关呈验货物"(presentation of goods to customs)系指通知海关当局货物已运至海关场所或海关当局指定或批准的其他地点,且可供海关采取监管措施。参见海关总署国际合作司编译:《欧盟海关法典》,中国海关出版社 2016 年版,第 15 页。

③ 建议条款 9 规定:"货物直接从国外进入自由区,如果从随附单证上已获信息,海关不应要求货物申报。"

④ 海关总署国际司:《京都公约总附约和专项附约指南》,中国海关出版社 2003 年版,第 265 页。

⑤ UCC 第 5 条第(23)"欧盟货物"(Union goods),系指下列类别的货物:(a)完全在欧盟关境内获得且未包含自欧盟关境外的国家或地区进口货物的货物;(b)自欧盟关境外国家或地区运入欧盟关境并已自由流通放行的货物;(c)在欧盟关境内获得或生产,无论其原料是仅来自上述(b)项所指的货物还是来自上述(a)项及(b)项所指的货物。参见海关总署国际合作司编译:《欧盟海关法典》,中国海关出版社 2016 年版,第 14 页。

⑥ UCC 第 5 条第(24)"非欧盟货物"(non-Union goods),系指除上述第(23)项所述之外的货物,或者已失去其欧盟货物监管性质的货物。参见海关总署国际合作司编译:《欧盟海关法典》,中国海关出版社 2016 年版,第 14 页。

"自由区内欧盟货物"①与 247 条"自由区内的非欧盟货物"②规定了不同的处理方法。专项附约四第二章"自由区"标准条款 11③ 与标准条款 12④ 的内容,这已经被转化第 244 条第 2 款的规定,并明显扩充。

5. 货物运出自由区

专项附约四第二章"自由区"标准条款 16⑤ 的意义是在处理货物从这一自由区移至另一自由区时,只须办理一项简化手续,在账目上从

---

① UCC 第 246 条规定:"1. 欧盟货物可运入自由区、在区内储存、移动、使用、加工或消费。在上述情形下货物不得被视为按自由区程序办理。2. 依据有关主体申请,海关当局应将下列货物的监管性质认定为欧盟货物:(a)运入自由区的欧盟货物;(b)在自由区内进行加工作业的欧盟货物;(c)在自由区内自由流通放行的货物。"参见海关总署国际合作司编译:《欧盟海关法典》,中国海关出版社 2016 年版,第 97 页。

② UCC 第 247 条规定:"1. 非欧盟货物在自由区期间可根据相应程序规定的条件办理自由流通放行,或办理进境加工、暂准进口或最终用途程序。在上述情形下货物不得被视为处于自由区程序下。2. 在不影响供给或食物储存有关规定的前提下,如有关程序已有规定,自由流通放行或暂准进口的货物在不会产生进口关税或者不适用共同农业或商业政策规定措施的情况下,本条第 1 款不得排除上述货物的使用或消费。在此类使用或消费的情况下,无需就货物的自由流通放行或暂准进口进行海关申报。但如上述货物涉及关税配额或最高限额,则应向海关申报。参见海关总署国际合作司编译:《欧盟海关法典》,中国海关出版社 2016 年版,第 97—98 页。

③ 标准条款 11 规定:"准予进入自由区的货物应被允许为保存货物进行必要的作业,为改进包装或销售质量或为装运进行通常的处理,例如分装、合装、分类、分级和重新包装。"

④ 标准条款 12 规定:"如果主管机构允许在自由区进行加工或制造作业,应当在自由区适用的法规中或在给予从事这些作业的企业的许可中一般性规定和/或详细规定货物应遵守的加工或制造作业。"

⑤ 标准条款 16 规定:"准予进入自由区或在自由区生产的货物应被允许部分或全部运出,进入另一自由区或置于另一海关制度,但必须符合规定条件并办理相应手续。"

这一自由区移至另一自由区不需另用货物申报。① 对此,UCC 第 248
条②予以对应。

6.监管性质

"监管性质"是欧盟海关法典中一个特有名词,系指货物作为欧盟
或非欧盟货物的性质。③ UCC 第 249 条④对其作出具体规定,这在专
项附约四第二章自由区中并未涉及。

三、欧盟自由区制度法治路径的评价

欧盟自由区制度给人的第一眼印象是:区区七个条文,似乎少了一
点。作为自由贸易港发源地的欧洲,似乎已经放弃了这种贸易形态。
通过与《京都公约》专项附约四第二章自由区制度的比较,它已经被公
约所覆盖,所规定的是对公约条款的具体化与个性化,是对公约粗线条

---

① 海关总署国际司:《京都公约总附约和专项附约指南》,中国海关出版社 2003 年
版,第 267 页。

② UCC 第 248 条规定:"1.在不影响海关以外领域的法规的前提下,自由区内的货
物可从欧盟关境出口或复出口,或者运入欧盟关境的另一区域。2.第 134 至第 149 条应当
适用于从自由区运出至欧盟关境内其他区域的货物。"参见海关总署国际合作司编译:《欧
盟海关法典》,中国海关出版社 2016 年版,第 98 页。

③ UCC 第 5 条第(22)项,参见海关总署国际合作司:《欧盟海关法典》,中国海关出
版社 2016 年版,第 14 页。

④ UCC 第 249 条规定:"货物从自由区运出至欧盟关境另一区域或按某项海关监管
程序办理的,应视为非欧盟货物,除非其欧盟货物的监管性质已被证实。但为征收出口关
税及适用共同农业或商业政策措施项下的出口许可证或出口管制措施,此类货物应视为
欧盟货物,除非监管性质不被认定为欧盟货物。"参见海关总署国际合作司编译:《欧盟海
关法典》,中国海关出版社 2016 年版,第 98 页。

规定的拓展与延伸,并没有任何逾越公约规定的条款存在。虽然 UCC
不是严格意义上的国内法,但这里将其比拟为一个国内立法,是国际公
约协调国内立法的路径。这也许是一个首要的因素,欧盟觉得可以借
助公约,就不需要投入太多的笔墨。第二个因素是即设立自由区的数
量与经济发展程度成反比,正处于经济上升期的国家需要更多地依靠
特殊而具体的便利措施,来配合经济发展,促进行业在该区内集聚。营
运了上百年之久的汉堡港自由区已于 2013 年 1 月取消,波兰和保加利
亚是欧盟自由区设立 I 型自由区最多的国家。① 这是欧盟自由区发展
的现实。欧盟高度发达的一体化环境,加之低关税税率以及现代物流
交付模式的创新,都在挤压自由区制度的空间,如果将其作为自由区逐
渐衰微的解释似乎又有一些反例。

　　2020 年 2 月 10 日,英国政府发布《自由港咨文:促进英国各地的
贸易、就业和投资》,拟开设 10 个自由贸易港,以加速脱欧后的英国经
济增长。时任英国财政大臣里希·苏纳克(Rishi Sunak)提出,"我们
的新自由港将为贸易、创新和商业创造国家中心,使英国各地的社区更
加平坦,创造新的就业机会,并推动我们的经济复苏。作为一个独立的
贸易国家,我们在迎接新的机遇之际,希望为英国人民带来持久的繁
荣,自由港将是实现这一目标的关键。"英国主要港口集团(UK Major
Ports Group)首席执行官蒂姆·莫里斯(Tim Morris)表示,英国各地的
港口运营商都在制定雄心勃勃的方案,以应对自由港的机遇。英国主

---

　　①　朱秋沅:《欧盟自由区海关制度分析及对中国自贸区建设的启示》,《国际贸易》
2014 年第 5 期。

要港口集团和港口运营商本身期待着与政府密切合作,为英国的贸易建设更加强大的门户,促进沿海和内陆社区的繁荣。政府致力于通过私营企业扩大机会,使英国经济水平趋于平稳;创造就业机会,抓住离开欧盟带来的机遇。① 2021 年 3 月,英国宣布设立 8 个自由港。

欧盟不是一个完整意义上的国家,更多是一个内部有残缺的政治实体。财政与货币以及能源与安全的不统一始终是欧盟难以解决的问题。而英国在欧盟内部一直充任"不合群"的角色。英格兰的历史是一个缓慢而又稳定的经济增长过程,是一个转型的过程。② 霍布斯鲍姆对此形象地描述:英国形成了那种已成其独特标记的兼容性,即一方面拥有全新的社会基础,且至少在某个时候(指激进经济自由主义时期)有过意识形态的全面胜利,另一方面拥有明显拘守传统、变化迟缓的制度架构。英国至今受到过削弱,但没有出现过颠覆。一旦存在无法收拾的危机,听任局面失控的严重后果总会浮现于治国者脑海。③英国觉得为欧盟付出与得到不成比例,越来越有透支国家未来的危险。英国对欧盟自由区制度不满也许是一个因素,但至少可以肯定,英国仍认为自由港是一种非常有效的经济手段,无论该国是处于发达或者不发达的阶段。英国人发出豪言壮语,即英国人的权利曾创造出了过去的一切,英国人的权利也将创造出它能创造的一切。④

---

① HM Treasury, *Freeports bidding process opens for applications*, 16 November 2020.

② 【英】艾伦·麦克法兰:《英国个人主义的起源》,管可秾译,商务印书馆 2018 年版,第 5—6 页。

③ 【英】埃里克·霍布斯鲍姆:《工业与帝国:英国的现代化历程》,梅俊杰译,中央编译出版社 2016 年版,第 7 页。

④ 【英】丹尼尔·汉南:《发明自由》,徐爽译,九州出版社 2020 年版,第 427 页。

从脱欧后还处于过渡期的英国迫不及待新设自由港看出,真正的原因很可能是欧盟的政治决策机制已经满足不了其成员大国的期待。欧洲的统一是各成员政府为了某些——主要是经济——方面的目标而共享有限的权力,这不意味着按照传统理解的国家主权会受到根本的损害,而是为了成员国政府之间特定范围内的事务而创造一种新的制度框架。欧洲的联邦主义设想和政府间主义设想之间的紧张关系延续至今。每个成员国都在盘算可以从共同体内部进一步的自由化中获得的商业利益。民族国家仍然掌控着这个历程,其间放弃了某些司法特权,其结果是为了满足国内民众的期望而大大提升了物质生产能力。① 差异性一体化或通常所说的内部差异化,早已经为一系列术语所蕴含。例如,双层欧洲(two-tiered Europe)、多层欧洲(multi-tiered Europe)、多速欧洲(multi-speed Europe)、易变的几何体(variable geometry)、同心圆(concentric circles)。近年来的危机以及应对危机的各种尝试表明,欧盟内部将越来越可能进一步分化,欧盟之内的"内部国家"与"外部国家"很可能会需要再定义。② 而另一方面,英国人的自然冲动就是对权威的反抗。英国人与生俱来的不屈从的天性可能战胜了那种非常现代的对完美和平与秩序的热爱。③ 因此,欧盟自由区与英国自由港两者分道扬镳是欧盟体制决定的,是无法更改的宿命。

---

① 【英】佩里·安德森:《新的旧世界》,高福进等译,上海人民出版社 2017 年版,第7—66 页。

② 【德】乌尔里希·克罗茨、约阿希姆·希尔德:《锻造欧洲:法国、德国和从〈爱丽舍宫条约〉到 21 世纪政治德嵌入式双边主义》,赵纪周译,中国社会科学出版社 2020 年版,第 295—296 页。

③ 【英】沃尔特·白芝浩:《英国宪法》,夏彦才译,商务印书馆 2010 年版,第 292 页。

本章小结

本章将自由贸易港的历程分为萌芽、孕育与发展三个阶段展开剖析。萌芽时期,古希腊城邦出现了专门从事海外贸易的商人团体,贸易是自给自足外物资匮乏的一种额外保障。腓尼基不限于货物交换,还生产高附加值商品,属于超越维持性经济和亲族体系的贸易。威尼斯城市共和国是商人阶层拥有支配性特权的开始,这无论在威尼斯还是东地中海表现明显。贸易意义上的国家与政治意义上的国家在孕育时期开始走向融合。荷兰将国家体制下"商人至上"的理念贯彻到实践,并成立联合东印度公司进行海外贸易扩张,推动了货物仓储业与贸易金融获得突破,但长期低税率不利于自由贸易港的产生。英国取得世界霸权后,树立以贸易为核心的战略,在新加坡等设置自由港,看似展示自由贸易的优越性,实则拓展贸易版图。进入主权国家后,自由贸易港成为国家促进经济发展等各种目的的一种重要工具。符拉迪沃斯托克自由港是俄罗斯向东看政策的一个尝试,意图解决欧洲板块与亚洲边疆发展严重不均衡的难题,但在乌克兰危机的背景下困难重重。迪拜杰贝阿里自由区充分借助海湾合作委员会成员共同海关法,走出了一条国际法治覆盖国内立法的路径。

回顾的意义不局限于历史的复盘,而是力图更加贴切地考察自由贸易港何以形成的维度启示。第一,自由贸易港须依托于民族国家。第一个自由港诞生于意大利,但作为制度层面的自由港成熟于英国,原因在于后者率先完成现代民族国家的改造。第二,自由贸易港须建构在统一市场的基础上。统一市场是对外贸易发动机,不是对外贸易带动统一市场形成,而对外贸易的发展才可能给自由贸易港充足的制度设计空间。第三,自由贸易港须得到充足的法治保障。法治在量上的积累不足以达到保障自由贸易港诞生乃至成熟的程度,还须在社会与思想上完成进化。第四,自由贸易港的形成离不开顺应世界的潮流。大西洋贸易的兴起逐渐使得地中海贸易和欧洲大陆相对衰落,参与国和非参与国出现财富分化。英国抓住了海外贸易潮流,在世界事务的各个方面起着领导作用。

自由贸易港国际法治有两条代表性的路径:美国模式与欧盟模式。前者始于以《1934 年对外贸易区法》为核心的对外贸易区制度。它与《京都公约》自由区具有完全一致的法律性质。美国已成功地将本国的对外贸易区立法输入到自由区制度中,后者实际上已经成为对外贸易区立法的"国际法化"。欧洲自由区制度的宏观背景是其市场一体化的形成。《欧盟海关法典》已被《京都公约》自由区制度所覆盖,所规定的是公约条款的具体化与个性化,是对公约粗线条规定的拓展与延伸,并没有任何逾越公约规定的条款存在。虽然它不是严格意义上的国内法,但这里将其比拟为一个国内立法,是国际公约协调国内立法的路径。英国脱欧后新设自由港的举措从一个侧面说明其与欧盟在此问题上的差异态度,但并不会轻易改变其与《京都公约》自由区制度相互协调一致的基本立场。

第三章　中国自由贸易港的历史沿革与法治贡献

中国是自由贸易港的后来者。与之相联系，中国是否反对对外贸易以及延伸出应该如何观察中国近代对外贸易是本章首先需要讨论的命题，由此引出西方列强对近代中国强行植入自由贸易港制度的事实。在此基础上，旧中国有哪些自由贸易港的实践？新中国成立后，在海南自由贸易港获批前，又围绕自由贸易港的不同发展形式做了哪些探索？更重要的是，这条历史发展脉络在法治建设方面提供了哪些有益的经验做法？这些都将是本章研究的问题。

第一节　近代中国对外贸易的二元维度

一、中国缺乏对外贸易观点的纠正

过去一个普遍公认的观点是，中国历来反对对外贸易，如果说中国人需要什么,那便是贸易自由。该观点可谓根深蒂固,以至于五个世纪以来,人们一直认为中国需要摆脱骄傲自满的情绪。① 这可能是按字面意义来解释中国官方的文件所致,其目的是将帝王刻画成温和仁慈、坚定践行儒家思想且尽职尽责的统治者形象。② 很显然,对于中国这样一个拥有悠久历史的大国,这些观点即使不属荒谬,那至少也是一种严重的偏见。系列出土文献与历史古籍均从不同角度清楚地记载了中国对外贸易情况。商朝的坟墓里出土了来自马来半岛或南部海岸的贝壳和龟壳以及当地无法生产的盐、绿宝石、翡翠和锡等物品。③ 齐国丝绸运往西域,印度很可能因此才认识丝绸之国,"支那"之名因而可上溯到公元前4—前3世纪。④ 秦始皇统一则代表着现代意义的直接对外贸易由此开启。⑤ 而东海和南海之间频繁的商贸联系更早已众所周知。⑥ 在古罗马时代和汉朝,东南亚地区的丁香、肉豆蔻、檀香木、苏木、樟脑和虫胶,就被输往国际市场。⑦ 唐开元年间设置市舶使一职,

---

① 【加】卜正民:《中国南海的贸易和冲突——葡萄牙与中国,1514—1523 年》,【意】吕西安·科帕拉罗,【加】弗朗辛·麦肯齐主编:《全球贸易冲突:16—20 世纪》,中国人民大学出版社 2021 年版,第 26—42 页。

② 【美】珍妮特·L.阿布-卢格霍德:《欧洲霸权之前:1250—1350 年的世界体系》,杜宪兵等译,商务印书馆 2015 年版,第 308 页。

③ 【美】菲利普·D.柯丁:《世界历史上的跨文化贸易》,鲍晨译,山东画报出版社 2009 年版,第 88 页。

④ 【法】谢和耐:《中国社会史》,黄建华等译,江苏人民出版社 2010 年版,第 108 页。

⑤ 沈光耀:《中国古代对外贸易史》,广东人民出版社 1985 年版,第 3 页。

⑥ 【德】罗德里希·普塔克:《海上丝绸之路》,史敏岳译,中国友谊出版公司 2019 年版,第 75 页。

⑦ 【澳】安东尼·瑞德:《东南亚的贸易时代(1450—1680 年):第二卷 扩张与危机》,孙来臣等译,商务印书馆 2013 年版,第 6 页。

标志着中国古代对外贸易步入鼎盛。与之相关的市舶管理制度,经宋代修改与补充,在元代达到完善阶段。①

对外贸易的兴起带动了人员的密切交往。从唐代到元代,文献中出现了很多非洲之角与印度洋非洲海岸的信息。中国船队绕过好望角,甚至可能到了美洲,许多东非考古遗址中青瓷与白瓷碎片以及中国钱币都是证据。但是,中国商人会定期前往东非的说法过于武断。这些信息都是从阿拉伯和波斯的中间商那里获取,他们从 8 世纪起就在广东有一个团体。中国瓷器不是通过公海的小帆船被运往东非海岸的,而是通过波斯湾或亚丁湾的穆斯林商人的桑布克船被运过去的;关于非洲的信息沿着西南季风的方向,抵达中国。② 从魏晋到隋唐,随着属于伊朗文化系统的粟特人大批迁入中国,西亚、中亚的音乐、舞蹈、饮食、服饰等等,大量传入中国。这些粟特人大多以经商为业,他们组成商团,成群结队地东来贩易,有许多人就逐渐在经商之地留居下来。③迫于财政压力,幅员缩小而军费浩繁的南宋政府不仅鼓励市舶贸易,还曾以抓壮丁的方式强制商人出海。④《高丽史》中有诸多宋商进献和宋朝遣返漂流民的记载,说明当时宋商往来之频繁。两国人员不用见面

---

① 张耀华:《论元代〈市舶则法〉在古代海关法中的历史地位》,《海关与经贸研究》2014 年第 3 期。

② 【法】F.-X.福维勒-艾玛尔:《金犀牛:中世纪非洲史》,刘成富等译,中国社会科学出版社 2019 年版,第 3 页。

③ 荣新江:《中古中国与外来文明》,生活·读书·新知三联书店 2021 年版,第12 页。

④ 秦晖:《传统十论:本土社会的制度、文化及其变革》,山西人民出版社 2019 年版,第 247 页。

便能交换书信、物品,实现"实时"的文化交流。茫茫大海不再是阻断
两国交流的重重屏障,而是你来我往的通衢大道。① 无论出土文献、制
度建设还是人员往来,中国对外贸易均处于一个较高的水平。

二、近代中国对外贸易二元维度的形成与溃败

对于中国近代对外贸易长期处于较高水平的观点,存在很多争议。
瑞德提出,17 世纪以前,中国无疑是东南亚产品最重要的市场,特别是
当中国经济繁荣或贸易政策宽松的时候,对东南亚货物的需求量就特
别大。② 这似可作为正方的一个例证。秦晖指出,明清两朝,外贸政策
非常保守。明朝长期实行"片板不许入海,寸货不许入藩"的海禁政
策,完全取缔民间外贸,以至逼商为"寇",造成了绵延不绝的"倭寇"问
题。③ 这似乎也是言辞凿凿,所言不谬。卜正民对 16 世纪前 10 年明
朝的对外贸易提出一个观点:一是海上贸易对象应限于获得授权的朝
贡使团;二是海上贸易应作为国家收入的一个可靠来源,外国商人只要
缴纳关税就应该得到进港卸货的允许而不论其朝贡地位如何。他进而
评价道:明朝中期的中国贸易政策是不稳定的,这一政策对中国境外世

---

① 即便在高丽抗蒙战争时期,也有宋商船舶停泊在礼成港,高丽人可与留居在开京
或江都客馆里的数百名宋商开展贸易活动。高丽人亦不担心漂流至宋而无法返回,若想
去宋朝留学也可随时出发;而向往出仕的宋人亦可随时至高丽参加科考。参见【韩】李镇
汉:《高丽时代宋商往来研究》,李廷青等译,江苏人民出版社 2020 年版,第 271—272 页。

② 【澳】安东尼·瑞德:《东南亚的贸易时代(1450—1680 年):第二卷 扩张与危机》,
孙来臣等译,商务印书馆 2013 年版,第 18—19 页。

③ 秦晖:《传统十论:本土社会的制度、文化及其变革》,山西人民出版社 2019 年版,
第 247 页。

界正在发生的变化非常敏感。贸易本身没有好坏之分,它的优缺点取决于它滋生冲突还是化解冲突。明朝为保护边境和本国利益所采取的措施与欧洲国家在同一时期所做的几乎没有区别。① 这给我们提供了一种启发:在考究近代中国对外贸易问题的时候,虽然朝贡制度是重要的切入点,但不能简单采取一以概之的态度,而应是一个更为全面——朝贡制度为表,对外贸易为里——的二元维度,表里之间浮沉各现。

在费正清等看来,朝贡制度的基础是一套宏大的概念:中国是人类文明的中心,天子在道德与礼仪上沟通着人类社会和不可见的自然力量。一切周边的部落和民族要承认这个中心,中国国家理论是一种普世帝国理论。外国君主如想进行贸易或通好,先要称臣纳贡,接受册封,并派使臣行三跪九叩大礼,服从朝贡关系的种种规定。② 朝贡制度首先是政治方面的考量。王铁崖先生认为,它主要不是为了征服和统治,而是为了防卫和安全。③ 王赓武对明朝的贸易政策进行拟人式地诠释:以中国市场之大,外国君主商人必定垂涎,不让本国沿海商贾出海,而让外商前来中国并承担所有风险,有利于王朝长治久安,经贸官员也可谋取更多私利。惹事之徒,无论国籍,皆为利来,假使钳制住经商行为,江山社稷岂非安稳常驻? 贸易是国君之间的事,只消以国事处

---

① 【加】卜正民:《中国南海的贸易和冲突——葡萄牙与中国,1514—1523 年》,【意】吕西安·科帕拉罗,【加】弗朗辛·麦肯齐主编:《全球贸易冲突:16—20 世纪》,中国人民大学出版社 2021 年版,第 23 页。

② 【美】费正清、邓嗣禹:《冲击与回应》,陈少卿译,民主与建设出版社 2019 年版,第 29—30 页。

③ 王铁崖:《国际法引论》,北京大学出版社 1998 年版,第 370 页。

之即可。① 换言之,贸易根本不是普罗大众的权利,而是皇帝权贵的禁脔。明代早期的航海活动始终没有超越"王朝贸易"的阶段,也未能跳出追求"王朝垄断"的局限。② 清朝继续延续明朝的思路与做法,即帝国权力是第一位的,在此以下才有贸易的位置。乾隆朝和嘉庆朝都把第一个英国访华使团视为安排世界秩序的过程的一部分。自 1644 年后,清朝明明可有效地制止任何欧洲商人进入沿海港口,但并没有这样做。不管是藩王使节还是单纯的贸易商队,都是被允准的,这是为了展现帝国的地大物博和皇帝的慷慨仁慈。③ 卜正民因而强调,朝贡体系对国家输入的贡献更小,它存在的意义完全是外交层面的。④ 这种观点看上去更贴切朝贡制度实施的初期。

对朝贡者而言,朝贡制度的动机可能更多在于贸易,朝贡本身就有经济利益在内——贡品和赠品的交换,而皇帝赐予的赠品往往比贡品更多和更为贵重。贡使还会获得一些特权,随从商人可在边界和京城进行贸易。朝贡因而可以说是贸易的托辞,而朝贡关系实际上成为一种贸易关系。⑤ 1795 年荷兰使节在寻求贸易特许时,在清朝宫廷里频

① 王赓武:《1800 年以来的中英碰撞:战争、贸易、科学及治理(增订版)》,金明等译,浙江人民出版社 2018 年版,第 35—39 页。

② 【德】罗德里希·普塔克:《海上丝绸之路》,史敏岳译,中国友谊出版公司 2019 年版,第 321 页。

③ 【美】何伟亚:《怀柔远人:马嘎尔尼使华的中英礼仪冲突》,邓常春译,社会科学文献出版社 2019 年版,第 60—274 页。

④ 【加】卜正民:《中国南海的贸易和冲突——葡萄牙与中国,1514—1523 年》,【意】吕西安·科帕拉罗、【加】弗朗辛·麦肯齐主编:《全球贸易冲突:16—20 世纪》,中国人民大学出版社 2021 年版,第 28 页。

⑤ 王铁崖:《国际法引论》,北京大学出版社 1998 年版,第 371 页。

频行叩头礼,即是明证。① 荷兰人此举使其成为笑柄,英使马嘎尔尼虽单膝下跪,却无法掩藏他内心推动两国贸易发展的真实诉求。东南亚人,包括许多带有中国血统、以南洋为基地的商人一直在推动这种朝贡制度的运转。为此,爪哇在明朝初期积极主动、频频来贡,以至中国在1443年和1453年两次致书,明确要求爪哇国王减少朝贡次数。在15世纪后半叶,尽管中国方面态度日趋冷淡或不胜其烦,但暹罗和马六甲仍然坚持朝贡。② 但是,朝贡者究竟能在多大程度上忍受这些形式上的要求? 林赛如是说,连这些为了早日发财而甘愿暂时忍受任何不公正和屈辱的、受苦已久的外国商人,也感到忍无可忍了。他们集合在一起,暂不做出这种奴颜婢膝的姿势,并保证决不在没有告诉其他人的情况下向中国人让步。由于这种自杀性的政策,中国当局几乎扼杀了对外贸易。1734年,只有一艘英国商船到达广州,一艘去厦门;但厦门的勒索比其他港口更为厉害,该船只得撤回。1736年,广州的外国船只总共有4艘英船、2艘法国船、2艘荷兰船、1艘丹麦船和1艘瑞典船。这些突出表现了外国人无能为力的种种不利条件,包含了下个世纪中引起中英冲突的大部分祸根。③

据观察,中国实际的贸易量远远高于官方记载的数额,官方文件中

---

① 【美】费正清、刘广京编:《剑桥中国晚清史1800—1911》(上卷),中国社会科学院历史研究所编译室译,中国社会科学出版社1985年版,第32页。

② 【澳】安东尼·瑞德:《东南亚的贸易时代:1450—1680年:第二卷 扩张与危机》,孙来臣等译,商务印书馆2013年版,第24页。

③ 【英】J.O.林赛编:《新编剑桥世界近代史.第7卷,旧制度:1713—1763年》,中国社会科学院世界经济研究所组译,中国社会科学出版社2020年版,第613—616页。

所记载的唯一贸易形式——朝贡贸易只是冰山一角,还有大量未被载入史册的"私人"贸易。① 墨菲指出,明朝经济商业化的扩大,特别是东南亚东部地区的贸易继续增长,外国人支付丝绸、茶叶、陶瓷、漆器和其他货物的白银和银币持续涌入,加快了商业化和货币化的步伐。越来越多的农业和制造业产品用于出售,一部分输往朝鲜、日本、爪哇、菲律宾和更远的海外市场。② 中国凭借在丝绸、瓷器等方面无可匹敌的制造业和出口,与任何国家进行贸易都是顺差。③ 清朝康熙中叶开始解除海禁,只限广州、漳州、宁波与云台山四地通商,70 余年后只限广州一口通商,实际上回到了半海禁的状态,且实行官府特许的行商垄断制度。④ 但在准许商人往日本贸易后,开往长崎的中国商船数量突飞猛进,驶离日本的中国商船与荷兰商船带走的金银铜货数目亦十分惊人。⑤ 中国与欧洲商人通过更为严密的组织方式来应对国内经济的发展和世界范围贸易网的形成。尽管清朝态度暧昧,但在总是有利于中国的贸易顺差中受益匪浅,中国也逐渐被纳入世界市场。⑥ 络德睦因

---

① 【美】珍妮特·L.阿布-卢格霍德:《欧洲霸权之前:1250—1350 年的世界体系》,杜宪兵等译,商务印书馆 2015 年版,第 368 页。

② 【美】罗兹·墨菲:《亚洲史》,黄磷译,人民出版社 2010 年版,第 351 页。

③ 【德】贡德·弗兰克:《白银资本:重视经济全球化中的东方》,刘北成译,四川人民出版社 2017 年版,第 115 页。

④ 秦晖:《传统十论:本土社会的制度、文化及其变革》,山西人民出版社 2019 年版,第 247 页。

⑤ 沈定平:《"伟大相遇"与"对等较量"——明清之际中西贸易和文化交流研究》,商务印书馆 2015 年版,第 101 页。

⑥ 【美】韩书瑞、罗友枝:《十八世纪中国社会》,陈仲丹译,江苏人民出版社 2009 年版,第 29 页。

而强调,批评家之所以声称中国没有对外贸易,只意味着没有欧洲贸易,甚至关于欧洲经济被排除在外的主张也是没有根据的。欧洲人不满的真正原因是中国对购买西方的货物缺乏兴趣,以及坚持遵守东亚国际秩序中必不可少的标准外交礼节。① 这便是西方中心话语体系下所谓中国缺乏对外贸易的真相。

因此,朝贡制度对对外贸易的影响是二元维度的。它是一块硬币的两个看似对立的面,又奇妙地结合在一起展现给世人。在很长一段时间内,二元维度是相对维持的。清政府在政治与经济之间"走钢丝"时,必须时刻求得平衡,努力表里如一。它作为少数民族入主中原建立的政权,一直对与汉族人和外国人进行接触有戒备心理,并明显体现在涉外政策的制定上:虽不阻止外商来华,但对外商予以严加控制。② 一方面,清政府宣示对特定商品的垄断权,商品又为清帝国的统治提供了逻辑依据,使其控制范围能超越辖区和人群的界限。如果将具体商品作为研究的起点,就很难将地区与帝国臣民轻易地归入任何传统的族群分类或地域之中。例如,毛皮在全球范围内流通:乌梁海和鄂伦春的生产者被卷入从北京到库苏古尔泊、黑龙江三角洲、库页岛、西伯利亚、北海道、阿拉斯加甚至下加利福尼亚的贸易网络中。其他人,像采菇人、刨夫则服务于本地和局部地区的市场,然而,不管贸易规模是全球化的还是本地化的,高端商品贸易和生产都被证明居于日常生活和帝

---

① 【美】络德睦:《中国在近代国际法话语中的形象及其变迁》,汤霞译,魏磊杰主编:《国际法秩序:亚洲视野》,当代世界出版社 2020 年版,第 42—43 页。

② 谢松:《近代史中海关监督的角色演化(一)——窥探近代特殊历史背景下的权力博弈与制度变迁》,《海关与经贸研究》2019 年第 4 期。

国工作的中心:清帝国与外部世界的密切联系越来越以采菇人、毛皮商、扫荡参田的兵丁的面目出现。①

　　另一方面,随着统治力日益衰弱,清朝愈来愈感受到朝贡制度贸易性一面的好处时,天平就开始向经济的一头倾斜。清朝只准许纳贡的外国人或被限制在边界货物集散地的外国商人——如在恰克图(买卖城)的俄国人和1760年以后在广州的欧洲人——进行有限贸易,广州制度就是作为这种措施的体现而产生的。商业利益服从国家的政治利益。令人惊讶的是,广州贸易甚至被清朝历代皇帝视为个人利益的重要来源。② 专设粤海关作为管理机构之后,为继续满足清朝皇帝的玩乐爱好,海关监督需要担负采集贡品的隐形职责。十三行行商每年为清朝皇室采办的外货有紫檀、象牙、珐琅、钟表、仪器、玻璃器等,粤海关成为清代名副其实的"天子南库"。③ 这导致了在1842年被迫宣布结束前,广州贸易是近代"全球"经济崛起的最重要贡献者之一。④《广州来信》书中可以一窥19世纪末广州社会生活的活泼直观的宝贵记录。⑤

---

① 【美】谢健:《帝国之裘》,关康译,北京大学出版社2019年版,第13—14页。

② 【美】费正清、刘广京:《剑桥中国晚清史1800—1911》(上卷),中国社会科学院历史研究所编译室译,中国社会科学出版社1985年版,第155页。

③ 谢松:《近代史中海关监督的角色演化(一)——窥探近代特殊历史背景下的权力博弈与制度变迁》,《海关与经贸研究》2019年第4期。

④ 【美】范岱克:《广州贸易——中国沿海的生活与事业(1700—1845)》,江滢河等译,社会科学文献出版社2018年版,第2页。

⑤ 格雷夫人于1876年与在广州传教的牧师约翰·亨利·格雷结婚,并跟随丈夫到广州生活。在广州期间,格雷夫人坚持写信描述她在广州的见闻和感想,给家乡的妈妈和其他有兴趣的亲友传阅,后结集为《在广州的十四个月》(Fourteen Months in Canton),翻译出版时定名为《广州来信》。【英】格雷夫人:《广州来信》,邹秀英等译,广东人民出版社2019年版。

伴随海外贸易的增长,它越来越难被朝贡制度所限制。① 因此,中国总体上可以接受"私人贸易",方式是对外国商人的来访进行严格控制,从而监督"私人贸易"。中国对外贸易不是铁板一块,而是处于不断变化之中。② 虽然朝贡制度有足够韧性,甚至在中国传统世界秩序被破坏并开始瓦解之时,它还以改变的形式和不同的含义继续存在过一个时期。③ 但不可避免的是,近代中国对外贸易二元维度在朝贡制度的落幕中彻底溃败。

三、朝贡制度后自由贸易港制度的强行植入

开埠通商后,西方列强通过海关将中国纳入到其主导的世界贸易网络。英军占领定海达 5 年零 6 个月,实际上将舟山变成了自由港,将其视为最好的货物堆栈与商品中转基地。④ 海关公务员型官僚机构便是强行植入制度后的典型代表。方德万认为,海关在近代中国,是唯一未有中断且势力几乎可达全中国的机构。从太平天国运动起,到中华人民共和国成立,海关是唯一或近乎唯一最有权力的官僚机构。⑤ 围

---

① 【英】方德万:《潮来潮去:海关与中国现代性的全球起源》,姚永超等译,山西人民出版社 2017 年版,第 63 页。

② 【美】珍妮特·L.阿布-卢格霍德:《欧洲霸权之前:1250—1350 年的世界体系》,杜宪兵等译,商务印书馆 2015 年版,第 309 页。

③ 王铁崖:《国际法引论》,北京大学出版社 1998 年版,第 373 页。

④ 王文洪:《近代英国谋取舟山为自由港的历史始末》,《浙江海洋学院学报(人文科学版)》2014 年第 2 期。

⑤ 【英】方德万:《潮来潮去:海关与中国现代性的全球起源》,姚永超等译,山西人民出版社 2017 年版,第 5 页。

绕进出口贸易海关监管,旧中国产生了保税的类似需求。在西方商人的要求下诞生了保税关栈制度,形成了包括"普通货物关栈""危险品专用关栈"与"特种加工关栈"的保税关栈制度体系,保税贸易在进口贸易中的地位得到较为显著的提高,但由于近代中国在国际贸易中商品销售地与原料市场的地位未得到根本改观,口岸城市与保税贸易联系紧密的加工行业也没有得到真正发展,不能过高评价保税关栈的意义。① 以此类推,自由港制度属于一种被强行植入的较先进的经济制度,是近代中国对外贸易阶段性发展的表现。② 它是西方列强主张的自由贸易体系与旧中国奉行的朝贡制度体系相互摩擦与碰撞的结果,既推动旧中国加速过渡到半殖民地半封建状态,也是缺乏独立性的民族国家与统一市场的真实观照。

第二节　旧中国自由贸易港的实践与反思

一、大连自由港

1897年12月,俄国抢占旅顺港后提出将大连湾开辟为通商口岸,要求所有征收的关税必须直接存入华俄道胜银行,由其掌管至关税分配协议最终达成,并任命了一名副税务司和署理常关帮办。海关总税务司英国人赫德最后被迫让一名曾经担任其私人秘书的俄国人——葛

---

① 杨敬敏:《近代中国保税关栈制度的历史演进及其运行效果初探》,《海关与经贸研究》2021年第4期。

② 张欣羽:《德占时期的青岛自由港》,青岛大学2020年硕士学位论文,第50页。

诺发(Konovaloff)接任税务司职位。① 次年三月,俄国迫使清政府签订不平等的《旅大租地条约》,宣布开放大连港,并要求设立大连海关。是年七月,《东省铁路公司续订合同》签订,明确俄国可在辽东半岛租借地内自行酌定税则,中国可在交界征收货物从该租地运入或运往该租地之税。此事中国政府可商允俄国将税关设在大连湾。自该口开埠通商之日为始,所有开办及经理之事,委派东省铁路公司作为中国户部代办人,代为征收。此关专归北京政府管辖,该代办人将所办之事按时呈报。另派中国文官为驻扎该处税关委员。② 于是,大连设立的海关,要以东省铁路公司为代办人,此关直属北京政府管辖,不归总税务司署的管辖,这就是企图将东北海关"俄罗斯化"。③ 其目的是要把它变成全东北货物的出海口,进而成为西伯利亚至少是西伯利亚东部货物的出海口。④ 同年7月30日,沙皇俄国宣布,大连湾变为自由港,并在以下条件范围内实现自由贸易:第一,所有输入或输出的货物,在规定的地区范围内可免征关税;第二,免收关税虽然在一定程度上意味着自由贸易,但港口通过税、停泊费及其他各类费用仍需征收;第三,为防止进港船舶携带传染性病毒,必须严格遵守卫生检疫的相关规定。同年8月,俄国正式确认大连为自由港,对各国商船开放。该自由港制度持续

---

① 【英】查尔斯·德雷格:《龙廷洋大臣:海关税务司包腊父子与近代中国:1863—1923》,潘一宁等译,广西师范大学出版社2018年版,第295—303页。

② 王铁崖:《中外旧约章汇编》第1册,生活·读书·新知三联书店1982年版,第784页。

③ 陈诗启:《中国近代海关史》,人民出版社2002年版,第401页。

④ 吴松弟等:《港口——腹地与北方的经济变迁(1840—1949)》,浙江大学出版社2011年版,第85页。

了 6 年之久,直至 1904 年日俄战争爆发才成为历史。它为后来欧美列强压迫日占时期大连港继续成为自由港找到一个无法辩驳的理由。由于这段时间大连海关并未建立,也缺乏一整套完善的自由港制度,因此,大连港是完全的、无任何关税限制的自由港。

日俄战争后,日方取代俄国窃据大连港,采取了偏向日本生产货物的歧视政策。从 1905 年 6 月满洲经营调查委员会答复日本首相下达的咨询,可清楚看到如下要点:第一,以大连为满洲贸易中心而经营。将关东州租借地辟为最大限度的自由贸易地区,以吸引东北、内蒙古及至华北的货物。第二,最大限度地实行自由港的方针。免征货物进出口税;免征船舶吨税,必要时亦可征收,但税额力求低廉;对系船栈桥、码头和仓库的使用费,力求低廉。第三,沿袭俄国的办法设置中国税关,但由日本人掌管税收事务,目的在于避免货车在境界线上的停滞,从而保障东北铁路运输无障碍。第四,允许外国船舶航行于大连至日本开放港口间。一方面是为使大连成为船舶往来的中心地;另一方面是考虑国际关系,特别是同英国的关系。① 1906 年 9 月 1 日,日本宣布大连港为自由港,对各国开放,允许外国商船在大连至日本开放港口间航行和从事贸易。同时,明确规定对于本国进出该港的货物不征收任何进出口税,这一规定随即引发了欧美列强的强烈不满以及日本外交上的巨大压力。也因为如此,大连港再度成为自由港。

而后,随着大连海关的创建、关税制度的形成,日方主导下的自由港制度日臻成熟。大批船舶进出大连港,尤以日本船只居多。如此一

---

① 顾明义等:《日本侵占旅大四十年史》,辽宁人民出版社 1991 年版,第 245 页。

来,大连港彻底沦为服务日本经济贸易发展的工具。这是一种极为不平等的依附与被依附、渗透与被渗透的关系。日本殖民者通过大连港,将从中国掠夺而来的海量资源输往日本,为本国军事、农业、工业生产提供原材料,而后再把产品倾销到中国,以此靠抢掠来的财富发展自身。日方所主张的"大连中心主义"得以确立,实现为日方军事侵略与殖民统治服务的根本目的。① 客观上这也使大连成为东北地区最大的商品进出口集散中心和依托于港口贸易的近代化城市。② 同时,国民政府高关税所造成的后果就是大量走私如流行病般盛行,为日本在中国北部创造了扩张其影响力的机会。③ 总的来说,大连在中国北方近代经济发展当中的整体地位和影响远不如天津。④ 日本对大连地区进行贸易管制的强化后,欧美贸易商感到活动空间越来越小,无法从事正常的经贸活动。各国商行纷纷关闭,大连自由港制度宣告破产。日本战败后,苏联红军接管大连港,根据国民党政府与苏联政府签订的《中苏友好同盟条约》,将大连港设为自由港,但由于特殊的背景原因,并未真正实施。大连在苏军的驻守下就如同国统区中的一个孤岛,成为东北地区唯一畅达外界的出海口。可见,苏联接管的大连自由港和移

---

① 石善涛:《日本殖民统治时期大连自由港制度的历史考察》,《近代史研究》2020年第4期。

② 吕绍坤:《近代大连自由港制度的实施及其对城市经济的影响》,《社会科学辑刊》2014年第3期。

③ 【英】方德万:《潮来潮去:海关与中国现代性的全球起源》,姚永超等译,山西人民出版社2017年版,第292页。

④ 吴松弟等:《港口——腹地与北方的经济变迁(1840—1949)》,浙江大学出版社2011年版,第58页。

交给中国共产党的大连重工企业,为解放战争和新中国的建设发挥了巨大作用。①

二、青岛自由港

中国和德国之间的正式官方商务关系始于 1861 年 9 月 2 日《天津条约》,普鲁士和其他北德意志关税同盟的国家据此获得了最惠国待遇。1871 年德国统一后初期,由于英国控制了中德贸易的海运,德国在华利益维持较小的规模。在德国走向帝国主义过程中,它对中国的贸易各项主要指标仅次于英国,但没有对中国主权构成真正的威胁,只是谋求工商业利益。因此,早期的中国人认为德国有别于其他欧洲列强,刚完成统一且经济迅速扩张的德国对致力于自强的一代中国官员更是一个鼓舞。② 然而,这种不切合实际的幻想最终被迅速走上了全球扩张道路的德国亲手粉碎。经过实地调查,德国认定胶州湾是远东地区军事基地与商贸中心的理想地点。德国天主教会也早已深入到了山东地区,可以配合德国海军占领胶州,而下一步只需与中国交涉,并用“德国舰队进驻胶州湾是维持东亚和平”的借口来诱骗清政府交出胶州。③ 1897 年 11 月初,德国传教士在山东曹州被杀事件给德国直接插手中国的借口。德皇威廉二世甚至声称,“中国人终于把我们渴望已久的理由和‘意外事件’提供给我们了……成百的德国商人将要欢

---

① 杨莹:《近代大连自由港与重工业发展》,《大连近代史研究》2014 年第 11 卷。

② 【美】柯伟林:《德国与中华民国》,陈谦平等译,江苏人民出版社 2006 年版,第 8—10 页。

③ 张欣羽:《德占时期的青岛自由港》,青岛大学 2020 年硕士学位论文,第 8 页。

呼德意志帝国终于在亚洲获得巩固的立足点。"①

在军事威逼下,清政府于 1898 年 3 月 6 日与德国签订《胶澳租借条约》②,后者获得了合法管理青岛的权力,并注入了大量资金建设港口的基础设施。1899 年,《青岛设关征税办法》与《胶州新关试行章程》的相继出台,象征着青岛自由港正式成立,其最核心的关键在于征税规则中的"免税政策",这一政策针对中国的意味非常浓厚,限制繁多。德国对于货物进出青岛自由港的税收标准指向明显,"货物由海上运进青岛口岸,无需征收进口关税",极大便利了外国货物进入中国腹地;但是"货物由胶州界内运赴中国内地,应由胶海关照约征收进口税,如果货物未领有胶海关准单,便不准运出租界外。"③同年 4 月,德国与清政府就在青岛建立中国海关达成了协议。

青岛自由港成为联通青岛与世界市场之间的桥梁,给经青岛进入

---

① 胡汶本等:《帝国主义与青岛港》,山东人民出版社 1983 年版,第 11 页。

② 该条约主要内容包括:(1)中国政府允将胶澳之内全海面及胶澳之口南北两面所有连旱地之岛租与德国,先以 99 年为限。所租之地租期未完中国不得治理,均归德国管辖。(2)如租期未满之前德国自愿将胶澳归还中国,德国所有在胶澳费项应由中国偿还,并将另一较此相宜之处让与德国。德国许诺,向中国所租之地永远不转租与别国。(3)自胶澳海面潮平点起,周围一百华里内之陆地划为中立区,主权归中国,但德国军队有自由通过之权。中国政府如有饬令设法以及派驻军队等事,应先与德国商定。(4)中国允许德国在山东建造铁路两条:其一由胶澳起经过潍县、青州、博山、淄川、邹平等处往济南及山东界;其二由胶澳往沂州经莱芜至济南。在所建各铁路附近之处相距三十华里内,允许德人开挖矿产。(5)以后山东省内如开办各项事务,或需外资、或需外料,或聘外人,德国商人有优先承办之权。参见王铁崖:《中外旧约章汇编》第 1 册,三联书店 1957 年版,第 738—740 页。

③ 青岛市档案馆:《帝国主义与胶海关》,档案出版社 1986 年版,第 3 页。

内地进行贸易的商人带来了便利。同时,昂贵的交通成本成为商人进军内地贸易市场的最大阻碍,大批商人望而却步。德国主导下的青岛自由港制度,显然不是为了促进贸易繁荣,其本质是殖民者通过自由港大肆倾销本国产品,企图在中国打造出"东亚最大的贸易港和中心市场"。① 1899—1913 年为青岛进出口成长阶段,贸易额接近 6000 万海关两大关,虽然进口和出口贸易都处在成长期,但这一时期出口贸易仍占优势。② 从 1909 年起,青岛港的进口货物超过大连,仅次于天津,而出口货物增加率则居于第一位,1910 年比 1909 年增加近一倍,出口值超过了天津。从海关税收看,1902 年胶海关收入 192918 两白银,1907年即达到 951901 两,位列全国第七大港口。③ 到 1913 年,跃居全国第六大港口。④ 理论上,德国无疑因攫取了最大便利而成为最大获益方。尽管有那些给人印象深刻的现代设施和大宗的政府投资,但青岛在两国的经济联系方面不那么重要,并未对中德贸易的规模或者性质产生多大影响。⑤ 从 1897 到 1914 的 17 年间,德国共投入 2 亿金马克。⑥青岛整个城市"崇实除华,返纯还补",分区合理,设施完善,客观上为

---

① 谢开勋:《二十二年来之胶州湾》,中华书局 1920 年版,第 7 页。

② 吴松弟等:《港口——腹地与北方的经济变迁(1840—1949)》,浙江大学出版社 2011 年版,第 71 页。

③ 王守中:《德国侵略山东史》,人民出版社 1988 年版,第 187—188 页。

④ 胡汶本等:《帝国主义与青岛港》,山东人民出版社 1983 年版,第 24 页。

⑤ 【美】柯伟林:《德国与中华民国》,陈谦平等译,江苏人民出版社 2006 年版,第 12 页。

⑥ 【德】托尔斯藤·华纳:《近代青岛的城市规划与建设》,青岛市档案馆译,东南大学出版社 2011 年版,第 12 页。

德国殖民者在远东的商业贸易搭建了极好的平台。①

但此举促使德国处于风口浪尖,成为其他帝国主义国家的公敌,都想从中谋取在华利益。迫于种种压力,德国开始向各国开放青岛港口。投入使用后,各国势力纷纷涌入,暗潮涌动,他们并未真正了解自由港的贸易运作模式,阻碍了自由港的良好运转。伴随青岛自由港而来的胶海关,长期扮演着主导者与变革者的双重角色。它形式上是清政府的机构之一,实际上早已丧失主权。自成立之初就一直为帝国侵略者所把持,最终沦为侵略者谋取在华利益、窃取机密情报、控制中国的工具。胶海关不再是单纯监管青岛地区进出口货物、促进自由港制度发展的海关机构,更是德国侵占中国的罪证。

胶海关是近代中国首个租借地海关,德国是第一个将海关设置于本国在华租借地内的国家。虽然办公地点不断搬迁,但办事处一直处于德国租借地内,直至1914年日本占领青岛。实际上,租借地充当了保护者角色,货物到达港口后即可进行销售,来往商人的一切贸易活动直接在自由港的保护区内进行。胶海关完全掌握了商业活动的各个环节,同时无需在边界设置缉私关卡。以上种种措施客观上精简了商人缴税等环节,提高了海关官员的办事效率。胶海关人事管理权旁落,为德国人所把控。胶海关最高行政长官即胶海关税务司的选拔完全绕开中国,由德国人担任。同时,以德文为官方工作语言,兼用中文和英文。原本由中国人监管的常关事物均移交胶海关监管,由税务司全权负责。

---

① 王雁:《"山东问题"与美国的门户开放政策(1914—1922)》,山东人民出版社2016年版,第16页。

胶海关首任税务司是曾任总税务司赫德秘书的德国人阿理文。青岛正式成为自由港之后，作为胶海关最高行政长官的阿里文被授予诸多权力。例如，税务司有向各通商口岸的海关监督（道台）颁发一切凭照文件的权力，并行使一切职权。①

柯伟林认为，尽管德国在此后的十四年里付出了昂贵的代价，但胶州租借地和其中的青岛港成了德国的"样板"殖民地和显示其海上帝国主义的舞台。② 从美国门户开放政策的观点来看，自从占领胶州湾以后，德国没有再在中国谋取另外的领土要求或特殊利益。他们没有把行政区扩展到整个山东，甚至没有扩展到铁路沿线地带。山东铁路公司从没试图谋取政治地位或发挥政治功能。德国近年来在山东的行为几乎无可指责。因为在过去的十年里德国实际上没有做任何使远东政治复杂化的事情，除商业上的活动外，他们没有干扰远东的和平，只是干扰了日本扩张主义者心里的平静。③ 这段评价十分反讽，作为欧洲秩序最有力挑战者和破坏者的德国，在中国却成为既有秩序的维护者，特别是美国门户开放规则的遵守者，当然中国这样一个落后国家的利益都是不值得评价的客体。④

① 张欣羽：《德占时期的青岛自由港》，青岛大学 2020 年硕士学位论文，第 27—50 页。

② 【美】柯伟林：《德国与中华民国》，陈谦平等译，江苏人民出版社 2006 年版，第 11 页。

③ Charles Burke Elliott, *The Shantung Questions*, The American Journal of International Law, Oct 1919, pp.703-704.

④ 王雁：《"山东问题"与美国的门户开放政策（1914—1922）》，山东人民出版社 2016 年版，第 19 页。

欧洲战争爆发后,德国提出将胶州归还中国以图"补偿",目的为了防止这块租借地和德国财产落入日本人之手,但为时已晚。1914年11月7日,日本军队抢占了青岛。德国在胶州租借地内的财产被日本席卷一空,德国侨民只获得总值40%的补偿。[①] 1922年2月,中日签订的《解决悬案条约》中规定,日本应将胶州德国旧租借地交还中国。本条约实施时,青岛海关应即完全为中国海关之部分。跟着青岛的收回,胶海关也同时收回,并由总税务司接管,胶海关税务司人选局限德、日的现象,至是始行结束。[②] 直至1949年新中国成立,青岛港才告别过去,"胶海关"名称也成为历史。

三、中山港无税口岸

中山港无税口岸的时代背景是南京国民政府改良县政制度的试验。1924年2月,《中山县训政实施委员会组织大纲》颁布并规定,设立直属于中央的中山县训政实施委员会,在全国率先试行"训政"。1930年1月,训委会成立建港筹备委员会,同年2月向国民政府呈交了《请辟唐家港并设海关分关的报告》,将唐家环商港定名为中山港,将无税口岸从香洲移到唐家,唐家环辟为无税口岸。1934年5月,国民政府指定广东省中山县唐家环开辟为无税口岸,以六十年为期,定名中山港,由中山县训政实施委员会负责经营管理。随后,中山县政府迁移至唐家,便于就近建设中山港。中山县训委会决议中山县第六区辖

---

① 【美】柯伟林:《德国与中华民国》,陈谦平等译,江苏人民出版社2006年版,第12—14页。

② 陈诗启:《中国近代海关史》,人民出版社2002年版,第546页。

境的翠亨村为中山港无税区范围,并呈报南京国民政府鉴核,后者赋予中山县行政与财政上较大的自主权,唐家环开辟为无税口岸后,实行进出口免征货税的优惠政策。1931 年 12 月,中山港建设转入实际施工阶段,陆续建成后环简易码头、信号台与部分交通设施,开辟了唐家环至石岐、港澳不定期航班、设立了民众实业银行、民众实业公司、煤油局、工商炼油公司、农业试验场、蚕丝改良局、模范林场、海产试验场;兴办公立医院、报社、图书馆、师范学校、中小学以及幼稚园等。①

　　一般认为,在中山港设定无税口岸主要源自于广东香山县(今珠海市唐家湾唐家村)人唐绍仪的极力推动,且是其主要的政绩。唐绍仪于 1929 年 4 月至 1934 年 10 月先后担任中山模范县训委会主席与县长之职,提议开辟中山港为无税口岸,并认为"实为国家百年大计,而又为纪念中山先生","建设中山港为无税口岸,对外可移香港之商业,而置澳门于死地;对内与滇、黔、桂各省沟通,为西南诸省出海之要道,亦即我粤自有之门户。"这集中反映了唐绍仪发展家乡和华南经济,挽回民族利权与英葡等帝国主义相抗争的思想。可以说,开辟中山港是唐绍仪的夙愿,也是孙中山的遗志和未竟事业。② 然而,将中山港无税口岸建设寄于动荡不安的时局,唐绍仪一个能人就从开始便注定了命运多舛。1934 年 10 月,中山县县兵索饷兵变致使唐绍仪去职,中山县和中山港建设工程戛然而止。

---

① 陈诗启:《中国近代海关史》,人民出版社 2002 年版,第 655—656 页。
② 连心豪:《唐绍仪与中山港无税口岸》,《历史教学》1994 年第 6 期。

深层次看,中山港无税口岸终成败局的原因有三:第一,唐家湾地理条件较为恶劣和建设经费严重缺乏,使中山港的相关设施无法顺利完成。第二,走私盛行和勘界漫长使中山港无税口岸一波三折。由于勘界未定致使走私严重,引起南京国民政府"恐防范难周,损及国库"。南京国民政府收回关税自主权后,关税在国税收入中占最大头,所占比重在1929年以后就超过一半。第三,尽管中山港自1932年1月15日后恢复为无税口岸,但政治环境的动荡导致名不符实。本来,中山县被树立为模范县后以与港澳商战和发展华南社会经济为动机,大张旗鼓地筹建中山港无税口岸,并曾一度颇引海内外注目,却由于自然条件恶劣、财政短缺、走私盛行和政治环境动荡等,筹建工作十分曲折,最终停辍。① 关闭中山港无税口岸成为《中港关务协定》流产的催化剂。因此引发的公愤使国民政府财政部长宋子文不得不替其行为辩解,企图指责海关未获专门指示就擅自行动,未料海关总税务司梅乐和为避免海关被卷入政治纠纷,故意等收到关闭中山港无税口岸的书面指示才予行事。② 对此,费正清有过生动描述:中国经济在1912—1949年期间,并没有占有显要地位,而只是一个配角——也许只有几句精选的台词,听候皇帝、官僚、外交家、将军、宣传家和党务活动者的吩咐。③

---

① 黄珍德:《与港澳商战的幻灭——中山港无税口岸的筹建与夭折》,《中山大学学报(社会科学版)》2007年第5期。

② 【英】布鲁诺:《英帝国在华利益之基石:近代中国海关:1854—1949年》,黄胜强等译,中国海关出版社2012年版,第142页。

③ 【美】费正清:《剑桥中华民国史1912—1949》(上卷),杨品泉等译,中国社会科学出版社1994年版,第125页。

四、旧中国自由贸易港实践的反思

自由贸易港的贸易形态在古代中国何以没有出现？进入近代，中国自由贸易港实践为何走向失败？如同城邦与城市共和国，尽管贸易兴旺，但无法产生真正意义上的自由贸易港，症结在于只有民族国家形式出现在历史舞台后，才可能依附诞生自由贸易港。半殖民半封建的旧中国并不是一个现代民族国家，政治独立性匮乏，军阀连年征战，百姓生活困苦，国力衰弱欲坠，经济主权丧失，何来统一市场与法治保障？更不用说抓住世界发展潮流。自由贸易港给近代中国只能是半殖民地半封建旧中国的屈辱留照。

王柯认为，中国的多民族统一国家思想，是打开中国国家之所以能够在历史的长河中绵延不绝、从小到大之谜的一把钥匙。近代以前的中国王朝追求天下国家，进入近代以后的中国政权追求民族国家，而近代以后的国内社会现实和国际政治又迫使中国各个政权在建设民族国家与天下国家的理念之间摇摆。① 这一点似乎可作为以中山无税口岸为代表的自由贸易港在旧中国失败的深层次原因。王柯继续主张：20世纪以后，中国已无法置身于以民族国家为基本单位的近代国际社会秩序之外。我们至今还没有能够在"天下思想"和民族国家形式之间找到一个平衡点。"天下"与"民族国家"同样都是一种追求与保障人类和平幸福的政治体制形式。中国传统的政治与文化制度也有一定的

---

① 【日】王柯：《从"天下"国家到民族国家：历史中国的认知与实践》，上海人民出版社2020年版，第318页。

合理性。在民族主义极端膨胀,各个民族集团之间对立不断升级的今天,中国历史上关于民族集团性质的认识、处理国家与民族之间的思想,肯定有借鉴价值,关键只是在于有没有人愿意彻底放弃民族、地区、政治上的偏见去对它进行发现和肯定。① 如果这种观点能够成立,自由贸易港将是一个非常好的注脚。后者既是依托于民族国家,又具有"天下"的内在基因,中国在自由贸易港建设上不仅努力寻找两者之间的平衡点,还能充分证明中国传统政治与文化制度拥有旺盛的生命力。

第三节　新中国自由贸易港类区域的承续

一、厦门自由港设想的提出

改革开放,万物复苏。1985 年,国务院下发《关于厦门经济特区实施方案的批复》,明确"厦门经济特区扩大到全岛,逐步实行自由港的某些政策,是为了发展我国东南地区经济,加强对台工作,完成祖国统一大业作出的重要部署。"1986 年 8 月,习近平到厦门工作后,围绕"加强对台的联系、促进祖国统一"和"逐步实施自由港政策、建设自由港型的经济特区"两个战略目标,组织专家学者,历时一年多,总结出"设立保税区、把保税区升级为自由贸易区、建设有限度在全岛放开的自由港"三步走的发展战略,并提出建设"自由港型的经济特区"的目标,为厦门制定出全国最早的城市发展战略规划《1985 年—2000 年厦门经

---

① 【日】王珂:《从"天下"国家到民族国家:历史中国的认知与实践》,上海人民出版社 2020 年版,第 333 页。

济社会发展战略》,描绘出自由港型的经济特区的发展蓝图和"施工图"。① 1988 年 6 月 3 日,邓小平接见"90 年代的中国和世界研讨会"代表时,明确表示"对香港的政策不变",进而提出"现在不仅是一个香港,我们内地还要再造几个香港"。南方谈话后,有很多呼声建议厦门不要错失良机。厦门应大胆充分运用中央早就给的实施自由港某些政策。早日启用管理线是前提,开拓金融是突破口,实行特殊的领导体制是关键。② 面对日渐游离长江沿岸地区和珠江三角洲地区两个经济片区之间的闽粤赣湘四省地市的广袤地区,厦门积极倡导发展以沿海中心城市为龙头的区域合作经济。在地理位置上分析,四省地市形成"雁型",雁头在厦门,江西与广东的汕头、梅州和湖南的衡阳、郴州是两翼,厦门是台湾与大陆交往的最近地点,具有深水良港与国际航空港的地理区位。为利于内陆地区借助厦门口岸走向世界,建立厦门经济的大腹地,厦门通过组织经济代表团主动访问内地省份,采取梯级推进的办法,先加强与闽南闽西的经济协作,再加强与赣南、湘南和粤北的横向联合,向其他的内陆省份发展,形成全国性的腹地,使厦门真正做

---

① 李友华:《加快建设自由港型经济特区》,《厦门日报》2020 年 10 月 26 日。当时,也有人认为发展自由港有很多缺陷:第一,过分依赖国际垄断资本和国际市场,受贸易保护主义和经济危机的冲击严重。第二,一些发达资本主义国家把耗能高、污染严重、技术落后的工业向发展中国家转移。第三,引进技术限制过多,且发展中国家工业基础薄弱,难以吸收消化和创新。发达资本主义国家摄吸大量利润的同时,占有技术递度的优势。第四,经济特区向技术密集型产业过渡,不少的特区开始"滑坡",面临被淘汰的危险。参见林强:《自由港与厦门经济特区》,《亚太经济》1986 年第 6 期。

② 张亦春、吉卫民:《加速建设厦门自由港若干对策探析》,《厦门大学学报(哲社版)》1993 年第 1 期。

到"背靠神州,面向世界"。①。

　　厦门自由港最终停留在规划阶段。一方面,厦门设立自由港的主
要因素是推动台湾当局接受"三通"的切实步骤。② 台湾的形势变化直
接影响到厦门自由港的设立与否。另一方面,尽管当时改革开放已经
多年,但思想观念相对滞后。到 1991 年在天津港设立保税区的时候,
还有人提出疑问,这与旧中国的租界和殖民地有什么区别? 会不会损
害国家的主权?③ 这并未妨碍先行者在改革的春风下的探索。2002
年,上海市科技发展软科学重点项目《关于设立洋山自贸港的研究》提
出自由贸易港的初步设想。④ 2013 年,上海在国际航运会议上首次宣
布将洋山港建成为自由港,并提出十项主张。深圳在 2013 年 7 月谨
慎地提出,要把深圳盐田保税区转型为自由港。⑤ 这都充分反映出沿
海地方政府对于自由贸易港的客观需求与现实探索。

二、自由贸易港类区域的探索

　　从厦门设立自由港的规划设想起,到海南自由贸易港被正式获批,

---

　　① 王国庆:《厦门实施自由港政策:迈向海洋经济对代国际性大都市的举措》,《延边
大学学报(社会科学版)》1995 年第 4 期。

　　② 厦门大学经济学院《自由港研究》课题组:《关于厦门经济特区逐步实行自由港某
些政策的构想》,《中国经济问题》1987 年第 5 期。

　　③ 夏林、邵泉:《扩大开放的新举措——记我国大陆最先招商的天津港保税区》,《瞭
望周刊》1991 年第 46 期。

　　④ 龚柏华:《"一带一路"背景下上海自由贸易港构建的法治思维》,《上海对外经贸
大学学报》2018 年第 2 期。

　　⑤ 杨生华、岳仿嶙:《上海、深圳、厦门谋建自由港》,《中国水运报》2003 年 12 月
19 日。

中国一直没有放弃自由贸易港的探索。中国设立了包括经济特区、经济技术开发区、国家级新区、保税区、综合保税区、自由贸易试验区等形式的特殊经济功能区。它们不断的实践为自由贸易港在中国的重现铺垫了坚实的基础。保税区、出口加工区、保税物流园区、跨境工业区、保税港区以及综合保税区等在法律性质上属于海关特殊监管区域。[①] 按照要素标准，它们虽不构成严格意义上的自由贸易港，但无论区域内容、区域空间还是区域自由度等均不同程度地体现出自由贸易港的特征，因此，冠以"自由贸易港类区域"的称谓来指代这些海关特殊监管区域。

早在 1988 年，天津开始着手在新港港区创办全国第一家中外合资商业性保税仓库，从港口实际商务活动中探索"保税区"的经验，为 1991 年 10 月 11 日天津港保税区的设立提供条件。[②] 保税区融合国际社会保税仓储与出口加工区的实践，并结合国情形成新型的经济开放区域。[③] 1990 年 6 月，国务院批准第一个海关特殊监管区域——上海

---

① 海关特殊监管区域的提法虽然在《海关法》第 34 条中有提及，即"经国务院批准在中华人民共和国境内设立的保税区等海关特殊监管区域，由海关按照国家有关规定实施监管。"但是，对于什么是海关监管区域并未解释。第 100 条中解释的是"海关监管区"，即海关监管区，是指设立海关的港口、车站、机场、国界孔道、国际邮件互换局（交换站）和其他有海关监管业务的场所，以及虽未设立海关，但是经国务院批准的进出境地点。官方的解释始于 2006 年 1 月 1 日生效的《海关对保税物流园区的管理办法》第 55 条的规定，"海关特殊监管区域，是指经国务院批准设立的保税区、出口加工区、园区、保税港区及其他特殊监管区域。"

② 夏林、邵泉：《扩大开放的新举措——记我国大陆最先招商的天津港保税区》，《瞭望周刊》1991 年第 46 期。

③ 林康等：《论世界自由贸易区与我国保税区的功能和作用》，《国际贸易问题》2000年第 3 期。

外高桥保税区正式设立运营。阮延华认为，"保税区"本身就是中国创造的一个名词，国家给了外高桥保税区贸易自由、货币自由和货物进出口自由，得到了许多在当时看来几乎不可思议的特别待遇。① 周汉民等将其归纳为人员出入自由、货款进出自由、外汇资金、利润汇兑自由。② 第一家外商独资贸易企业，保税区第一家中外合资出口加工企业以及第一家中外合资物流企业都在外高桥保税区诞生，成为国内经济规模最大的海关特殊监管区域。③

2000 年，中国在江苏、辽宁、天津、上海等地设立了首批 15 个出口加工区，按照优化存量、控制增量、规范管理、提高水平的方针，逐步实现对加工贸易企业集中规范管理。出口加工区主要功能包括保税加工，保税物流，研发、检测、维修等。2003 年后，离境退税政策无法满足国内加工贸易、深加工结转和保税物流发展的需要，中国在上海设立第一家保税物流园区，发挥保税区政策优势和港口区位优势，促进国际物流业的发展。保税物流园区主要功能是仓储货物，可存储进出口货物及其他未办结海关手续货物，开展流通性简单加工和增值服务，国际转口贸易，国际采购、分销和配送，国际中转，检测、维修，商品展示等业务，不得开展商业零售、加工制造、翻新、拆解及其他与园区无关的业务。

---

① 阮延华口述，任姝玮整理：《口述上海：浦东开发开放》，上海教育出版社 2014 年版，第 136 页。

② 周汉民、田曦：《外高桥保税区的法律结构——自由港制度的形成》，《国际商务研究》1992 年第 3 期。

③ 舒榕斌、简大年口述，潘阿虎整理：《构建开放型经济新体制的"试验田"——从上海外高桥保税区到中国（上海）自由贸易试验区》，《文汇报》2018 年 9 月 18 日。

为加强内地与澳门的经济合作,中国于 2003 年 12 月批准成立珠澳跨境工业区,分为珠海、澳门两个园区,其中珠海园区面积 0.29 平方公里。它以发展工业为主,兼顾物流、中转贸易、产品展销等功能。珠海园区作为珠海保税区的延伸区,实行"保税区+出口加工区出口退税政策+24 小时通关专用口岸"管理模式。珠澳跨境工业区珠海园区的税收政策与出口加工区相同。

2005 年 6 月,为实施国家建设东北亚枢纽港和国际航运中心的战略,上海洋山保税港区获准设立,成为中国第一个保税港区。除港口功能外,保税港区整合了保税区、保税物流园区、出口加工区等功能,包括仓储物流、对外贸易、国际采购、分销和配送、国际中转、检测和售后服务维修、商品展示、研发、加工、制造、港口作业等功能。保税港区享受保税区、出口加工区相关的税收政策。

2008 年 3 月,国务院下发《关于天津滨海新区综合配套改革试验总体方案的批复》(国函〔2008〕26 号),要求"以建设东疆保税港区为重点,加快建设北方国际航运中心和国际物流中心","条件成熟时,在东疆保税港区进行建立自由贸易港区的改革探索"。这是中国第一次正式提出自由贸易区的转型设想。2012 年 10 月《关于促进海关特殊监管区域科学发展的指导意见》(国发〔2012〕58 号)下发,目的是解决海关特殊监管区域中"存在种类过多、功能单一、重申请设立轻建设发展"等问题。2013 年 1 月 17 日,《浙江舟山群岛新区发展规划》中载有"不断创新体制机制,探索建立自由贸易园区"的表述。后来,上海自贸试验区的获批宣告了自由贸易园区建设开始。

根据《国务院办公厅关于印发加快海关特殊监管区域整合优化方

案的通知》（国办发〔2015〕66号），不同类型的海关特殊监管区域将整合优化为综合保税区，未来新设立的海关特殊监管区域统一命名为综合保税区。2019年，《国务院关于促进综合保税区高水平开放高质量发展的若干意见》（国发〔2019〕3号）进一步明确，加快综合保税区创新升级，推动综合保税区发展成为具有全球影响力和竞争力的加工制造中心、研发设计中心、物流分拨中心、检测维修中心、销售服务中心，综合保税区将成为中国开放程度最高、政策最优、功能最全的特殊监管区域。综合保税区内可发展保税加工、保税物流、保税服务等业务，主要税收政策与出口加工区相同。综合保税区内企业生产、加工并销往境内区外的货物，根据企业申请，可选择按其对应的进口料件或按实际报验状态征收关税，进口环节增值税、消费税照章征收。2020年5月16日，洋山特殊综合保税区（一期）正式封关运作，成为中国唯一的特殊综合保税区。洋山特殊综合保税区作为对标国际公认、竞争力最强自由贸易园区的重要载体，将承担着"在更深层次、更宽领域，以更大力度推进全方位高水平开放"的重要使命。

三、自由贸易港类区域的现状与重要意义

2022年10月16日，习近平总书记在党第二十次全国代表大会上的报告指出，加快建设贸易强国。① 自由贸易港类区域有力地推动中国外贸"保稳提质"。2022年前8个月，以综合保税区、保税区、保税港

---

① 习近平：《高举中国特色社会主义伟大旗帜　为全面建设社会主义现代化国家而团结奋斗——在中国共产党第二十次全国代表大会上的报告》，人民出版社2022年版，第6页。

区以及跨境工业园区为主体的 155 个有统计数据的自由贸易港类区域,累计实现外贸进出口 52069.53 亿元,其中出口 26003.27 亿元,进口 26066.25 亿元,分别同比增长 10.2%、14.5%和 6.1%,进出口、出口和进口分别占同期全国外贸进出口、出口和进口的 19.1%、16.8%和 22.1%。其中,有统计的 143 个综合保税区实现外贸进出口 40573.40 亿元,出口 22544.99 亿元、进口 18028.40 亿元,分别同比增长 13.8%,17.2%和 9.9%,分别较全国同期外贸进出口,出口和进口高 3.7,3.0 和 4.7 个百分点,占全国类区域同期进出口的比重为 77.9%,对外贸保持稳定增长贡献突出。

第一,它是降低交易成本的有效手段。

主权国家是产生交易成本的源头,妨碍了全球经济一体化程度的提高。这是因为各国政府在边境征收进口关税、实施资本管制等限制措施,阻碍了商品、资金和人员的自由流动,因此,主权国家的多元化产生了管辖权的分割以及随附的交易成本,货币、法律以及监管的差异成为实现全球经济一体化的障碍。当前,工业化国家的平均关税已经从两位数的高位削减到 4%以下,中国在 2021 年简单平均关税已经降到 7.5%以下。① 发达国家和发展中国家国际贸易中的其他关税和非关税壁垒通过贸易自由化而趋于减少,其中,后一种交易成本的相对重要性不断提高,因此,进口关税只占总体贸易成本很小的一部分。全球经济会从贸易中获得类似"二战"后关税不断降低的收益,中国自由贸易港类区域在很大程度上通过制度设计有效地降低总体交易成本,促进贸易的增长。

---

① WTO,ITC,UNCTAD,*World Tariff Profiles* 2022,pp.8-13.

第二,它是打破逆全球化的有效平台。

当商品、资本和技术市场变得更为一体化时候,收入和生产率并不总是趋同,处于工业化进程核心的国家与外围专司初级产品的落后区域之间,产生了收入上的巨大差异,经济发展可能比以往任何时候都更取决于本国的变化。如果说世界经济对各国施加了某种均质化的影响,充其量只是众多方向不同且彼此竞争的影响因素之一。即使没有国界限制,市场分割仍然是经济生活中的一个本质特征,全球化并不必然导致经济趋同或偏好一致。这进一步验证了国际法治的好坏在很大程度上取决于国内法治的结论。新冠疫情后,很多国家实施了一系列贸易保护主义措施。自由区并没有逃脱这场全球破坏。然而,它们特殊的地位和独特的结构可以独特的方式抵御这场大流行风暴。通过制定明确的战略来管理其风险组合、从生产到市场和贸易威胁,自由区可以从这场危机中变得更加强大和精简。在全球范围内,自由区已成为越来越受欢迎的产业政策工具。① 中国同样积极寻求解决之道,自由贸易港就是优先考虑的长期政策之一。② 无疑,在海南自由贸易港之前,中国自由贸易港类区域就是内外循环的交叉点与桥梁,在这个平台上实施的各项业务都事实上成为勾连全球产业链供应链的有效部分。

第三,它是促进制度良性竞争的蓄水池。

制度没有固定的理想形态。简言之,制度多样性是一种常态而非

---

① Samir Hamrouni, Mohan Guruswamy, *World Free Zones Organization Outlook* 2020, pp.1-23.

② Dwi F. Moenardy, Rizal Budi Santoso, Windy Dermawan, *Hainan Province As The New Free Trade Port*, Turkish Journal of Computer and Mathematics Education, Vol.12, No.8, 2021, p.492.

例外,多样性使得不同制度的实验、竞争和互相借鉴成为现实。制度竞争自然会产生令人不快的副作用,国家间的经济竞争是引领人类走向一个完美的模式,国家治理同样可以竞争。竞争当然可能会引向恶性竞争,为了不让流动性资源,如资本、跨国企业和高技术人才等花落别家,有些国家可能会徒劳无功地降低标准,放松管制,忽视制度安排的多样性本质。开展更严格的监管或设置更高的标准是为了达成某些目标,它们会在其他方面提供补偿收益。另一方面,中国经济发展资源约束日益趋紧,传统增长动力弱化,负面因素不断显现,传统竞争优势逐渐丧失,迫切需要探索更高水平的开放。因此,中国自由贸易港类区域通过制度设计趋向一致的标准,营造制度良性竞争的氛围,压缩乃至减少制度互相恶性竞争的空间。

第四节　新中国自由贸易港类区域的法治贡献

一、"先行先试"模式的确立

改革开放后,国家出于发展经济的迫切热望,又一次考虑起自由贸易港这种已被验证为充分有效的形态。厦门自由港的规划设想虽最终未能落地,但意味着决策层已将自由港纳入到可以采用的政策工具箱里面,这很好地解释了为什么随后自由贸易港类区域有如此多的丰富实践,并最终为海南自由贸易港的设立奠定基础。因此,新中国对自由贸易港类区域的贡献是值得肯定的。它进一步消除国际贸易障碍,有力地推动自由贸易的发展。作为世界第二大经济体、第一货物贸易大国,中国能够融入并推动自由贸易港国际法治,证明了国际法规则导向理念的进步,使国家更习惯于国际规则的约束。如果说制度集成创新是海南自由贸易港建设成功的关键因素,它推动了"试验性经验"向"法定性经验"转变,实现"小微创新"向"体系创新"的升华,是一场从个人到社会、从政府到市场、从规则到法律的"脱胎换骨"式的根本性变革。① 那么,它的法治贡献在于闯出了一条从"先行先试"经验模式向立法创新发展模式的有效路径。

"先行先试"是某些事项地方先行一步,进行各种立法尝试和制度试验,为其他地方提供创新的范本,并为全国范围内的深层次改革摸索、积累经验,进而推动整个国家的改革开放进程。其积极意义在于:特定地方通过各自不同的区域定位和改革重点进行相关制度创新,为全国下一步的经济与政治体制改革探路。② 先行先试理念反映在立法模式上是一种具有淘汰性和反思性的法律运行机制,能够统合立法过程中的主观因素和客观因素,及时反映社会需求、整合立法资源,最大限度地发挥立法在社会改革进程中的指引作用,实现强制性的制度变迁,同时又能够借助法律试行的评价和预测功能,实现诱致性的制度变迁。③ 它有两个特点:"先行"要求通过"立法先行"的方法,发挥法律

① 董涛等:《制度集成创新的原理与应用——来自海南自由贸易港的建设实践》,《管理世界》2021 年第 5 期。

② 封丽霞:《地方"先行先试"的法治困境》,《法律方法与法律思维》2010 年第 14 期。

③ 王彬:《"先行先试"立法模式的经济分析》,《山东警察学院学报》2010 年第 1 期。

的指引功能,调整相应的社会关系,达到对社会某种秩序的追求。"立法先行"是主观判断的产物,其变量更多来自外部,是通过立法这项制度安排适应社会现实的变革性活动;"先试"则要求依赖"试错先行"的方式,发挥实践对理论的检验作用,通过在特定领域和时空背景下的试验获取一定的"地方性知识",然后将其扩展,使其更具普适性。"试错先行"是客观性经验的获取,其变量更多地发端于实践自身,是通过检验立法的实效而进行的自治性活动。① 中国自由贸易港类区域法治建设是"先行先试"立法模式的具体化。

二、"先行先试"模式的进化

从保税区设立到海南自由港,中国在立法上根据实际情况,通过各种形式对类区域进行规范,是传统增量式、渐进式改革的具体表现。下面便以海关规章为例做一说明。1990 年 9 月 9 日,海关总署发布《海关对进出上海外高桥保税区货物、运输工具和个人携带物品的管理办法》。1997 年 6 月 10 日,《保税区海关监管办法》发布施行。这意味着在 7 年的时间内,其他保税区参照上海外高桥保税区管理办法进行管理。2000 年 5 月 24 日,《海关对出口加工区监管的暂行办法》发布实施,出口加工区开始迎来大发展。2002 年,中国召开两次全国性保税区会议。各保税区纷纷提出了向自由贸易区转型的主张,即"自由贸易区是保税区发展的必由之路。"②当时保税区的困境大致包括:第一,

---

① 吴汉东等:《"先行先试"立法模式及其实践——以"武汉都市圈""两型"社会建设立法为中心》,《法商研究》2009 年第 1 期。

② 刘辉群:《中国保税区向自由贸易区转型的研究》,《中国软科学》2005 年第 5 期。

"境内关内"的定性难以继续发挥开放优势;第二,"多头管理"的管理体制难以提高运作效率;第三,"名实不符"的功能定位难以适应产业发展要求;第四,"区港分离"的现实难以实现发展目标。① 当然,这不是全盘否定保税区。任寿根认为,上海外高桥保税区外商独资国际贸易公司产业集群的形成,成为上海城市经济发展的重要推动因素。这说明了保税区在未来相当一段时期内仍有存在的必要性,保税区未来发展模式应多样化,如有的保税区可向自由贸易区方向发展,大力发展物流产业,有的保税区则可以建设成为出口加工区。② 2004 年 4 月,根据《国务院办公厅关于同意上海外高桥保税区与外高桥港区联动试点的复函》(国办函〔2003〕81 号),在外高桥港区设立外高桥保税区的物流园区,开展保税区与港区联动试点。某种意义上,保税物流园区的诞生正是为了解决保税区的痛点。在上海实践基础上,2006 年 1 月 1 日,《海关对保税物流园区的管理办法》正式施行。2007 年 4 月 8 日,《海关珠澳跨境工业区珠海园区管理办法》开始施行。同年 10 月 3 日,《海关保税港区管理暂行办法》正式生效。

2013 年 9 月 29 日,上海自贸试验区获批设立。最初,它曾起名为中国(上海)自由贸易园区,但考虑到"园区"无法真正表达将该类区域打造成"综合改革试验区"的含义,后改用"试验"区,英文翻译中增加"试验(pilot)"一词(更贴切翻译是"先试先行"),后面仍沿用"zone",

---

① 成思危:《从保税区到自由贸易区:中国保税区的改革与发展》,经济科学出版社 2004 年版,第 14—16 页。

② 任寿根:《新兴产业集群与制度分割——以上海外高桥保税区新兴产业集群为例》,《管理世界》2004 年第 2 期。

即中国(上海)自由贸易试验区的英文翻译为:China(Shanghai) Pilot Free Trade Zone:CPFTZ。① 它的地理范围是外高桥保税区、外高桥保税物流园区、洋山保税港区及浦东机场综合保税区等 28.78 平方公里的 4 个海关特殊监管区域。一年之后,上海自贸试验区扩区,老区、陆家嘴、金桥、张江和世博园这 5 个区域组合突破了纯粹海关特殊监管区域的范畴。其他自贸试验区同样遵循以海关特殊监管区域为核心的扩区逻辑。因此,中国自贸试验区本身没有专门的海关部门规章,而是根据组合区域的类型由相应的规章予以规范。这并不妨碍地方政府围绕自贸试验区出台地方性法规、规章以及行政规范性文件。全国 21 个自贸试验区与"一带一路"沿线国家建设运营的海外园区加强互动,构建了特殊经济区域之间的贸易通道,大大提升了进出口效率,也逐步形成了较为稳定的市场。②

　　党的十九大报告提出,"推动形成全面开放新格局,赋予自由贸易试验区更大改革自主权,探索建设自由贸易港"。2018 年政府工作报告也提出,"全面复制推广自贸区经验,探索建设自由贸易港,打造改革开放新高地。"2018 年 4 月 13 日,习近平总书记在庆祝海南建省办经济特区 30 周年大会上宣布,支持海南全岛建设自由贸易试验区,支持海南逐步探索稳步推进中国特色自由贸易港建设。同年 4 月 14 日,国务院发布《关于支持海南全面深化改革开放的指导意见》,支持海南全

---

　　① 龚柏华:《中国自贸试验区到自由贸易港法治理念的转变》,《政法论丛》2019 年第 3 期。

　　② 张凡:《看好我国外贸高质量发展的五大理由》,《中国贸易报》2022 年 8 月 9 日第 3 版。

岛建设自贸试验区,探索建设中国特色自由贸易港。10月16日,《中国(海南)自由贸易试验区总体方案》正式出台,赋予海南更大改革自主权,将海南建成高标准高质量自由贸易试验区,为逐步探索、稳步推进海南自由贸易港建设,分步骤、分阶段建立自由贸易港政策体系打好坚实基础。2020年6月1日,《海南自由贸易港建设总体方案》正式印发,对海南自由贸易港的建设目标、制度设计、阶段性任务等进行了全面系统布局。随后6月3日《海关对洋浦保税港区监管办法》正式生效,除禁止进出口和限制出口以及需要检验检疫的货物外,试行"一线放开、二线管住"的货物进出境管理制度。经过建设,海南自由贸易港政策体系初步建立。围绕贸易、投资、跨境资金流动、人员进出、运输来往自由便利,以及数据安全有序流动,制定了一系列政策举措:包括出台了自用生产设备、交通工具及游艇、原辅料"一负两正"进口商品"零关税"政策清单,跨境服务贸易负面清单,外商投资负面清单,实施了企业和个人所得税15%优惠政策及金融开放等支持政策,在重点区域开展了"一线放开、二线管住"进出口管理制度试点、数据跨境传输安全管理试点等。[①]

在此过程中,"先行先试"在授权立法事项上有了创新。全国人大及其常委会根据改革发展需要,决定就行政管理等领域的特定事项授权,在部分地方暂时调整或者暂时停止适用法律的部分规定,这是源于2013年以来对中国自由贸易试验区出现的各种暂停法律适用做法的归纳总结。2020年4月,全国人大常委会决定在中国(海南)自由贸易

---

① 《国家发展和改革委举行区域协调发展工作情况新闻发布会》,资料来源:www.scio.gov.cn/xwfbh/gbwxwfbh/xwfbh/fzggw/Document/1730754/1730754.htm。

试验区暂时调整适用《土地管理法》《种子法》《海商法》，适用期限至2024年12月31日。同年6月28日，国务院决定在中国（海南）自由贸易试验区暂时调整实施《海关事务担保条例》《进出口关税条例》《国际海运条例》《船舶和海上设施检验条例》和《国内水路运输管理条例》等行政法规，其适用期限同样是2024年12月31日。2021年6月10日，《海南自由贸易港法》获得通过，中国特色自由贸易港国内核心法的空白从此填补。它本质上属于地方立法变通权，通过地方改革试验来积累经验，是深化改革开放和自由贸易港建设的"试验田"。① 同时，综合保税区作为未来海关特殊监管区域整合的方向，最初一直没有专门的部门规章。2019年11月4日，《海关对洋山特殊综合保税区监管办法》开始施行。2022年4月1日，《海关综合保税区管理办法》正式生效，它是专门针对综合保税区制定的系统性部门规章。

何力教授认为，中国从保税区、出口加工区开始，一直到自贸试验区，再到自由贸易港建设，是一个由低到高的发展过程。② 严格来说，自由贸易港类区域的不同形态不是简单的线性叠加，而是根据实际需要进行功能设定后的制度创新。自由贸易港类区域的海关规章发展历史充分印证了"先行先试"立法模式。它完全符合"先行先试"立法模式的两个特点：以海关规章或者海关行政规范性文件为立法形式，牵引实践的方向，再以发展成效与存在的突出问题，即通过试错来检验先前

---

① 王建学、张明：《海南自贸港法规的规范属性、基本功能与制度发展——以〈宪法〉和〈立法法〉为分析视角》，《经贸法律评论》2021年第4期。

② 何力：《中国海南自贸港建设的国际贸易法律探讨》，《国际商务研究》2021年第2期。

立法。无疑,海关特殊监管区域的政策试点属于"强推动、强竞争"的争取模式,即在由"争取"引发的试点项目的启动过程中,中央政府的推动力度和地方政府间的竞争强度都较高。① 既然试错,那必然有可能产生不好的结果。"先行先试"的核心就是试错权。② 上海外高桥保税区发展较好,占到半壁江山,但有的发展得并不好,甚至门可罗雀。对于前者就是试对,后者则是试错。1991 年还有学者主张浦东在较长一段时期内应缓建保税区。③

因此,中国对经济特区和自贸试验区的规则构建,采取"国家行政手段+地方政策创新"二元模式,鲜有国家层面立法措施的保障。④ 皮舜和武康平建议采取"两步走"的措施,先制订《中华人民共和国保税区条例》,有条件的保税区可以有步骤地探索向自由贸易区的方向转型,后再制订《中华人民共和国自由贸易区法》。⑤ 陈晖提出,既然综合保税区是海关特殊监管区域整合优化的目标,其中一部分成熟后将优先发展成为自由贸易区,可分别制定《综合保税区条例》和《自由贸易

---

① 周望:《如何"先试先行"?——央地互动视角下的政策试点启动机制》,《北京行政学院学报》2013 年第 5 期。

② 肖明:《"先行先试"应符合法治原则——从某些行政区域的"促进改革条例"说起》,《法学》2009 年第 10 期。

③ 沈根荣:《关于上海浦东外高桥保税区开展转口贸易问题的探讨》,《国际贸易》1991 年第 9 期。

④ 范健、徐璟航:《论自由贸易港制度的法律属性——兼论"中国海南自由贸易港法"创制的本土化与国际化》,《南京大学学报(哲学·人文科学·社会科学)》2019 年第 6 期。

⑤ 皮舜、武康平:《中国保税区的新发展需要国家统一立法》,《管理评论》2003 年第 11 期。

园区条例》来确保两者的法律地位。①　上海自贸试验区获批放大了核心法处于空白状况的缺陷。唐健飞认为,在宪法框架内,应尽快制定《中华人民共和国自由贸易区法》作为规制自由贸易区活动的基本法,之前可先由国务院制定《中国(上海)自由贸易试验区管理条例》。②《海南自由贸易港建设总体方案》要求,海南自由贸易港法治体系应以海南自由贸易港法为基础,以地方性法规和商事纠纷解决机制为配套。为此,王建学提出,主要思路是全国人大及常委会单独制定自由贸易港法或自由贸易港发展促进法;次要思路之一是主张由中央对地方进行充分的授权,海南具体推进自由贸易港相关立法,之二是充分运用海南经济特区立法权和普通地方立法权。③

三、"先行先试"模式的成功转化

随着形势发展,"先行先试"模式需要做出调整。由于中央的各项制度因效力及于全国又要兼顾各地差异,一旦发生偏差所引发的负面后果非常严重,不得不慎之又慎,倾向保守。加之中央制度形成的程序复杂、周期冗长、反应缓慢,容易导致改革过程中的制度供给不足而延缓进程。④

---

① 陈晖:《从中国(上海)自由贸易试验区看我国综合保税区的建立和发展》,《海关法评论》2014 年第 4 卷。

② 唐健飞:《中国(上海)自贸区政府模式的创新及法治对策》,《国际贸易》2014 年第 4 期。

③ 王建学:《海南自由贸易港法制定思路的学理阐释》,《天津大学学报(社会科学版)》2021 年第 7 期。

④ 封丽霞:《地方"先行先试"的法治困境》,《法律方法与法律思维》2010 年第 15 期。

权威体制与有效治理间的深刻矛盾意味着中央与地方关系不得不处于"上收—下放"的不断调整之中。中央与地方关系更多地通过前者限制或默许后者的非正式制度运行的范围和程序而不断调整。① 即在超大规模的治理压力之下，统一的政策制定与地方性有效治理间很可能会产生深刻的抵牾，决定了"先行先试"是一段时期内最佳的选择。与其说中国自由贸易港基本法出台前，海南自由贸易港已经宣布启动建设，这种做法是出于改革开放试验的目的，倒不如说是为了留出足够的制度弹性以承载制度创新功能与回应商业行为创新。②

《海南自由贸易港法》的实施打破了中国在自由贸易港类区域等采取的"先行先试"经验模式，走上了立法创新的路径，并融入了自由贸易港国际法治的惯常做法。它是继涉港澳台立法后唯一在名称中出现特定地名的法律，是关系重大改革举措的最前沿立法，反映出国家推进改革开放的最大魄力。这种不断循环和互动的过程正好体现出中国国家纵向治理模式的优越性。③ 从立法的意图看，《海南自由贸易港法》本身仅限于为海南自由贸易港建设提供一种最基础的制度框架，将具体制度的塑造留给因地因时制宜的授权性法规，从而使立法活动

---

① 周雪光:《从"黄宗羲定律"到帝国的逻辑:中国国家治理的历史线索》,《开放时代》2014 年第 4 期。

② 孙南翔:《建设中国特色自由贸易港的实施路径及法律保障》,《贵州省党校学报》2019 年第 5 期。

③ 王建学:《海南自由贸易港法制定思路的学理阐释》,《天津大学学报(社会科学版)》2021 年第 7 期。

能够始终与自由贸易港建设的实践需要同频共振。① 事实上,对海南自由贸易港单独立法的初衷是"授权立法"。② 全国人大常委会法制工作委员会相关负责人指出:"考虑到海南自由贸易港建设各方面工作还处于起步和探索阶段,法律条文可以概括一点、原则一些,构建起海南自由贸易港建设法治保障的'四梁八柱',为海南自由贸易港建设提供必要的制度供给,同时为改革发展预留空间。在保证国家法制统一的前提下赋予海南更大改革自主权。按照党中央要求'赋予海南更大改革自主权''给予充分法律授权'的精神,授予海南更大的立法权限,由海南省人大及其常委会制定海南自由贸易港法规。这样,既确保党中央集中统一领导和国家法制统一,又有利于海南进行全面深化改革开放的探索。"③

中国立法体制是中央统一领导和一定程度分权,多级并存、多类结合的立法权限划分体制。④ 地方要在中央统一领导下开展地方事务,各级政府的事权分配高度同构,而这种特征在立法权的分配上得以体现。中国没有独立的地方事权,也就没有实质意义上的中央与地方的立法分权。⑤ 朱福林提出,海南省全岛若要达到与国际标准自由港一

① 王建学、张明:《海南自贸港法规的规范属性、基本功能与制度发展——以〈宪法〉和〈立法法〉为分析视角》,《经贸法律评论》2021年第4期。

② 贺小勇:《〈海南自由贸易港法(草案)〉修改的七大建议》,《上海对外经贸大学学报》2021年第2期。

③ 沈春耀:《关于〈中华人民共和国海南自由贸易港法(草案)〉的说明——2020年12月22日在第十三届全国人民代表大会常务委员会第二十四次会议上》,http://www.npc.gov.cn/npc/c30834/202106/589f495e276f4adb9092d6b6d951af58.shtml。

④ 周旺生:《立法学》,法律出版社2009年版,第149页。

⑤ 封丽霞:《中央与地方立法事权划分的理念、标准与中国实践——兼析我国央地立法事权法治化的基本思路》,《政治与法律》2017年第6期。

致的自由程度,必将超越国内任何一个经济特区和特殊经济功能区,在海南省行政级别上是很难做到的,可能难以把控高度自由化进程中所需抉择的一些重大关键事项,也不能有效应对一系列问题的快速、果断及合理解决,考虑将海南提升为直辖市级别,由海南全权代行中央经济管理权。① 这种出于实操的建议比较理想化,但很可能涉及到问题绝非提高海南行政级别那么简单。因此,《海南自由贸易港法》是试验性立法,即允许立法者在小规模基础上测试新规则,解决固有的不确定性和预测困难,并收集证据来支持或反对立法者的立法假设,是朝着更好的持久性立法所迈出的明智一步。②

本章小结

本章先对中国反对对外贸易的谬误观点进行纠正。中国自古是一个贸易大国,无论出土文献、制度建设还是人员往来,都可以判定中国对外贸易均处于一个较高的水平,并呈现出"朝贡制度为表,对外贸易为里"的特点。西方列强强行植入的自由港制度既是近代中国对外贸易阶段性发展的表现,也是西方列强主张的自由贸易体系与旧中国奉行的朝贡制度体系相互摩擦与碰撞的结果。

旧中国在一些城市曾有过自由港的实践。大连自由港是沙皇俄国

---

① 朱福林:《海南自由贸易港高质量发展:阶段性成果、瓶颈因素与突破路径》,《经济学家》2021 年第 6 期。

② Ranchordás S, *The whys and woes of experimental legislation*, The Theory and Practice of Legislation, 2013(3), pp.415-440.

强占旅顺港后，为推动东北货物以及西伯利亚至少是西伯利亚东部货物出口所建。日俄战争后，日方窃据大连，并延续自由港政策，采取了偏向日本生产货物的歧视做法。青岛自由港源自德国军事威逼下的强占，其目的是为殖民者大肆倾销产品，企图打造出东亚最大的贸易港和中心市场。中山港无税口岸的时代背景是南京国民政府改良县政制度的试验，后因政局动荡以失败告终。究其败因，现代民族国家、统一市场、必要的法治保障以及契合世界潮流这四点半殖民地半封建的旧中国无一具备。旧中国自由贸易港的实践给国人留下的只能是扼腕痛愤，悲情氤氲。这引出一个命题，即中国自由贸易港建设上如果能在"天下"与"民族国家"之间达成平衡，就能充分证明中国传统政治与文化制度旺盛生命力。

改革开放后，中国曾有在厦门"逐步实施自由港政策、建设自由港型的经济特区"的规划。随后，中国设立了经济特区、经济技术开发区、国家级新区、保税区、自由贸易试验区等特殊经济功能区，为自由贸易港在中国的重现铺垫了坚实的基础。其中，海关特殊监管区域在区域内容、区域空间以及区域自由度等方面均不同程度地体现出自由贸易港的特征，是中国的"自由贸易港类区域"。几十年来，自由贸易港类区域的法治贡献在于探索出一条不同于惯常自由贸易港法治建设的道路，闯出了一条从"先行先试"经验模式向立法创新发展模式的有效路径。《海南自由贸易港法》标志着中国自由贸易港类区域立法的成功转化。尽管它在一定程度上带有试验的性质，但代表着中国自由贸易港的法治建设从"先行先试"经验主义进化到立法创新的新阶段，这种不断循环和互动的过程正好体现出中国国家纵向治理模式的优越性。

第四章　中国特色自由贸易港
国际法治的建构

　　法学建构与数学建构、技术建构、语法建构以及历史建构属于同一类型:从其先前思维上孤立的部分中重构出整个法律制度,先分析后综合。它是对特定法律制度之法条的无矛盾性与充分性的检验。大多数时候,法学建构是在特定法目的视角下进行的目的论建构。[①] 中国特色自由贸易港国际法治的建构正是基于法治、国际法治以及自由贸易港国际法治三个递进层次展开,但本章努力尝试超越那种自由贸易港惯常分解为贸易、投资、金融等模块化表达,而借用国际关系理论的研究范式,即"规则—机制—秩序"三个维度展开阐释。

第一节　中国特色自由贸易港国际
法治规则的完善

一、国际公约层面

　　1988 年 8 月,中国正式加入《京都公约》。1994 年 12 月,《京都公

---

① 【德】拉德布鲁赫:《法哲学导引》,雷磊译,商务印书馆 2021 年版,第 9 页。

约》修订启动,中国从始至终参加会议,并与印度、马来西亚共同承担了原F1"自由区"等修正案的草拟工作。2000年6月15日,中国签署了修正后的《京都公约》议定书,接受专项附约四第一章"海关仓库"与专项附约七第一章"暂准进口"。换言之,中国没有接受公约专项附约四第二章"自由区",因而在国际法义务层面上不接受自由区标准条款及建议条款的约束。按惯常理解,中国没有接受的最大可能性是与自由区规定存在明显差异,接受自由区制度就必须要改变国内风风火火的海关特殊监管区域制度,显然会中断"先行先试"理念的实践。2016年7月4日,距离签署《京都公约》16年后,修正后公约生效后10年,中国正式接受了专项附约四第二章"自由区",并对该章第6条①、第9条②、第10条③和第18条④,即对所有的建议条款提出保留,标准条款全部接受。交存的时间节点是在中国批准设立自由贸易试验区之后、海南自由贸易港之前,表明经过近二十年的改革,中国已做好准备,意欲通过《京都公约》"自由区"制度来进一步推动自由贸易港国际法治

---

①　该条规定,"不应仅因为从国外进入的货物受到禁止或限制而拒绝准予进入自由区,无论原产国、发运国或者目的国如何,基于以下原因受到禁止或限制的除外:——公共道德或秩序、公共安全、公共卫生或健康,或动植物检疫的需求;或——保护专利、商标和版权。危险货物,可能会影响其他货物的或需要特别设施的货物,应只准进入特别设计的自由区。"

②　该条规定,"货物直接从国外进入自由区,如果从随附单证上已获信息,海关不应要求货物申报。商业发票、运货单、提单、发货通知单或者一份专门证明进入自由区货物的简化单证均可作为单证。"

③　该条规定,"海关对准予货物进入自由区不应要求担保。"

④　该条规定,"如果从自由区直接运往境外的货物必须向海关交验单证,海关不应要求已从随附单证上获得的信息以外的更多信息。"

的建设。至于与自由贸易港间接相关的国际条约,中国均有所涉及。例如,中国于 1989 年 9 月 4 日批准加入《联合国禁止非法贩运麻醉药品和精神药物公约》,并于 2015 年 9 月 4 日提交 TFA 的批准书。

中国接受公约自由区标准条款,对建议条款提出保留的做法,是依据国家利益作出的取舍。仔细审视保留条款,均是围绕哪些货物可以入区、入区简化申报与担保手续、货物出区展开,其实质是进一步放宽货物进出自由区的尺度。但限于国情的差异,决定了对这些问题有不同的处理。如前所述,美国正是对建议条款 9、条款 18 提出保留。实践中,2013 年 9 月后批准成立的系列自贸试验区,就开始先后实施过诸多制度创新,很多是涉及建议条款的核心内容。例如,建议条款 9 的意义是如果从随附单证上已获所需的信息,则对直接从国外进入自由区的货物不应要求提交货物申报单。商业发票、运货单、提单、发货通知单或者一份专门证明进入自由区货物的简化单证均可作为单证。① 这与自贸试验区的"先入区后报关"创新制度的理念极为相似,后者当时被认为最重要、市场主体受益最广、影响力最大的自贸试验区改革之一,但在 2016 年中国仍对该条提出保留。个中缘故不能简单归结于试点未能成功,可能与中国海关从 2020 年推行"两步申报"制度相关,即在全国普遍实施分类简化通关手续后,自由区建议条款 9 的价值就不再凸显了。

基于《京都公约》的立场,虽然中国对所有建议条款提出保留是事实,但不妨碍中国将公约自由区制度作为中国特色自由贸易港国际法

---

① 海关总署国际司编译:《京都公约总附约和专项附约指南》,中国海关出版社 2003 年版,第 265 页。

治的基石对待,不仅仅是对未来抱有期待,预示着可以有更多的缔约方能够接受约束,增长的空间非常宽裕。更重要的是,公约自由区制度是最重要的自由贸易港国际法治平台,其实际影响力覆盖欧洲与美国。2018年6月28日至30日,WCO理事会批准设立了全面审议公约工作组,同年9月10日至12日,工作组第一次会议召开,从而正式启动了对《京都公约》的全面审议工作。会议提出了一些需要深入讨论的基本问题,包括:公约在现代海关程序中的重要作用,同时满足在贸易便利化与确保安全之间保持适当的平衡;整个海关程序中广泛使用电子数据提交,而不是纸质文件;公约约束力的重要性与优势,认识到嵌入式定期审查机制的必要性;有必要建立一个强有力的执行机制,并利用WCO的专门知识提供技术援助和开展能力建设;利用成员海关当局法律部门的支持以制定提案的重要性。鉴于全面审查的规模,设立三个小组,分别针对《京都公约》主体和相关问题、《京都公约》总附约以及《京都公约》专项附约和指南。① 具体全面审查将采用"四步框架":第一步是提案和制定建议;第二步评估针对《京都公约》、指南和WCO其他文件和工具制定的建议;第三步根据商定的公约可能修改的标准审议拟定的建议;第四步根据公约第6条和第15条制定修订提案。2021年6月7日至10日,公约管理委员会(Management Committee)②举行第25次会议,详细讨论了剩余概念,包括AEO、电子申

① 资料来源：http://www. wcoomd. org/en/media/newsroom/2018/september/wco-working-group-on-the-comprehensive-review-of-the-rkc-holds-its-first-meeting.aspx。

② 它是根据修订后《京都公约》第3章的内容而设立,负责《京都公约》的审议、修订和增加新内容,并对上述情况进行表决。

报、预先裁决、自由区、快件/加急货运、结构、监控等。计划目标是在2023年3月前完成四步框架。①

鉴于此,中国要提升自由贸易港国际法治水平,争取更多话语权,首要选择是在国际公约层面能够有所作为,一方面积极投入资源参与公约热点话题的审议,另一方面沉下心去挖掘公约条文的空间,提出可操作的路径,扩大中国在公约上的影响力,从而引领自由贸易港国际法治秩序向"善治"的转化。同时,作为国际多边法治的典范,WTO多边协定对自由贸易港的规范存在碎片化与不匹配的问题。1994GATT、GATS等仅从关税待遇、贸易救济等特定角度对自由贸易港涉及的贸易问题予以规范,没有充分关切到自由贸易港的特殊性问题,而将调整一般贸易活动的规范要求直接适用于具有"境内关外"等核心要素的自由贸易港。因此,中国应积极呼吁自由贸易港的特殊性,探索在个案情况下灵活适用WTO多边协定的实践,并将TFA规则贯彻到自由贸易港的日常运作中去。

二、自由贸易协定层面

中国已与毛里求斯、格鲁吉亚、澳大利亚、瑞士、哥斯达黎加、东盟等签署了19项双边与区域自由贸易协定,涉及到26个国家与地区。② 其中,仅在《中国—韩国自由贸易协定》③对自由贸易港做

---

① 资料来源:http://www. wcoomd. org/en/media/newsroom/2021/june/the-rkc-mc-concluded-step-2-under-the-four-step-framework-of-the-comprehensive-review-of-the-rkc.aspx。

② 资料来源:http://www.fta.mofcom.gov.cn。

③ 该协定于2015年6月1日签署,2015年12月20日生效。

了特别安排。它在第 15.26 条第 1 款规定,"各缔约方应当根据国内法规定,采取程序使有正当理由怀疑在一个自由贸易区进口、出口、转运、存放及在保税仓库存放侵犯知识产权货物的行为有可能发生的权利人,能够向行政或司法主管机关提出书面申请,要求海关中止放行此类货物进入自由流通或者扣留此类货物。"第 2 款规定,"各缔约方应当根据国内法预先规定,在进口、出口、转运以及进入包括自由贸易区在内的保税区环节,如提供足够的信息(例如涉嫌侵权的进口商或出口商、涉嫌侵权的货物的识别方法),权利人可以请求海关保护其权利。"这两款中的"自由贸易区"概念均为自由贸易港所覆盖,可理解为自由贸易港的一种形式。

考虑到中国当时已批准成立了上海、广东等自由贸易试验区,虽然该条款均设置了"有理由相信或者怀疑"与"根据国内法规定"的条件,从而将操作主动权交由主管机关掌握或国内法规定,而主管机关与国内法并不会贸然动用。《深入实施国家知识产权战略行动计划(2014—2020 年)》中规定,"开展国内自由贸易区知识产权保护状况调查,探索在货物生产、加工、转运中加强知识产权监管,创新并适时推广知识产权海关保护模式",意味着它已被纳入到选项中,只需要条件成熟就可以实现。

在这些区域与双边自由贸易协定中,仅有《中国—韩国自由贸易协定》规定自由贸易港的安排,实质上反映出自由贸易协定话语权的问题,即国家根据自己的意愿发起并主导自由贸易协定谈判,供给全部或主要经贸规则,据以扩张本国的政治经济利益,构建区域稳定经贸关系的一种支配性力量。它的实现是话语主体将话语意愿和话语实力转化为话语权,并反向建构其身份、权力和利益的过程。① 这客观上与直到海南自由贸易港,中国才拥有真正意义上的自由贸易港密切相关,毕竟先有内在需求才可能谈得上有建设的动力。下一步,中国亟需在自由贸易港的规则创新中,增强中国关注问题的转化能力,这往往体现在自由贸易协定中自由贸易港规则的延续性。例如,《欧盟—越南自由贸易协定》②在第 2 章"货物国民待遇与市场准入"第 2.10 条"修理物品"第 2 款规定,"第 1 款不适用于保税进口、进入自由贸易区或处于类似状态的货物,该货物出口用于维修,且未保税再进口、进入自由贸易区或处于类似状态。"③结果,《欧盟—英国自由贸易协定》④第 24 条"修理货物"第 2 款基本照搬。⑤《欧盟—新加坡自由贸易协定》⑥第 35 条"过境或储存货物的过渡性规定"很少见地采用了"自由区"的表述,

---

① 王燕:《自由贸易协定的话语权建构与中国实践》,人民出版社 2021 年版,第 22—27 页。

② 该协定于 2019 年 6 月 30 日签署,2020 年 8 月 1 日生效。

③ 该款具体为:2. Paragraph 1 does not apply to a good imported in bond, into a free trade zone, or in similar status, that is exported for repair and is not re-imported in bond, into a free trade zone, or in similar status.

④ 该协定于 2020 年 12 月 30 日签署,2021 年 1 月 1 日生效。

⑤ 该条具体为:1. A Party shall not apply a customs duty to a good, regardless of its origin, that re-enters the Party's territory after that good has been temporarily exported from its territory to the territory of the other Party for repair. 2. Paragraph 1 does not apply to a good imported in bond, into free trade zones, or in similar status, that is then exported for repair and is not re-imported in bond, into free trade zones, or in similar status. 3. A Party shall not apply a customs duty to a good, regardless of its origin, imported temporarily from the territory of the other Party for repair。

⑥ 该协定于 2018 年 10 月 19 日签署,2019 年 11 月 21 日生效。

但内容与前类似。① 与其说是欧盟对此问题的偏好,倒不如说充分彰显出欧盟将其关注的敏感问题转化为自由贸易港国际规则的能力。

同时,自由贸易协定中涉及自由贸易港内容的数量虽然在不断增多,且多是发达国家成员主导,但整体而言还是偏少。可以明确的一点是,未来增长的趋势已经相对确定。因此,中国应为即将到来的自由贸易协定中自由贸易港规则话语权竞争做好准备。例如,英国在脱欧前后和一大批国家密集签署了双边与区域自由贸易协定,用以减缓脱欧对其带来的不利冲击。2020 年通知 WTO 的 59 份区域贸易协定(RTA)通知中有 45 份涉及到英国。② 在这些 RTA 与 FTA 中未能找到自由贸易港的痕迹,但随着英国新设自由港正式投入运营,围绕其产生的制度创新势必将会在 RTA 与 FTA 的日后修订中得以体现。这既符合英国实用主义的传统,也有《欧盟—英国自由贸易协定》的先前实践作为基础。

三、国际软法层面

软法在不同语境下涵义不同。它是原则上不具有法律约束力却有

---

① 该条具体为:This Agreement may be applied to goods which comply with the provisions of this Protocol, and which on the date of entry into force of this Agreement are either in transit, in the Parties in temporary storage, in customs warehouses or in free zones, provided that an origin declaration that was made out retrospectively is submitted to the customs authorities of the importing Party within twelve months of that date, and, if requested, such declaration is submitted together with the documents showing that the goods have been transported directly in accordance with Article 13(Non Alteration)。

② WTO Annual Report 2021, p.122.

实际效果的行为规范。① 在中国,软法是一个概括性词语,被用于指称许多法现象,是作为一种事实上存在的可以有效约束人们行动的行为规则,而实施总体上不直接依赖于国家强制力的保障。② 传统中国社会的家训与族规是最典型的软法,是因为中国人有很强的家国一体的理念,重视血缘家庭,以家庭作为社会的基本单元。③ "礼法合治"体系中的"礼"视为软法,"法"则可以视为"硬法",相辅相成、互为补充,这是礼法之教在全社会取得高度共识的原因。④ "礼法合治"思想在实践中有教化、政治与法律功能。⑤ 礼法互补可以推动国家机器有效地运转。⑥ 岩井茂树形象地指出,中国不是一个法令能够"直接在人民中全面得以贯彻"的法治社会;法律制定之初并未把它视作硬性规定,认为它能够对权力行使者所行使的一切公权力起到约束作用。中国对于社会或是在国家机构的内部,其实也有柔软的一面,只不过在其柔软之外,小专制时而露出狰狞的面目。⑦ 简言之,即使是属于硬法的法律,

① Francis Snyder, *The Effective of European Community Law : Institution , Process , Tools and Techniques* ,The Modern Law Review,1993,p.32.

② 罗豪才:《公域之治中的软法》,罗豪才等主编:《软法与公共治理》,北京大学出版社 2006 年版,第 6 页。

③ 彭林:《"礼治"背景下的中华"软法"》,沈岿等主编:《传统礼治与当代软法》,北京大学出版社 2017 年版,第 8—12 页。

④ 马小红:《"软法"定义:从传统的"礼法合治"说起》,沈岿等主编:《传统礼治与当代软法》,北京大学出版社 2017 年版,第 67 页。

⑤ 丁鼎、王聪:《中国古代的"礼法合治"思想及其当代价值》,沈岿等主编:《传统礼治与当代软法》,北京大学出版社 2017 年版,第 99—102 页。

⑥ 张晋藩:《中国法律的传统与近代转型》,法律出版社 1997 年版,第 34 页。

⑦ 【日】岩井茂树:《中国近世财政史研究》,付勇译,江苏人民出版社 2020 年版,第 372 页。

在实施过程中也呈现出软的特质,这是由中国的国情所决定。"软硬兼施"在很长一段时期内仍将是法律参与全球治理的主基调。[①]

中国在自由贸易港国际法治的国际软法领域表现较为活跃,主要表现为跨境电商与 AEO 两个主题。WCO 认为,跨境电商已成为国际贸易舞台上的一个游戏规则改变者。它是一种新的贸易业态。各国需要跟上它给贸易环境带来的变化,并提供创新解决方案来应对。低价值小包裹的清关和交付效率是关键因素。各国海关需要与所有利益攸关方接触,以便从贸易便利化和执法角度共同确定采取的适当方法。[②] 2021 年,中国跨境电商进出口 1.9237 万亿元,同比增长 18.6%,占外贸总值 4.9%。其中,出口 1.3918 万亿元,增长 28.3%,占总出口 6.4%,占比扩大 0.4%;进口约 5319 亿元,下降 0.9%,占总进口 3.1%,占比减少 0.7%(参见下表)。2017 年 10 月,中国海关牵头制定了《跨境电子商务标准框架》(The Framework of Standards on cross-border e-commerce)。它是世界海关跨境电商监管与服务的首个指导性文件,在 2018 年 2 月 9 日举行的首届世界海关跨境电商大会上公布,标志着

---

①　在坚持多边主义过程中,不难发现两个变通:一是当全球公约不现实时谋求小多边发展,无论硬法或软法;二是与其在全球公约制定上僵持不下,不如软法致力于打破僵局的对话、多方信息及意见的交换和友好的共商共量以共筑凝聚基本共识的全球性文件。多边主义的追求是曲折又灵活的,前者的路径描述为硬法和软法在全球性文件达成碰壁后发展小多边主义,在此基础上待时机合适扩张至全面性多边主义;后者则概括为以软法试探触及全球性文件的形成。难题的局部地域性处理和部分基础性处置总胜过问题的搁置和拖延,至少正在解决问题和向前推动法治的进度。何志鹏、申天娇:《国际软法在全球治理中的效力探究》,《学术月刊》2021 年第 1 期。

②　资料来源: http://www.wcoomd.org/en/topics/facilitation/activities-and-programmes/ecommerce.aspx。

中国在世界海关跨境电商国际规则制定方面发挥了引领作用,这是从秩序参与者向引领者角色转变的尝试。

2019—2021 年中国跨境电商进出口统计表

年份	金额(亿元)			同比(%)			出口进口比例
	进出口	出口	进口	进出口	出口	进口	
2019 年	12903	7981	4922	22.2	30.5	10.8	1.6
2020 年	16220	10850	5370	25.7	39.2	9.1	2.0
2021 年	19237	13918	5319	18.6	28.3	−0.9	2.6

中国海关广泛参与 AEO 国际规则制定,努力贡献中国智慧和中国方案。第一,牵头制定了《AEO 实施与验证指南》(AEO Implementation and Validation Guidance),经 WCO 审议并正式实施,打破了由欧美国家垄断规则制定的惯例,为各成员海关开展 AEO 验证提供了借鉴。[①] 第二,成功申办了第六届全球 AEO 大会。这是 AEO 领域最高级别的全球性会议。大会每 2 年举办一次,每届均有超过 100 个 WCO 成员海关和国际组织、知名企业代表等上千人参加会议。第三,多次在 WTO、WCO 等高级别会议中,推广中国海关 AEO 制度内容及经验做

---

① 在该指南中,WCO 将中国海关验证过程中企业财务可行性和可持续性评估的建议指标作为推荐案例予以介绍。具体来说,在企业验证过程中,第一步应确保财务部门的程序文件到位且适当。此外,会计文件和账簿以及会计报表应提供真实、准确和完整的记录。账目处理应符合会计准则。同时,要求会计师事务所出具无保留意见的审计报告。为了评估企业的财务偿付能力,使用速动比率(quick ratio)和资产负债率(asset-liability)。注册企业的速动比率和资产负债率必须在安全正常的范围内。

法,并被有关国家海关进行复制推广。第四,为亚洲、非洲等尚未建立 AEO 制度的国家开展 AEO 能力建设援助,为与其后续开展 AEO 互认合作打好基础。中国海关 AEO 制度已经由最初的"被动跟随"发展到"主动引领",国际影响力在不断提升。① 同时,中国海关不断完善本国 AEO 认证标准,初步形成了"1+8"(1 个通用标准+8 个适用于特定类型企业单项标准)认证标准体系,构建了以信用为基础的新型监管机制雏形,创新性地将 AEO 制度扩展到跨境电商企业,实施"跨境电商平台企业"单项认证标准,有效提升该类企业及其供应链企业的诚信及安全水平,使新经济的经营者也有属于自己的认证标准。②

在双边与区域自由贸易协定的具体条款中,中国安排了对 WCO 牵头制定的国际条约和国际软法的援引,既拓展了条约效力,国际软法也在不同程度上获得了约束力。据统计,在中国签署的 19 份自由贸易协定中,有 9 份采取了此种"硬法嫁接硬法、硬法援引软法"的思路,但在具体条款上略有不同。第一类主要围绕"海关程序和贸易便利化"展开:第一,"便利化"主题,即明确每一缔约方应使用基于适当国际标准的高效的海关程序,以减少在双方贸易往来中的贸易成本和不必要的延误,尤其是 WCO 的标准与推荐做法,包括《京都公约》的原则。第二,"经认证经营者"主题,即借鉴相关的国际标准,特别是 WCO 的"全

---

① 鲁翔宇:《全力推进 AEO 国际互认合作 着力做好稳外贸稳外资工作——访海关总署企业管理和稽查司司长胡东升》,《中国海关》2020 年第 8 期。

② 王利等:《全面提升 AEO 制度水平促进国际贸易便利化——世界海关组织第五届全球 AEO 大会专题(上)》,《中国海关》2021 年第 6 期。

球贸易安全与便利标准框架"(标准框架)的做法。① 第三,"无纸贸易"主题,即各海关当局应当应用低成本、高效率的信息技术,以支持海关操作,特别是在无纸贸易环境下,重视 WCO 在此领域的发展。第二类主题不同。RCEP 围绕"放行时间研究"予以规定,"鼓励每一缔约方定期并且以一致的方式,使用 WCO 发布的《货物放行时间测算指南》等工具,测算其海关放行货物所需时间,并且公布其结果。"②《中国——新加坡自由贸易协定》③在第 5 章"海关程序"第 24 条"总则"第 2 款中笼统规定,双方的海关程序均应尽可能遵循 WCO 所规定的标准及其推荐的做法。综合评判,中国在跨境电商与 AEO 等领域表现活跃。WCO 高度肯定中国与多米尼加、欧盟等一起为指南的定稿所作出的贡献。④ 在传统领域,中国表现相对保守,下一步还需要在贸易便利化、无纸贸易乃至安全等自由贸易港国际软法层面发出更多声音。

---

① 《标准框架》的内容是《京都公约》的重要补充,而且作为一个独立的工具性文件,它的内容是动态的。《标准框架》内容更新要比《京都公约》适用的法律程序简单得多,因此是《京都公约》修订的重要推动力。伊羊羊:《贸易便利化视角下 WCO〈京都公约〉(修订)的发展分析》,《海关法评论》(第 5 卷),法律出版社 2015 年版,第 334 页。

② 第 4 章"海关程序和贸易便利化"第 17 条"放行时间研究"第 1 款。

③ 该协定于 2008 年 10 月 23 日签署,2009 年 1 月 1 日生效。2018 年 11 月 12 日,双方签署《自由贸易协定升级议定书》,对原中新自由贸易协定的原产地规则、海关程序与贸易便利化、贸易救济、服务贸易、投资、经济合作等 6 个领域进行升级,还新增电子商务、竞争政策和环境等 3 个领域。2019 年 10 月 16 日正式生效,涉及的原产地规则调整于 2020 年 1 月 1 日起实施。

④ WCO,*Practical Guidance on Free Zones*,2020,pp.4–7.

项目	便利化	经认证经营者	无纸贸易
《中国—格鲁吉亚自由贸易协定》①	每一缔约方应使用基于适当国际标准的高效的海关程序,以减少在双方贸易往来中的贸易成本和不必要的延误,尤其是世界海关组织的标准与推荐做法,包括《关于简化和协调海关制度的国际公约(修正本)》(经修订的《京都公约》)的原则。	借鉴相关的国际标准,特别是世界海关组织(WCO)的全球贸易安全与便利标准框架的做法。	
《中国—韩国自由贸易协定》	各缔约方的海关程序应当,在可能的情况下并在其海关法允许的范围内,遵循其作为缔约方的世界海关组织的与贸易相关的文件,包括经修订的《简化及协调海关制度的 国际公约》,即经修订的京都公约中的文件。		自动化系统的应用各海关当局应当应用低成本、高效率的信息技术,以支持海关操作,特别是在无纸贸易环境下,重视世界海关组织在此领域的发展。
《中国—冰岛自由贸易协定》	各方应尽可能地在货物贸易及其相关服务中以各自施行的国际标准为基础进行实施,以减少在双边贸易中的贸易成本和不必要的延误,尤其是世界海关组织的标准与推荐做法,包括经修订的简化和协调海关制度的国际公约(经修订的《京都公约》)。	一方在实施对国际贸易流动会产生影响的经认证的经营者制度或安全措施时,应当借鉴相关的国际标准,特别是世界海关组织的标准框架的做法。	各方应在海关操作,特别是无纸化贸易中,使用低成本、高效率的信息技术,重视世界海关组织在此领域的发展。
《中国—秘鲁自由贸易协定》②	缔约双方的海关程序应当尽可能并且在其海关法允许的范围内,与包括《关于简化和协调海关程序的国际公约》(经修订)即《京都公约》在内的,其参加的世界海关组织(WCO)的与贸易有关的条约相一致。		缔约双方海关当局应当在海关操作中,应用低成本、高效率的信息技术,特别应当在无纸贸易环境下,重视 WCO 在此领域的发展。

---

① 该协定于 2017 年 5 月 13 日签署,2018 年 1 月 1 日生效。
② 该协定于 2009 年 4 月 28 日签署,2010 年 3 月 1 日生效。

续表

项目	便利化	经认证经营者	无纸贸易
《中国—澳大利亚自由贸易协定》①	各方应确保其海关程序在该方法律、法规以及所适用的规章或程序允许范围内，尽可能地与世界海关组织确立的国际标准和推荐做法一致。		各方应在海关作业中应用低成本、高效率的信息技术，特别是在无纸贸易环境下，并考虑包括世界海关组织在内的相关国际组织在该领域的发展。
《中国—瑞士自由贸易协定》②	缔约双方应使用基于适当国际标准的高效的贸易手续，以减少在双方贸易往来中的贸易成本和不必要的延误，尤其是世界海关组织（以下简称 WCO）的标准与推荐做法，包括经修订的简化和协调海关制度的国际公约（经修订的《京都公约》）。	借鉴相关的国际标准，特别是 WCO 的标准框架的做法。	
《中国—新西兰自由贸易协定》③	各方的海关程序应当在可能且其海关法允许的范围内，与包括《关于简化和协调海关程序的国际公约》（《京都公约》修订版）在内的，其参加的 WCO 有关贸易条约相一致。		双方海关当局应当在海关操作中，应用低成本、高效率的信息技术，特别应当在无纸贸易环境下，重视 WCO 在此领域的发展。

四、涉外国内立法层面

2021 年 6 月 10 日，国家综合考虑各种意见后，推动《海南自由贸

---

① 该协定于 2015 年 6 月 17 日签署，2015 年 12 月 20 日生效。

② 该协定于 2013 年 7 月 6 日签署，2014 年 7 月 1 日生效。

③ 该协定于 2008 年 4 月 7 日签署，2008 年 10 月 1 日生效。2021 年 1 月 26 日，双方正式签署《中华人民共和国政府与新西兰政府关于升级〈中华人民共和国政府与新西兰政府自由贸易协定〉的议定书》，实现了在《区域全面经济伙伴关系协定》（RCEP）基础上进一步提质增效。

易港法》表决通过实施。该法的重要性可从其立法过程一窥得知。2020年6月1日,第十三届全国人大常委会第58次委员长会议审议通过了全国人大常委会2020年度立法工作计划,将制定海南自由贸易港法写入调整后立法工作计划。同年12月22日,第十三届全国人大常委会第二十四次会议对草案第一次审议。2021年4月26日,又进行了第二次审议,到2021年6月10日最后审议通过,整个流程仅耗时一年多。如此快的速度既彰显了国家加快开放的决心,更凸显出该法的核心地位。该法分为8章,即总则、贸易自由便利、投资自由便利、财政税收制度、生态环境保护、产业发展与人才支撑、综合措施及附则等章节,共57个条文。它不仅为海南自由贸易港的建设提供了全周期、高位阶的法治指引和保障,为按时完成封关运作筑实了法律基础,也为海南自由贸易港的发展指明了方向。

该法在内容上有五个特点:第一,在授权立法和管理权限方面,国家建立海南自由贸易港建设领导机制和与海南自由贸易港建设相适应的行政管理体制。国务院及有关部门及时依法授权或委托海南省人民政府及其有关部门行使相关管理职权,授权海南省人大及其常委会结合实际制定海南自由贸易港法规。第二,在贸易自由化、便利化方面,确立一线放开、二线管住的货物贸易监管模式,对负面清单之外的跨境服务贸易,按内外一致的原则管理。第三,在投资自由化、便利化方面,全面推行极简审批投资制度,完善投资促进和投资保护制度,强化产权保护,适用专门的外商投资准入负面清单和放宽市场准入特别清单,推行市场准入承诺即入制。第四,税收制度按简税制、零关税、低税率的原则,明确海南自由贸易港封关时、封关后简化税制的要求,免征关税的情形,货物在内地与海南自由贸易港之间进出的税收安排及对符合条件的企业和个人实行所得税优惠。第五,海南自由贸易港实行最严格的生态环境保护制度,实行环境保护目标完成情况一票否决制和生态环境损害责任终身追究制。①

　　法律的生命力在于引导社会的发展,而非滞后于现实的需求。《海南自由贸易港法》毕竟只有 57 个条文,如果指望这些条款就可以完整地解决自由贸易港发展过程中的种种问题显然不现实。博登海默认为在一个高度发达的现代国家,立法机关所面临的任务是如此之多且复杂,乃至如果不给这种机关加上极度繁重的负担,那么这些任务重的细节与技术细节就无法完成。再者,在专门的政府管理领域中,有些立法活动要求立法者非常熟悉该特殊领域中的组织问题和技术问题,因而由一些专家来处理这些问题就比缺乏必要的专业知识的立法议会来处理这些问题要适当得多。② 因此,授权立法就显得非常必要。美国《1934 年对外贸易区法》正是采取了这种立法技术,在条款内容的设计上大量规定了授权立法,保留有充足的弹性空间,更加具体的可操作性内容则交给行政法规等去规定,最大程度地确保《1934 年对外贸易区法》本身不至于频繁地被修改,也保障法律的内在稳定性。所以,在美国法律秩序的结构中,法规犹如汪洋大海,法律只是漂浮在大海中的

---

　　① 国务院新闻办:《介绍海南自由贸易港法有关情况新闻发布会》,2021 年 6 月 21 日。

　　② 【美】E·博登海默:《法理学:法律哲学与法律方法》,邓正来译,中国政法大学出版社 2004 年版,第 437 页。

少数孤岛。① 从效果上看,这些授权立法的存在有效地缓解了国会立法的压力,从而在最大程度上保证了法律条款内容的与时俱进。

《海南自由贸易港法》第10条规定"海南自由贸易港法规制定权"是解锁授权立法难题的钥匙,是关键的制度设计。海南还拥有普通地方立法权和经济特区立法权,构成了三种立法权叠加共振的局面。它们按理说是推动海南自由贸易港法治发展的有力工具,但实践的表现有待观察。一般而言,对上位法进行变通规定是海南自由贸易港法律体系构建的重要路径,而"不抵触原则"限制了海南省级立法权的立法效果。② 经济特区立法权按理可用来弥补海南自由贸易港发展中的法治

① 王名扬:《美国行政法(上)》,中国法制出版社1995年版,第353页。具体来说,它主要包括4个条款,分别是U.S.C.第19卷第81 b 条a 款规定,授权委员会在接到本章以下规定指申请后,在本章和依照本章规定制定的行政规章规定的条件及限制范围内,授予某法人在美国司法管理地理范围内的进口口岸或其附近设立、运行和维持对外贸易区的权力。第81h 条规定,授权委员会为实施本章规定按本章规定及财政部长根据本章制定的行政规定制定相应的行政规章和规则。第81o 条b 款规定,委员会制定关于区内雇佣人员和其他人出入对外贸易区的行政规章,所有涉及税收征管的行政规章应经财政部长批准。第81p 条a 款规定,对外贸易区的业务簿记形式及方法由委员会规定。这些授权立法条款至少具有五个特点,第一,授权主体是该法的立法主体,也就是美国国会参众两院。第二,受权主体是对外贸易区委员会,性质上是"部内独立机构",也是行政机构的一种形式,因此它是立法机关向行政机关的授权。第三,授权立法的种类既包括第81h 条的综合授权,也包括第81b 条a 款这样的单项授权。第四,授权立法事项的范围相当广泛,特别是第81h 条中有关的"相应"(such)规定,赋予了人们充分的想象力,但也有对授权的控制,例如,有关税收征管的规章就受到财政部长的监督。第五,从授权的方式上看,属于法条授权,即以法条的形式授权对外贸易区委员会拥有制定规章的权力。虽然这些条款并未涉及到程序内容,但它们毫无疑问都必须符合美国行政程序法律的规定。

② 臧昊、梁亚荣:《论海南自由贸易港立法权的创设》,《海南大学学报》(人文社会科学版)2021年第5期。

空白。然而,经济特区立法权存在诸多争议,甚至建议将其直接废除①或纳入普通地方立法权②。海南自由贸易港法规制定权可被看作是经济特区立法权的"2.0版",是在法律层面对一揽子立法权的集中"打包"授予,是授权立法的"职权化",实际上是中央"先立法、再立港"的典型体现。③ 海南自由贸易港法规制定权的立法事项虽在经济事项方面与经济特区法规存有交叉,但更多的是突破和改革创新,前者可以对《立法法》规定的法律保留事项作出回应,即涉及贸易、投资及管理活动相关的基本制度层面的立法事项。④ 海南自由贸易港还涉及金融、税收、财政等基本制度的改革创新,"相关管理活动"并不能当然推导出其他未被包含的事项,这实际上限制了海南自由贸易港立法权的行使。⑤《立法法》能否适应自由贸易港高度开放的需要,本身就值得讨论。因此,海南自由贸易港法规制定权需要进一步厘清,否则会导致自由贸易港法律法规零敲碎打地不断调整和碎片化地小修小补,与运用《海南自由贸易港法》对自由贸易港建设进行顶层设计、系统谋划、统筹推进的意图相悖。⑥

---

① 庞凌:《关于经济特区授权立法变通权规定的思考》,《学习与探索》2015年第1期。

② 徐平:《人大职权研究》,法律出版社2017年版,第54页。

③ 谭波:《海南自由贸易港法规的体系定位与衔接分析》,《重庆理工大学学报》(社会科学)2021年第5期。

④ 王建学、张明:《海南自贸港法规的规范属性、基本功能与制度发展——以〈宪法〉和〈立法法〉为分析视角》,《经贸法律评论》2021年第4期。

⑤ 臧昊、梁亚荣:《论海南自由贸易港立法权的创设》,《海南大学学报》(人文社会科学版)2021年第5期。

⑥ 韩龙、戚红梅:《〈海南自由贸易港法(草案)〉的三维透视与修改建议》,《海南大学学报人文社会科学版》2021年第2期。

项目	立法权主体	立法事项	法律依据
地方性法规制定权	海南省人民代表大会及常委会;设区的市的人民代表大会及常委会	设区的市的人民代表大会及其常务委员会针对"城乡建设与管理、环境保护、历史文化保护等方面的事项"	《宪法》第100条:"省、直辖市的人民代表大会和它们的常务委员会,在不同宪法、法律、行政法规相抵触的前提下,可以制定地方性法规,报全国人民代表大会常务委员会备案。设区的市的人民代表大会和它们的常务委员会,在不同宪法、法律、行政法规和本省、自治区的地方性法规相抵触的前提下,可以依照法律规定制定地方性法规,报本省、自治区人民代表大会常务委员会批准后施行。"
经济特区法规制定权	海南省人民代表大会及常委会	一般经济制度,无法规定法律保留事项的基本经济制度,也就更无权限对法律保留事项作出变通规定	《全国人民代表大会关于建立海南经济特区的决议》,"授权海南省人民代表大会及其常务委员会,根据海南经济特区的具体情况和实际需要,遵循国家有关法律、全国人民代表大会及其常务委员会有关决定和国务院有关行政法规的原则制定法规,在海南经济特区实施,并报全国人民代表大会常务委员会和国务院备案。" 《立法法》第74条,"经济特区所在地的省、市的人民代表大会及其常务委员会根据全国人民代表大会的授权决定,制定法规,在经济特区范围内实施。"
海南自由贸易港法规制定权	海南省人民代表大会及常委会	贸易、投资及相关管理活动,可对《立法法》第8条规定的部分法律保留事项作出规定	《海南自由贸港法》第10条,"海南省人民代表大会及其常务委员会可以根据本法,结合海南自由贸易港建设的具体情况和实际需要,遵循宪法规定和法律、行政法规的基本原则,就贸易、投资及相关管理活动制定法规(以下称海南自由贸易港法规),在海南自由贸易港范围内实施。海南自由贸易港法规应当报送全国人民代表大会常务委员会和国务院备案;对法律或者行政法规的规定作变通规定的,应当说明变通的情况和理由。海南自由贸易港法规涉及依法应当由全国人民代表大会及其常务委员会制定法律或者由国务院制定行政法规事项的,应当分别报全国人民代表大会常务委员会或者国务院批准后生效。"

第二节　中国特色自由贸易港
国际法治机制的塑造

一、中国特色自由贸易港国际法治机制的范畴

治理机制源自全球治理范畴,是后者的核心要素。它与国际机制存在先后的延续性,因而深受国际机制的影响。① 1975 年,约翰·鲁杰(John G.Ruggie)在国际政治领域引入"国际机制"概念,即"一群国家所接受的一套共同预期、规划和规定、计划,以及为维持组织运作的财政及其他义务。"②1977 年,罗伯特·基欧汉(Robert O.Keohane)与约瑟夫·奈(Joseph S.Nye,Jr.)使用国际机制的概念研究国际关系的现实问题,强调"国际机制协助提供了国际经济进程赖以产生的政治框架。

---

① 王明国认为,全球治理机制与国际机制相互作用:一方面,有效的国际机制促成全球治理,全球治理需要国际机制来发挥重要作用;另一方面,全球治理的实践有助于充实完善国际机制理论,同时也可以改革具体的国际组织。二者联系的实质在于,一个没有中央权威的国际社会要想实现全球治理,真正可行的途径也只能是借助于一套能够为全人类所认可、对各国公民都具有约束力的全球制度体系。全球治理机制与国际机制之间重要差别在于:首先,国际机制强调特定行为领域,而全球治理不局限于单一的行为领域:其次,国际机制一般是正式的制度安排,全球治理则包含了对非正式的、非权威方面的关注;最后,国际机制的行为主体是国家政府等行为体,国际非政府组织以及其他社会力量没有被纳入机制创建过程中,而全球市民社会、国际非政府组织等积极参与到全球治理机制之中。王明国:《机制碎片化及其对全球治理的影响》,《太平洋学报》2014 年第 1 期。

② John G.Ruggie,*International Responses to Technology*:*Concept and Trends*,International Organization,Vol.29,No.3,1975,pp.557–583.

认识国际机制的发展和崩溃,是理解相互依赖政治的关键"。① 在基欧汉看来,国际机制是"有关国际关系特定问题领域的、政府同意建立的有明确规则的制度"。② 显然,这是一个具有历史度的概念,与国际社会现状有些脱节。学界普遍将国际机制界定为"在国际关系特定领域内,由行为体的愿望汇集而成的一整套明示或默示的原则、规范、规则和决策程序。"③现实主义、自由主义和建构主义国际关系理论对国际机制的解读充满争论。现实主义以权力和利益为其理论内核,认为国际机制只是国家间权力博弈的工具。自由主义认为,无政府社会中国际机制降低了国家间交易成本、提供了交易信息,并减少了不确定性行为。建构主义认为观念、文化塑造国家身份,身份决定国家利益,不同身份塑造影响着国际机制的形成与作用。④ 在国际关系中,国际机制是一种相对独立的变量,其局限性由独立性与从属性矛盾互动所致。⑤

中国参与国际机制的过程明显表现出两个特征:从"中国之世界"向"世界之中国"的转变;从"局外者"向"局内者"的转变。两者相互交叉、相辅相成,中国在国际机制中的角色也几经变换。⑥ 其实质是国

---

① 【美】罗伯特·基欧汉、约瑟夫·奈:《权力与相互依赖》(第四版),门洪华译,北京大学出版社2012年版,第36页。

② Robert Keohane, *International Institutions and State Power: Essays in International Relations Theory*, Westview Press, 1989, p.4.

③ Stephan D.Krasner, *Structural Causes and Regime Consequences: Regimes as Intervening Variables*, International Organization, Vol.36, No.2, 1982, p.186.

④ 门洪华:《对国际机制理论主要流派的批评》,《世界经济与政治》2000年第3期。

⑤ 门洪华:《国际机制的有效性与局限性》,《美国研究》2001年第4期。

⑥ 门洪华:《国际机制与中国的战略选择》,《中国社会科学》2001年第2期。

际法与国内法的有效统筹,即中国特色自由贸易港国际法与国内法的协调与转化。中国海关牵头制定《AEO 实施与验证指南》是一个例证。根据《标准框架》,中国制定实施了《海关注册登记和备案企业信用管理办法》完成国内法的转化。由于中国在这方面的丰富实践,起草的指南质量较高,明确了 AEO 国际互认实施的一般性要求和例外处置建议,具有广泛适用性和操作性,得到各方认可因此审议予以通过。[①] 这种从国际软法转化国内法,再转化为国际软法的机制是中国自由贸易港国际法与国内法得到良好统筹的最好例证,也是中国自由贸易港国际法治机制的充分表现。从广泛意义上,治理机制包括主体、客体与本体三个维度。因此,中国自由贸易港国际法治机制范畴包括治理主体、治理客体与治理本体。其中,主体与客体易于理解,本体是治理主体作用于治理客体的过程。

二、治理主体维度

(一)国家

国家被认为是世界上最庞大、最强有力的组织,是在领土范围内和某些特定方面,实施着明确无误的对其他组织的优先权。[②] 成功的国家能运用武力、组织力和意识形态的霸权对领土内的所有人行使权力。[③]

---

① 刘昕:《中国海关首次在 AEO 领域引领国际规则》,《国际商报》2017 年 8 月 25 日。

② 【美】查尔斯·蒂利:《强制、资本和欧洲国家(公元 990—1992 年)》,魏洪钟译,上海人民出版社 2021 年版,第 2 页。

③ 【美】理查德·拉克曼:《国家与权力》,郦菁等译,上海人民出版社 2021 年版,第 1—49 页。

自《威斯特伐利亚和约》建立起一个以主权为基础的国家间体系以来，国家本位一直是国际关系的主导思想观念和实践指针。那些试图超越国家或放弃国家的思潮、理论、尝试都没有成功。国家在国际法的系统与进程之中牢牢占据着主导的关键位置。它是国际法系统的主控者，是国际法进程的推进者，是国际法结构的主导者以及国际法格局的塑造者。① 而那些鼓吹"主权的黄昏"的人——无论他们是右翼的自由市场派还是左翼的坚定多边主义者——都必须说明在当今世界用什么能取代主权民族国家的权力。实际填补这一缺口的是跨国公司、非政府组织、国际组织、犯罪集团、恐怖组织等，他们可能有某种程度的权力，或某种程度的合法性，但很少能同时兼备。倘若没有一个明确的答案，只能回到主权国家模式，并再次试图了解如何使之强大和有效。② 因此，影响国际贸易获得的主要力量是民族国家，即使实力强大的跨国公司或重要的国际贸易组织也不能完全摆脱国家的控制或者约束。③

从这个角度，国家是中国特色自由贸易港国际法治最重要的治理主体。自由贸易港因国家而生，正如海南自由贸易港是中国设立一样。围绕海南自由贸易港产生了国内法治与国际法治，中国是两种法治最核心的联系点。《京都公约》等多边条约、数十份双边与区域自由贸易协定、各种类型的国际软法及《海南自由贸易港法》等涉外国内立法，

① 何志鹏：《国家本位：现代性国际法的动力特征》，《当代法学》2021 年第 5 期。

② 【美】福山：《国家构建：21 世纪的国家治理与世界秩序》，郭华译，上海三联书店，2020 年版，第 128—129 页。

③ 高伟凯：《自由贸易与国家利益》，中国社会科学出版社 2010 年版，第 165 页。

还是发展出来一系列外围法与核心法,都无法离开中国的绝对掌控,这种基本格局在未来相当长的一段期间内将继续保持。具体而言,改革开放后,中国发展自由贸易港类区域,积累丰富实践,作出"先行先试"的法治贡献;加入《京都公约》,主动参与公约修订工作,并在条件具备后立即接受公约"自由区"附约,成为 29 个接受缔约国之一;在与韩国的自由贸易协定中开始自由贸易港内容的尝试;在跨境电商与 AEO 等国际软法领域发挥出主导作用;《海南自由贸易港法》填补了涉外国内核心立法的漏缺。如果从 1988 年加入《京都公约》起计算,中国已经初步形成了中国特色自由贸易港国际法治体系,而这主要是国家的推动因素在发挥主导作用。

进入 20 世纪后,主权国家不断整体性地"离开",不仅中小国家接受其主权受国际法的约束——实际上的保护,大国至少从形式上也逐步接受其主权受到国际法的约束。[①] 但国家不愿在自身毫无知觉的情况下被国际法律体系所约束和压迫,在国际法面前始终保持着独立和支配的位置。[②] 尽管中国同样受到国际法的约束,但仍然主导中国特色自由贸易港国际法治的建构。第一,本着对国际法的实用主义态度,中国对于自由贸易港国际法治展现出不同的策略。对于 WTO 规则等普遍接受,但在《京都公约》自由区专项附约问题上,根据自由贸易港类区域动态发展,特别是自贸试验区启动之后,正式接受所有标准条款,但对于建议条款仍未接受,充分彰显出国家利益的基本考量。第

[①] 蔡从燕:《"国家的'离开''回归'与国际法的未来"》,《国际法研究》2018 年第 4 期。

[②] 何志鹏:《国家本位:现代性国际法的动力特征》,《当代法学》2021 年第 5 期。

二,在更能体现国际法价值的国际软法领域,中国在自由贸易港国际法治的新领域,充分尊重各国主权,善于协调各方利益,并转化为国际法语言体现在牵头制定的国际软法中,受到了国际社会的诸多好评。第三,在国家主权方面,中国在《海南自由贸易港法》中做出了主权限缩的新探索。① 波齐认为,国家在面对那些威胁到自己存在的现象时显得十分消极、懒惰,在面对经济活动的日益全球化时,大部分时候国家显得消极、懒惰,但并不是总是如此。② 显然,中国就是一个例外。它在自由贸易港国际法治的规范遵守、价值确立以及主权实施等方面是一个积极践行者。

(二)政府间国际组织

近年来,曾牵头制定并主导国际经贸规则演进的政府间国际组织纷纷陷入困境,WTO 多边谈判功能"哑火"与上诉机构的"瘫痪"最具代表性。万广华等认为,全球化所带来的利益分配问题在中短期内无法获得妥善解决,从根本上进一步扭转以往的亲全球化政策;以人工智能、物联网和机器人为特征的第四次技术革命正在改变全球分工格局,将不断降低跨国贸易和对外投资的必要性;作为全球第一和第二大经济体的美国与中国之间的冲突短期内很难调和,因此本轮全球化正在走向终结,取而代之的将是区域性或零碎的全球化。③ 然而,短期内政

---

① 例如,《海南自由贸易港法》第 13 条规定,"在境外与海南自由贸易港之间,货物、物品可以自由进出,海关依法进行监管,列入海南自由贸易港禁止、限制进出口货物、物品清单的除外。"该条非常清晰地明确了一线放开,但海关依据主权实施监管。

② 【美】贾恩弗朗哥·波齐:《国家:本质、发展与前景》,陈尧译,上海人民出版社2019 年版,第 193 页。

③ 万广华、朱美华:《"逆全球化":特征、起因与前瞻》,《学术月刊》2020 年第 7 期。

府间国际组织的式微迹象,并不意味着它们作为规则制定主体完全陷入边缘化危机。WTO、WCO、OECD 等国际组织在自由贸易港国际法治规则领域,仍享有不可忽视的智力积累、专业声誉与中立优势。包括中国在内的更多新兴经济体对国际组织的参与和改造,以及新兴经济体联合建立的区域组织,也使政府间国际组织参与自由贸易港国际法治规则的制定具有更为丰富多样的可能。

成立于 1952 年的 WCO 是一个政府间组织,其使命是提高海关管理的效率。它有 184 个成员,共同处理了约 98% 的世界贸易。作为全球海关专业知识中心和国际海关界的声音,WCO 为海关当局及其利益相关者提供了论坛,就一系列国际海关和贸易问题进行深入讨论、交流经验和分享最佳做法。[1] 它是人类历史上第一个对所有国家开放的专业性海关国际组织,使得海关事务从纯粹的一国行政事务转变成了国际事务,从以往低层次的双边海关合作上升到了高层次的多边海关国际合作,也使得海关有关法律规范突破传统的国内行政法的特别法框架,进入到国际法领域,成为对主权国家具有拘束力的国际性规范。[2] 因此,WCO 是自由贸易港国际法治领域最主要的国际组织。

2022 年 6 月 23 日至 25 日,WCO 第 139/140 届理事会年会审议通过了《战略规划》(2022—2025)。其主要包括以下内容:第一,组织任务:为各成员海关提供指导与支持,发挥领导作用。第二,战略目标:包括"促进贸易便利化""服务税收征管""提升社会保护水平""完善自

---

① World Customs Organization, *Annual Report* 2021-2022, p.15.

② 何力:《世界海关组织及法律制度研究》,法律出版社 2012 年版,第 9 页。

身建设"四个方面。第三,WCO 的主要职能:包括"制定、更新和实施工具文件""加强海关合作""开展能力建设"等三项核心职能,并新增"研究"和"宣传"两项辅助职能。第四,重点工作领域:包括"科技与创新""绿色海关""治理与责任"三项内容。第五,WCO 自身的完善:推动解决 WCO 审计委员会提出的突出风险事项,持续优化 WCO 的工作方法。第六,实施计划与绩效指标:围绕战略目标和重点工作领域制定具体实施计划,列明实施时间、具体任务、考核指标等要素。

自从 1983 年 7 月 18 日加入 WCO 以来,中国参加了历次 WCO 理事会会议和有关技术委员会会议。2002 年当选为 WCO 财政委员会委员,2004 年当选为 WCO 理事会副主席(亚太地区)并承办了 WCO 亚太地区情报联络中心(RILO)和地区培训中心(RTC)。当前,中国继续在中国大陆、香港特区设有 RTC,在大陆设有 WCO 各类培训中心。①在自身积极参与 WCO 标准框架规则制定并努力实施的基础上,还积极推动亚太地区成员实施该标准框架,组织实施了"鳄鱼行动"等十余次亚太地区和跨州多国海关专项执法行动,成功主持和组织了第 11 届 WCO 亚太地区海关署长会议及第五次高级战略小组会议,充分展示了协调和推动国际海关合作的能力,在多边海关合作中影响力明显增强。2021 年,WCO 审计委员会将影响力不足、组织政治化倾向、技术委员会效能下降、成员参与积极性较低、技术工具文件未能充分实施以及工作重点不突出列为亟需解决的突出风险事项。对此,中国应推动 WCO 改进工作方法,优化选举程序,扩大资金来源,解决突出风险事项,致力

---

① World Customs Organization, *Annual Report* 2020−2021, p.27.

从战略层面优化 WCO 的决策流程与运行机制,确保 WCO 长期健康可持续发展。

OECD 的前身是"二战"后成立的欧洲经济合作组织(Organization for European Economic Cooperation, OEEC)。1961 年,OECD 取代了 OEEC,并有 37 个成员国。① 中国、巴西、印度、印度尼西亚和南非是 OECD 的主要合作伙伴(Key Partners)。② 它由理事会、委员会和秘书处三个主要机构组成。成员国依靠秘书处收集数据;监测趋势;分析和预测经济发展;研究贸易、环境、农业、社会、创新、公司和公共治理、税收、可持续发展和其他领域的社会变化和模式,为成员国的讨论提供信息,并协助努力制定共同的政策和做法。OECD 大约有 200 个委员会,这些委员会由成员国约 40000 名高级政府官员以及私营部门和劳工的代表组成。在许多情况下,这些委员会是提供 OECD 成员国官员就经济问题开展工作的信息的渠道。③ 正是根据公共治理委员会(Public Governance Committee,PGC)的提议,理事会通过了"关于打击非法贸易:提高自由贸易区透明度的建议"。④

---

① 它们分别是澳大利亚、奥地利、比利时、加拿大、智利、哥伦比亚、哥斯达黎加、捷克共和国、丹麦、爱沙尼亚、芬兰、法国、德国、希腊、匈牙利、冰岛、爱尔兰、以色列、意大利、日本、韩国、拉脱维亚、立陶宛、卢森堡、墨西哥、荷兰、新西兰、挪威、波兰、葡萄牙、斯洛伐克共和国、斯洛文尼亚、西班牙、瑞典、瑞士、土耳其、英国和美国。

② OECD Secretary-General's Report to Ministers 2021, pp.22-23.

③ James K. Jackson, *The Organization for Economic Cooperation and Development*, Congressional Research Service, January 2,2014, p.1.

④ OECD, *Recommendation of the Council on Countering Illicit Trade: Enhancing Transparency in Free Trade Zones*, OECD/LEGAL/0454,2021, p.3.

联合国欧洲经济委员会(United Nation Economuic Commission for Europe,UNECE)对国际海关制度体系的形成有着重要的作用。其自20世纪50年代起就开始制定了一系列有关过境自由的协议和贸易便利化的建议书。UNECE虽然是联合国的区域性组织,但所制定或拟定的协议与建议书对国际海关制度的形成与国家间海关制度的协调和统一有着深远的影响。在 UNECE 的主持下,1975 年《国际公路运输公约》(Customs Convention on the International Transport of Goods under Cover of TIR Carnets)被证明为是最成功的国际运输公约之一,也是迄今为止唯一全球性的海关过境制度。UNECE 所制定的有关贸易便利化建议书,如33 号建设书《关于单一窗口的建议》、35 号建议书《建立国际贸易单一窗口的法律框架》等,已被不少国家采用,对全球的海关技术性制度与规则的协调与统一起到了重要的示范、指南、标向作用。①

国际劳工组织(ILO)与联合国贸发会(UNCTAD)于2020年联合发布一份报告:"加强出口加工区对关于体面工作和包容性经济增长的可持续发展目标的贡献:对 100 个区域的审查"(Enhancing the Contribution of Export Processing Zones to SDG 8 on Decent Work and Inclusive Economic Growth:A review of 100 zones)。报告指出:出口加工区在其影响可持续发展目标的潜力方面具有独特的地位。在出口加工区,各国政府拥有一个更易于管理的地理空间。在这个空间中,政府可以创新、测试和试验各种方法,以加强有助于体面工作和包容性经济增

---

① 朱秋沅:《国际海关法研究》,法律出版社 2011 年版,第 28—29 页。

长的政策和做法。理想情况下,该地区的成功可以扩大到全国其他地区。部分地区已经开始积极推动体面工作作为一个关键卖点。在所研究的出口加工区中,公开信息主要集中在区域基础设施和用户可获得的税收优惠,三分之二的区域根本没有提到劳工或就业政策。对于受东道国劳动法约束的区域,他们可能会发现在其网站上公开的这些法律是多余的。基于各区域选择公开共享的信息,它们似乎持有一种传统观点,即用户主要关心建立业务的便利性和财务效益。最近的趋势表明,消费者越来越关注在全球价值链的各个阶段如何生产商品和服务。这意味着在出口加工区运营的跨国公司将越来越关心自身和所在出口加工区的声誉。一个能够证明对公平劳动政策的承诺,并使该区域内的跨国公司更容易满足社会合规期望的区域将具有更大的优势。①

(三)非政府国际组织

自由贸易港国际法治的建构,归根结底要以提升自由贸易港区域内市场主体竞争力为重要目标,市场主体在相关国际规则的制定中应享有发言权。近几十年来,非政府组织作为有别于国家和政府间组织的"第三种力量",有助于推动国际关系和国际法律制度的民主化,但在其"三角关系"中也孕育某些危险的因素。② 它们通过提出倡议、游

---

① International Labour Organization, *Enhancing the Contribution of Export Processing Zones to SDG 8 on Decent Work and Inclusive Economic Growth: A review of 100 zones*, 2020, pp.10-11.

② 黄志雄:《非政府组织:国际法律秩序中的第三种力量》,《法学研究》2003 年第 4 期。

说政府、跨境推广和参与争诉的方式，与政府间国际组织一起推动国际经贸法治规则的形成与演进。例如，ILO、UNCTAD、WHO 等国际组织以及公平劳工协会（Fair Labour Association）和社会责任国际（Social Accountability International）等加强与出口加工区的联系，提高参与的出口加工区以及在这些出口加工区内经营的公司的能力。①

在这个领域中，世界自由区组织（World Free Zones Organization，WFZO）是一个典型代表。WFZO 作为一个非营利实体（non-profit entity）成立于 2014 年 5 月 19 日，总部设在迪拜空港自由区。其成员包括：(1)有表决权的成员，即受政府认可的自由区和/或自由区协会；(2)准成员，即自由区的个人或公司以及与自由区合作、在自由区工作或为自由区提供建议的顾问；(3)伙伴和观察员，即国际贸易领域的非政府组织与贸易或海关方面的政府和准政府机构。它的管理机构包括表决权成员大会、董事会和根据该组织章程设立的其他机构：(1)大会是最高权力机构，由全体成员组成；(2)作为法人的有表决权的成员应由该法人内部经正式授权代表其行事的个人；(3)董事会应至少在会议日期前四周，以书面形式将大会任何会议的日期和地点，包括拟议议程通知各成员；(4)每年举行一次普通年度大会。董事会还可在必要时通过董事会决定或应至少五分之一提交董事会说明拟议议程项目的成员的请求，召开特别会议。董事会应在提出请求后六周内召开大会临时会议；(5)每年 5 月举行年度国际会议和展览。WFZO 还成立了

---

① International Labour Organization, *Enhancing the Contribution of Export Processing Zones to SDG 8 on Decent Work and Inclusive Economic Growth：A review of* 100 *zones*，2020，p.12.

"WFZO 展望"的研究部门,旨在建立一个全面的知识库和全球自由区的地图集,其调查结果将为国际经济和贸易政策提供信息,并为自由区提供比较数据,帮助它们制定最有效的战略。

自由贸易港是一个多元化经济主体、多元化文明交汇的中心。自由贸易港国际法治的构建,离不开非政府国际组织的积极参与,特别是具有技术专长和重要利害关系的商业组织。中国非政府国际组织在自由贸易港国际法治中的参与程度,与中国庞大的经济利益和丰富的实践经验相比,并不匹配。作为全球化进程的受益者,中国应充分发挥非政府国际组织,特别是商业组织在自由贸易港国际法治构建中的特殊角色,发挥它们在规则制定中的作用,增强国际号召力与影响力。

三、治理客体维度

中国特色自由贸易港国际法治机制的客体众多,最主要是自由贸易港的"开放程度最高"与主权边界厘清问题。主权概念可追溯到罗马法,但在政治法律理论上赋予其明确定义并使之具体化的最早思想家是法国布丹。[①] 霍布斯认为,一大群人相互订立信约、每人都对它的行为授权,以便使它能按其认为有利于大家的和平与共同防卫的方式运用全体的力量和手段的一个人格。承当这一人格的人就称为主权者,并被说成是具有主权,其余的每一个人都是他的臣民。[②] 普芬道夫做了细致的描述:在一个国家之内,所有的人都使自己的意志服从于那

---

① 吕世伦主编:《西方法律思想史论》,商务印书馆 2006 年版,第 78 页。
② 【英】霍布斯:《利维坦》,黎思复等译,商务印书馆 1985 年版,第 132 页。

些掌握国家安全大权之人的意志。所以,人们愿意做统治者希望做的任何事。要使这一点成为可能,那些掌权者必须在此类事项上向公民表明自己的意志。他们既可以就特定事项向公民发布指示,也可以颁布一般规则,从而明确何者当为何者不当为。这也是下列事项得以确定的常用手段:何为自己的财产何为他人的财产;在该国之内,何为合法何为非法;何为好何为坏;何为个人的自然自由,即如何协调个人权利行使与国家安宁的关系;个人依据其权利可向他人提出什么要求,以及以何种方式提出。明确界定这些事项对国家的尊严与安宁是至关重要的。①

主权是国家最本质的权力属性和法律属性。国家主权既是一个立体化的概念,又是一个发展中的法律概念。自由贸易港依据国家主权而定,又以最高开放程度为内在特点,在贸易、投资、金融及人员流动层面与国际社会密切连结,进而要求自由贸易港国内法治应与国际法治趋同乃至接轨。因此,自由贸易港国际法治规则对贸易、投资、金融和人员流动的调整边界,与一国管理其自由贸易港的主权边界具有对应性。毫无疑问,国际公约与自由贸易协定是确定自由贸易港的最佳界定主权方式,但就这两者而言,时间积累有限制约着自由贸易港国际法治水平。正如 WCO 秘书长御厨邦雄(Kunio Mikuriya)所说,自由区变成一个全球现象与全球供应链和价值链的一部分是最近 50 年的事情。② 所以,自由贸易港主权边界厘定是一个需要依赖于各主权国家

---

① 【德】塞缪尔·普芬道夫:《人和公民的自然法义务》,鞠成伟译,商务印书馆 2009年版,第 153 页。

② WCO,*Practical Guidance on Free Zones*,2020,p.3.

积极探索的过程。

对于这一点,赵宏认为,国际法治"无主之地"领域的主权边界厘定值得关注和思考,并主张国际法治从理念转换为国际关系的现实理应更富有挑战性,这个过程的实现需要各主权参与者具有较高的道德感和自律精神。① 显然,道德与自律对于主权国家更多是一种精神层面追求,而国家利益才是自由贸易港主权界定指向的根本。从词源上看,利益是人类用来满足自身欲望的一系列物质、精神的产品,但凡是能满足自身欲望的事物,均可称为利益。利益是分层次的,根据主体不同分为国家利益、集体利益与个人利益。从国际法客体的维度看,在所有国际法领域都贯彻着——国家利益——很重要的理念。国家在主题与核心事项上的各方面关切都反映了国家利益、国家意志与国家的主张。② 中国应善于利用国际法的尺度来维护国家利益。③ 因此,中国在探索自由贸易港主权边界过程中,应根据国家利益作出取舍。一般而言,国家利益是对个人利益或经济利益在更高层次上的整合。自由贸易港的发展为世界各国追求各自国家利益提供了新的平台,它推动了国内利益群体的不断洗牌与各国之间利益关系的不断调整,造成一国在维护自己利益时首先应该正确区分国家利益和非国家利益,不把非国家利益当作国家利益去维护。中国应高度重视在建设自由贸易港国

---

① 赵宏:《处于十字路口的国际法:国际法治的理想与现实》,《国际经济法学刊》2020年第3期。

② 何志鹏:《国家本位:现代性国际法的动力特征》,《当代法学》2021年第5期。

③ 杨泽伟主编:《中国国家权益维护的国际法问题研究》,法律出版社2019年版,第13页。

际法治中的国家利益界定问题,厘清何种利益须始终置于优先地位,何种利益可以在国际交往中进行互惠交换,何种利益需要在国际竞争中作为让渡考量。没有国家利益框架下的自由贸易港最终只会损害国家利益,不是一种可持续发展的制度设计。在自由贸易港国际法治建设中不能减损国际条约义务。[①]

《海南自由贸易港法》规定,"实现贸易、投资、跨境资金流动、人员进出、运输来往自由便利和数据安全有序流动"。该"五大自由"着眼于通过经济关系上的自由准入和公平竞争,充分调动不同市场主体的积极性,深度连结国内国际两个市场,更好发挥市场力量优化全球资源配置,推动国内国际双循环相互促进。例如,汤敏主张海南可以将一部分离岛免税的额度分给跨境电商,扩大进口的商品种类、仓储和物流平台,依据负面清单政策,除兽药、饲料、烟草等不能卖,其他国外商品都可以进来,进而吸引更多外商进驻海南,让海南变成一个真正的国际商品展示中心和体验中心。[②] 在此过程中,公平竞争的市场机制是海南自由贸易港实现"五大自由"的根本保证。它也是中国特色自由贸易港国际法治机制治理客体的重要内容,即"五大自由"与竞争中性原则的适用。其中,国有企业作为竞争中立政策法律的直接对象,究其原因,仍在于国有企业潜在的身份冲突。国家在其中一方面作为公司的股东和控制者,另一方面又作为管理者存在,这种冲突对公司内部治理

---

① 何力:《域外自由贸易港海关法律管制及其对我国自由贸易港建设的借鉴》,《海关法评论》2018 年第 9 卷。

② 郑丹:《"将海南建成中国境内的海外仓"——专访国务院参事汤敏》,《中国经营报》2022 年 8 月 8 日第 3 版。

和外部投资者权利的保护均可能造成损害。[①] 因此,自由贸易港是多种所有制包容发展、公平竞争的重要平台。政府应尽量减少对自由贸易港市场的干预,从市场的商业参与者转变为公共服务提供者与市场监管者,以竞争中立的制度设计来保障各类主体平等使用生产要素和开展公平竞争。当然,政府不能完全放任市场的竞争,因为在市场经济尚未完全成熟时,竞争中立的推广可能会引起地区间竞争的一些消极后果,从而造成劣币驱逐良币的效果。例如,在严格遵行和实施竞争中立的地区,可能会因减少特殊补贴和产业扶持等原因,造成企业和投资的流失,从而影响该地区的经济。[②]

四、治理本体维度

政府间国际组织是治理机制的重要组成部分,属于传统治理机制,其特征在于具备有形的实体机构(如秘书处)和专职工作人员,在机制运作上具有较强的组织性,对自由贸易港国际法治构建产生影响。国际组织之间往往以合作协调的方式,合力完善自由贸易港的国际法治。WTO 与 WCO 的合作就是其中典范。WTO 与 WCO 都是国际贸易领域的政府间国际组织,均致力于消除国际贸易领域的涉及海关措施的贸易壁垒。WTO 作为一个多边贸易组织,其侧重点并非技术问题,而是贸易政策问题;WCO 在国际海关监管合作与协调方面则具有较强的专

---

① 韩逸畴:《海南自由贸易港建设对接高标准国际规则——重点、难点问题与解决路径》,《经贸法律评论》2021 年第 4 期。

② 孙晋、徐则林:《竞争中立在中国自由贸易港的法律实现——以海南自贸港为中心展开》,《法律适用》2019 年第 17 期。

业性和技术性。WTO 将海关估价和原产地规则这两个协定相关的海关规则交由 WCO 来处理，发挥其特长，实现了两个国际组织的优势互补。从 WTO 的贸易便利化谈判过程、WTO 对 WCO 合作的描述，以及 WTO 设在 WCO 的两个技术委员会等方面，均看出其对 WCO"技术性"的认同。① 然而，国际政治的风云变幻，WCO 有时候因追求全球政治影响而介入了非海关职能方面的事务，遭到了一些非议。2021 年 4 月 26 日，WTO 总干事伊韦阿拉（Okonjo Iweala）与 WCO 秘书长御厨邦雄举行会谈，交流彼此共同感兴趣的话题，包括协调制度、估价和原产地以及贸易便利化和电子商务等，特别探讨了如何共同应对促进新冠病毒疫苗跨境流动的紧迫挑战，以及监测和保障全球供应链，打击危险、不合标准或假冒药品和疫苗流通的问题。双方同意两个组织在广泛领域进一步合作。② 因此，中国借 WCO 新版战略规划后续实施的监督和评估，切实推动 WCO 聚焦三大重点工作领域，透明高效使用资金、引导 WCO 优化各个委员会、工作的建立和终止机制，制定科学精简、易于实施的工作计划，推动提升 WCO 委员会效能和成员的获得感，从而帮助 WCO 能够正视现实，转而投身于 WTO 的密切合作中，以此来保证自身能够立身于国际贸易领域的中心地带。

此外，非国际组织国际机制日益走上非传统治理机制的新舞台。它与政府间国际组织的共性在于其成员均为各国政府，差异在于前者

---

① 伊羊羊：《贸易便利化视角下 WCO〈京都公约〉（修订）的发展分析》，《海关法评论》（第 5 卷），法律出版社 2015 年版，第 336—340 页。

② 资料来源：http://www.wcoomd.org/en/media/newsroom/2021/april/wto-dg-meets-with-wco-sg-in-geneva-and-welcomes-close-cooperation.aspx。

并没有创始性的公约,也没有常设的秘书处和专职人员,呈现出"非正式性"的特点,成员之间主要以举办的国际会议方式运转,G20、G7、金砖国家峰会均为非国际组织国际机制的代表。非国际组织国际机制更加注重通过成员国之间具体政策的协调来达到目的,并充分利用国际软法追求更加实际的治理效果,其灵活性能够最大程度符合自由贸易港国际法治建构的探索性与多样性。例如,中国海关发挥重要居间作用的金砖国家海关合作机制,对于中国今后通过非国际组织国际机制来推动自由贸易港国际法治建设,富有示范意义。又如,中日韩三方海关领导人会议是在中日韩合作框架下的由三方海关最高负责人参加的年度性部长级国际海关合作模式,在该会议机制下产生了《中日韩海关合作行动计划》《保护知识产权行动计划暨零假冒计划》等有效的合作行动。中国—欧盟联合海关合作委员会(China-EU Joint Customs Co-operation Committee,JCCC)也是一个例证。①

自由贸易港非传统治理机制还包括会议与培训等灵活方式。例如,2020年12月14日,日本海关合作基金资助召开第一届全球自由区会议。会议以满足可持续发展目标为主题——确保海关参与自由区的竞争力、安全性和可持续性,来自90多个国家的海关、自由区当局、生产企业、国际组织、学术界,约600名代表参加会议,以探讨在海关参与下实现自由区可持续发展和更新的合作解决方案。又如,2021年4月26日至28日,WCO与WCO亚太区域能力建设办事处(WCO Asia Pacific Regional Office for Capacity Building,ROCB/AP)为亚太区域举

---

① 朱秋沅:《国际海关法研究》,法律出版社2011年版,第78—83页。

办了一次关于自由区的在线讲习班。来自19个缔约方的62名代表积极参与对话,探讨如何通过加强海关参与实现自由区的可持续发展。来自海关、自由区、私营部门和国际组织的专家在讲习班上作了富有洞察力的专题介绍。OECD强调,"关于打击非法贸易:提高自由贸易区透明度的建议"与FZ Guidance之间具有强大互补性,双方可以联合利用它们,为成员国和私营部门提供打击非法贸易的有效指导。本次研讨会讨论了FZ Guidance确定的关于自由区适当海关程序的关键要素。这些措施包括海关参与自由区、有效的海关管制、现场检查和海关审计、知识产权保护、自由区生产的货物原产地确定、数据和技术的使用、多学科和国际合作,以及扩大自由区AEO等。① 在此领域,中国也有所涉及,将其视为维护中国国家利益、提高国家综合国力的重要途径。例如,中国持续为文莱加入《京都公约》,确定公约条款与文莱国家立法差距等提供包括讲习班在内的系列支持。②

值得关切的是,同一问题领域一般涵盖多个机制,容易造成大国相互掣肘。在同一问题领域,国际机制过多常被形容为"机制拥堵"或"意大利面条碗",这些说法都生动形象地表明机制过多可能导致的"过犹不及"。③ 各大国甚至为了提高相关问题领域的话语权、影响

---

① 资料来源: http://www. wcoomd. org/en/media/newsroom/2021/may/free-zone-experts-of-the-asia-pacific-region.aspx。

② 资料来源:http://www.wcoomd.org/en/media/newsroom/2014/january/wco-national-workshop-on-the-rkc.aspx。

③ G.M.Gallarotti, *The Limits of International Organization:Systematic Failure in the Management of International Relations*, International Organization, Vol.45, No.2, 1991, p.183.

力,不乏利用媒体舆论相互抨击,向对方推动的机制设置障碍。中国参与国际机制的经验教训表明,中国的战略选择只能是积极全面地参与国际机制;参与国际机制的修改和完善过程,促使国际机制更为合理、合法、民主、兼顾效率与公平;参与新国际机制的制定,主动促成积极性国际机制的建设;积极参与国际机制的决策;适时承担一个主导国的角色。这个战略选择包含两个相互联系的角色:在当前充当国际机制的积极参与国;争取在未来的适当时机充当一般主导国。争取一般主导国的地位将是中国发展的未来趋势,其目的是更好地发挥"负责任的大国"的作用,推动世界民主化、多极化的进程,而不是放弃独立自主、平等互利的外交准则,甚或追逐一己私利。① 毫无疑问,这也将是中国特色自由贸易港在塑造治理机制时所应遵循的选择。

第三节　中国特色自由贸易港
国际法治秩序的指引

一、自由贸易港国际法治的欧洲协调主义

(一)国际法的欧洲中心主义

国际法是源自欧洲文明的法律规则。② 大多数历史学家认

---

① 门洪华:《国际机制与中国的战略选择》,《中国社会科学》2001 年第 2 期。
② 何力:《人类命运共同体视角下的国际法史与文明互融》,《厦门大学学报》(哲学社会科学版)2019 年第 6 期。

为,欧洲人最先提出了国际法是一种在平等基础上调整国家间关系的法律。① 从格劳秀斯《战争与和平法》刊行以后,国际法作为法律的观念才被明白认识出来;国际法的实体也才自成一个包罗丰富的法律体系。② 1648 年威斯特伐利亚和约在实践上肯定了格劳秀斯所提出的国家主权、国家领土与国家独立等原则是国际关系中应该遵守的准则。③ 因此,国际法在性质上和适用上,主要是欧洲的。④ 近代国际法在历史上被称为"欧洲国际法"或"欧洲公法"。⑤ 国际法欧洲中心主义的根本逻辑在于欧洲是国际法发源地的历史事实。只有国际法具有普遍的有效性,且只有西方同非西方进行接触,地缘政治的立场才会成为历史叙事的中心。如果只在西方世界中讨论国际法的西方性,那么,更适合这种历史类型的概念就不是欧洲中心主义而是民族中心主义或狭隘主义,因为它根本就不知道在西方之外还存在其他的地方性的国家间关系。这就导致了在过分强调欧洲经验的基础上创造一个欧洲中心主义的历史观其实相当晚。直到 19 世纪末,欧内斯特·内耶特才明确提出国际法起源于欧洲,而之前根本就不存在这

---

① 【英】阿努尔夫·贝克·洛尔卡:《国际法史中的欧洲中心主义》,【德】巴多·法斯本德,安妮·彼得斯:《牛津国际法史手册》,李明倩等译,上海三联书店 2020 年版,第 1038—1039 页。

② 周鲠生:《国际法(上册)》,商务印书馆 1976 年版,第 41 页。

③ 王绳祖主编:《国际关系史(十七世纪中叶——一九四五年)》,法律出版社 1986 年版,第 9 页。

④ T.O. Elias, *New Horizons in International Law*, The Cambridge Law Journal, 1981, Vol.40, No.2, pp.386-388.

⑤ 杨泽伟:《国际法史论》,高等教育出版社 2011 年版,第 81—82 页。

种特殊的欧洲起源论。[①] 因此,"欧洲国际法"的最初表述隐含着一种排他性和差异性,即这一套规则封闭地适用于欧洲地域内政治实体间交往,而不适用于地域外的政治实体,且不同于其他地域起到类似作用的规则。这不仅一定程度地纠正了国际法欧洲中心主义盛行已久的错误观点,说明欧洲中心主义论调是基于其他非欧洲实体的互动才开始显现。但从地域空间存在和基于政治秩序建构的角度,均无法回避国际法的"欧洲"逻辑。[②]

随着国际法从所谓欧洲文明国家延伸其他大洲后,特别是各殖民地纷纷独立后,国际法的欧洲中心主义开始遭到质疑甚至反对。国际法本质上的普遍性,决定了在其他大洲,虽然没有诞生欧洲的现代意义的国际法,但不能否认它们存在国际法的痕迹,且不能用欧洲国际法观去加以简单评判。例如,前殖民时期的非洲社会被认为是"非经济社会",它是一种孤立的社会,是一种静止不变的实体,即便它慢速度发展,那也几乎可以忽略不计,但实际上非洲具有务实的开拓者,具有移民、安置和再安置的持久历史,非洲社会在变化和动荡中逐步适应与进步。[③] 区域性贸易网络在非洲内陆地区早已存在,而这一网络在后来的象牙贸易和奴隶贸易发展

---

① 【英】阿努尔夫·贝克·洛尔卡:《国际法史中的欧洲中心主义》,【德】巴多·法斯本德,安妮·彼得斯:《牛津国际法史手册》,李明倩等译,上海三联书店 2020 年版,第 1038—1040 页。

② 李明倩:《现代国际法的欧洲起源》,《中国社会科学报》2021 年 2 月 24 日。

③ David William Cohen, *Agenda for African Economic History*, The Journal of Economic History, Vol.33, No.1, Mar.1971.

过程中发挥了重要作用。① 因此,非洲在国际法史中占有一席之地并非因为它有着一种调整国际关系的规则,其历史贡献在于非洲国家始终致力于促进和平的国际关系。欧洲传统赋予了主权太多的意义,而非洲传统应该有助于重新调整国际法的基本结构。② 又如,19 世纪以来,比较史学将朝贡体系与威斯特伐利亚体系中有关地区关系的内容进行了对比。在朝贡体系中,一个地区的霸主会将从属地位强加给较小的国家,而威斯特伐利亚体系是建立所有国家平等的基础上。但这种对比并不合理,它把威斯特伐利亚体系视为天生优越的制度,而将朝贡体系视为只能在落后的亚洲生存的前现代复古主义。两种截然不同的体系在两种截然不同的地缘政府背景下形成,威斯特伐利亚体系自身与朝贡体系一样虚无缥缈,建立在欧洲各国互相敌视的环境下,而朝贡体系则形成于有一个超级大国居中协调并存在诸多小国的环境下。③ 因此,脱离制度的环境而片面突出威斯特伐利亚体系的重要性而贬低朝贡体系是非常武断且不客观的。

在评论家看来,欧洲中心主义的本质不仅在于从欧洲的视角看待

---

① J. Vansina, *Long-Distance Trade-Routes in Central Africa*, Journal of African History, Ⅲ, 3,1962,pp.375−390.

② A. K. Mesah-Brown, Notes on International Law and Pro-colonial History od Modern Ghana, A.K.Mesah-Brown(ed.) African International Legal History, UN Institute for Training and Research New York 1975,p.109。转引自【英】阿努尔夫·贝克·洛尔卡:《国际法史中的欧洲中心主义》,【德】巴多·法斯本德、安妮·彼得斯:《牛津国际法史手册》,李明倩等译,上海三联书店 2020 年版,第 1048 页。

③ 【加】卜正民:《中国南海的贸易和冲突——葡萄牙与中国,1514—1523 年》,【意】吕西安·科帕拉罗、【加】弗朗辛·麦肯齐主编:《全球贸易冲突:16—20 世纪》,中国人民大学出版社 2021 年版,第 27 页。

历史,它强调西方文化的优越性,认为一切优良的、先进的、新颖的,都只能源自欧洲,但又局限于此,它还认为这些特质具有普遍适用性,并非为欧洲所特有,到 20 世纪已经渗透到全球的大多数地区。因此,欧洲中心主义在更深层次上是一种认为欧洲自古至今都具有优越性的观念。它不是一种"偏见",而是一种辨别真假的方式。从这个意义上,欧洲中心主义是一种认可方式,它给其践行者眼中的"事实"划定了一个标准,因而成为一种思维范式,一套关于世界如何运行的假定,从中引出的问题便可通过搜寻有关"事实"来解答。① 换言之,它是一种"理论模式",是关于世界如何运行的诸多解释中的一种。②

如果将国际法欧洲中心主义界定为"思维范式"或"理论模式",那国际法的欧洲单一起源论受到将严峻的挑战,但这并不影响在国际政治实践中,国际强权利用国际法欧洲中心主义的话语权营造出来国际法的黑暗历史。例如,人民有彼此贸易的普遍权利并有权用武力来维护贸易权,这种学说构成了从西班牙征服者到美国海军准将佩里的时代欧洲扩张的重要理论基础。它忽略了一些非欧洲民族所主张的权利,即它们有权选择留在国际经济与国际社会之外,不与其他民族和文明发生联系,并因此拒绝外国人的往来和贸易权,而非西方主流思想认为所有民族都拥有的权利。③ 此时,国际法的"欧洲身份"显现出一种

① 【美】马立博:《现代世界的起源:全球的、环境的述说,15—21 世纪》,夏继果译,商务印书馆 2017 年版,第 8—12 页。

② Andre Gunder Frank, *ReOrient: Global Economy in the Asian Age*, Berkeley University of California Press, 1998, p.32.

③ 【英】赫德利·布尔:《格劳秀斯在国际关系研究中的重要性》,【英】赫德利·布尔等主编:《格劳秀斯与国际关系》,石斌等译,中国社会科学出版社 2014 年版,第 71 页。

基于种族、文化、宗教的优越感而产生的偏见,欧洲国际法的排他性、与其他区域的差异性被转换为法律上的不平等适用。对国际法欧洲特性的强调,不再止于强调该法律体系的封闭性和排他性,而逐渐作为欧洲国家在向非欧洲地区殖民扩张过程中,为征服和掠夺行为进行正当性塑造的工具。①

从"普适的"立场来看,传统国际法史过分强调西方的实践背景以维护国际法的西方起源和西方本质,这是欧洲中心主义对国际法史书写的一种歪曲。掩盖了国际法黑暗过去的以进步叙事为基础的纯粹起源论和传统的历史观仍然比比皆是。该领域之所以充满活力,是因为这些争议仍然没有得到解决。从某种程度上,以欧洲为中心的历史反映了国际法的霸权主义特征,而不同的叙事其实是在利用各种机会诉说这种特征,这些争议是无法解决的。② 传统国际法实际上成了"欧洲列强的地区法律"。③ 因此,欧洲中心主义是一种意识形态,是西方为掩盖其全球霸权目的而披上的合理外衣,是对真相的歪曲和篡改。④ 这段国际法黑暗历史,不乏坚船利炮的暴力,充斥高高在上的偏见,但它更见证了国际法制度规则不断发展、国际法理论实践愈加丰富、国际

---

① 李明倩:《现代国际法的欧洲起源》,《中国社会科学报》2021 年 2 月 24 日。

② 【英】阿努尔夫·贝克·洛尔卡:《国际法史中的欧洲中心主义》,【德】巴多·法斯本德、安妮·彼得斯:《牛津国际法史手册》,李明倩等译,上海三联书店 2020 年版,第 1042—1060 页。

③ R.P.Anand, *New States and International Law*, American Journal of International Law, 1972, p.114.

④ Samir Amin, *Eurocentrism*, Monthly Review Press, 1989, p.vii.

组织迅猛发展的高光时刻。① 这也是国际法普遍性另一面的制度代价。

（二）自由贸易港国际法治的欧洲协调

欧洲是现代国际法的发源地,也是现代自由贸易港的诞生地,因而顺理成章成为自由贸易港国际法治的中心。由于严格意义上的自由贸易港国际法治是以《京都公约》为分水岭,准确地说,自由贸易港国际法治欧洲中心主义应称之为自由贸易港国际法治的欧洲协调主义,它集中体现在自由贸易港国内事务的国际协调上。当然,自由贸易港并不是主要的对象,国际协调结果表现的形式以经贸类多边条约与海关关税类多边条约为主,辅之以产生相对应的国际组织。在这些领域,欧洲国家占据着主导权,国际协调的方向与措施更多地体现了欧洲国家的利益诉求。19世纪后半期,在保护知识产权、票据法以及国际货物运输等国际经济领域内,诞生了《保护工业产权巴黎公约》等国际协调机制,是国际经济法的早期国际条约架构,并最终成为"二战"后国际经济法有关条约和制度发展的模式。② 另一方面,西欧是近现代海关出现和发展的源头。③ 直到20世纪前,除1890年成立的"海关关税出版国际联盟"(Union international pour la publication des tariffs douaniers)外,并没有其他国际组织负责处理海关和关税事务。该国际组织的职能也仅仅是发布各国关税标准,根本没有办法阻止关税继续

---

① 李明倩:《现代国际法的欧洲起源》,《中国社会科学报》2021年2月24日。
② 何力:《国际经济法学高级教程》,对外经济贸易大学出版社2009年版,第16页。
③ 何力:《世界海关组织及法律制度研究》,法律出版社2012年版,第5页。

上升和海关手续更加复杂化的趋势。于是,在欧洲商人国际大会支持下提出了一份协议,并由其向国际联盟提交,最终形成包括 23 个条款的第一部国际海关公约——《关于简化海关手续的国际公约》。

　　1927 年 5 月,在国际联盟世界经济大会上,海关关税、战争债务和战争赔偿一起被认为是影响世界经济的三大严重问题。大会认为,许多国家的高关税和频繁地调整关税标准给生产和贸易都造成了伤害。各国应抑制关税上涨的趋势,并朝着相反的方向努力。大会建议,各国应进一步采取措施消除那些严重阻碍贸易的关税壁垒,首先从那些为了抵消由战争所带来的混乱影响而采取的做法开始,在未来应放弃那种不经过事先谈判就采取的为了讨价还价而设定过高关税标准的做法,不论这些做法是通过征收从价税手段还是一般关税手段来实现的。[1] 但世界范围内一直缺少一个负责审查海关手续或对提出简化和协调建议的专门机构,也缺乏更具专业性的多边海关国际条约。1947 年 9 月 12 日,比利时、丹麦、法国及冰岛等 13 个欧洲国家签署声明,本着实现促进海关制度标准化、协调化及便利国际贸易发展的目标,研究在布鲁塞尔建立一个负责研究协调海关制度的专门机构的可能性。此后,成立了一个专门小组——欧洲海关同盟研究小组,负责此项研究工作。西欧国家的这一举动从一开始就排斥美国,志在成立一个西欧区域性海关组织,而非全球性海关国际组织。[2]

---

　　[1] 【日】朝仓弘教:《世界海关和关税史》,吕博等译,中国海关出版社 2006 年版,第 201—206 页。

　　[2] 何力:《世界海关组织及法律制度研究》,法律出版社 2012 年版,第 7 页。

二、自由贸易港国际法治的美国中心主义

(一)国际法美国中心主义的确立

与欧洲是现代国际法发源地的历史定位不同的是,美国国际法的发展相对于欧洲而言是新生的,后者作为英国北美殖民地的历史决定了它深受欧洲法律理论与实践的影响,并直接继受了基本权利和自由不可剥夺的自然法理念,分权制衡的原则,菲尔德的法典化运动等。①作为殖民地母国,英国通过《航海条例》来管制与北美殖民地的贸易。它在某种意义上是对殖民地的一种经济特权和保护,而殖民地完全有义务满足母国的经济需求。总之,《航海条例》限制了殖民地的经济自由,剥夺了殖民地获取利润的机会。② 到殖民统治后期,美国一些早期领导人对英国重商主义束缚殖民地贸易的政策深恶痛绝。华盛顿总统主张:"我们借此机会宣布我们最真诚的愿望是看到这样一种邪恶的、野蛮的和反常的贸易永远地停止。"③他在告别演说中提出,对于欧洲国家,美国行动的原则是在扩展商贸关系的同时,尽量避免与它们发生政治联系。④ 这成为美国孤立主义思潮的重要缘起。杰斐逊总统宣

---

① 高鸿钧:《美国法全球化:典型例证与法理反思》,《中国法学》2011 年第 1 期。

② 王希:《原则与妥协:美国宪法的精神与实践》,北京大学出版社 2005 年版,第 22 页。

③ Stanley Coben, Forest G. Hill, eds, *American Economic History*: *Essays in Interpretation*, Lippincott, 1966, p. 123.

④ George Washington, *Washington's Farewell Address*: *The National Interest in Diplomatic Freedom*, September 17, 1796, Norman A. Graebner. Ideas and Diplomacy, Readings in the Intellectual Tradition of Amercian Foreign Policy, New York Oxford University, 1964, p. 33.

称:"与世界上一切地区进行自由贸易"是北美殖民地人民所享有的"自然权利",任何法律都不能对之剥夺。即使只有一个国家愿意同美国开始实行这种自由贸易的制度,和那个国家这样做也是可取的;因为只有一个一个地进行,这一制度才能扩展到全世界。① 他提倡,"全世界在完全自由的状态下从事商业将会有所收益"。② 在其力主下,欧洲拿破仑战争期间,美国颁布 1807 年《禁止出口法案》(Embargo Act),使得美国船只在将欧洲货物运往南美和将拉美原料运往欧洲的行动中一直起着积极的作用。③ 美国因而成为世界上最大的中立国运货商。④表面上看,美国政治家们一致呼吁自由贸易,象征着把世界从重商主义贸易壁垒下解放出来的意识形态承诺,其实质是为美国剩余农产品打开市场。⑤ 此时,美国刚摆脱英国殖民统治不久就展露出独立国家对自由及其权利的萌动,并开始探索自身对国际法的利用和创制。

在国家实力尚弱之时,美国就通过双边条约或单边行为,对原有国际体系在国际法实践方面进行突破;而在实力强大后的被认可期,则采取多边条约或国际组织等形式扩大认同范围,进行整体制度或体系的

---

① 【美】梅利尔·D. 彼得森:《杰斐逊集》(上册),刘祚昌等译,生活·读书·新知三联书店 1993 年版,第 111—476 页。

② Alfred E.Eckes Jr,*Opening America's Market:U.S.Forergn Trade Policy Since*1776,The University of North Carolina Press,1999,p.3.

③ Charles Lyon Chandler,*United States Commerce with Latin America at the Promulgation of the Monroe Doctrine*,The Quarterly Journal of Economics,1924,Vol.38,No.3,p.467.

④ 李庆余:《美国崛起与大国地位》,生活·读书·新知三联书店 2013 年版,第 89 页。

⑤ Doron Ben-Atar, *Nationalism, Neo-Mercantilism, and Diplomacy:Rethinking the Franklin Mission*,Diplomatic History,1998,Vol.22,No.1,p.103.

法律创制。① 从 1776 年到 1949 年间,梳理 19 世纪美国与亚非国家签订的有关商贸条约后发现,与各国确立的首个条约内容中通常包含了自由贸易的内容。美国将自由贸易作为敲开别国大门的有力武器。② 由于它是殖民国家的后来者,因而尽量避免与英国等列强发生直接冲突。《中美望厦条约》的签订就是这一指导思想的产物。美方代表事后向美国政府报告说,"美国及其他国家必须感谢英国,因为它订了《南京条约》,打开了中国的门户。但现在,英国和其他国家,也必须感谢美国,因为我们将这个门户打开的更宽阔了。"③《中美望厦条约》是早期美国与英国主导的国际法律秩序竞争过程中获得的一个胜利。由于没有殖民扩张的意图,就不会触犯英国殖民扩张的利益。在中国沿海港口,美国没有独占的意图,始终本着"共享"原则,将自己融入到西

① 张丽滢:《美国崛起与国际法创制研究》,东北师范大学 2019 年博士学位论文,第 28 页。

② 美国进入亚洲后,第一个与美国签约的国家是泰国(暹罗),首个条约就是《友好商贸条约》,随后,又分别于 1844 年与中国签订《望厦条约》、1850 年与文莱签订《和平、友好、商贸和航海条约》、1854 年与日本签订《神奈川条约》、同年与琉球签订《商贸航海条约》、1856 年与伊朗签订《友好商贸条约》以及 1882 年与朝鲜签订《和平、友好、商贸、航海条约》。非洲的情况与亚洲相似,美国与非洲大陆上共 13 个国家或地区建立了条约关系。最早与之建立双边条约关系的国家是摩洛哥,在 1786 年双方签订了美国与非洲国家之间的第一个双边条约——《和平友好条约》,与突尼斯于 1797 年签订《友好、商业、航海条约》,与利比里亚的第一个条约是 1862 年的《商贸航海条约》,1867 年与马达加斯加共和国签订《商贸条约》,1871 年与奥兰治自由邦签订了《友好、商业、引渡条约》,1891 年与刚果签订《友好、商业、航海条约》,1903 年与埃塞俄比亚签订第一个《商贸条约》等。它们均是以"友好商贸"作为两国交往的开始,其中都包括了两国间进行自由贸易的条款。参见张丽滢:《美国崛起与国际法创制研究》,东北师范大学 2019 年博士学位论文,第 90 页。

③ 卿汝楫:《美国侵华史》第 1 卷,生活·读书·新知三联书店 1952 年版,第 79 页。

方列强之中,将彼此的利益绑定到一起,"利益均沾"而非"各自为王",并获得了东西方共同的好感,无形中将美国的地位突显,受到双方重视,以其实际行动获得了在东西方的话语权。美国这种"打开门户、利益均沾"的理念虽然来源于英国,却在美国手中持续发酵。① 同时,广州的美国商人是仅次于英国人相对较大的一个群体,他们是将可以搬运的东西——货物、人员、思想或者影响——从中国运到美国或者从美国运到中国的代理人。美国方面并没有断章取义地制定其对华政策,而是几乎全盘地接受自其在广州的侨民。因此,旧广州的美国侨民奠定了美国对华政策的基础。②

一般认为,从继承到协调最后到国际法主导的转折标志是"二战",美国在战后建立世界性霸权并充分反映在包括国际法在内的法律领域。之前对欧洲法,美国法形成许多本土特色,并在宪法等领域对很多欧洲国家产生过重要影响,这是一个互动而非单向的过程,但美国主要是输入者而不是输出者,欧洲的英国法和大陆法是美国法的"母亲"。霍夫施塔特评论到,美国是一个没有古迹和遗迹的国家,即它没有那些摆脱不了的祖辈精神的踪迹,而所有欧洲人都与这样的精神共同生活,它的意义,至少就其大致的轮廓而言,连最朴实的农民或工人也难以躲避。③ 当然,美国也曾有过对外输出。20世纪初前二十年里

---

① 张丽滢:《美国崛起与国际法创制研究》,东北师范大学2019年博士学位论文,第113页。

② 【美】雅克·当斯:《黄金圈住地——广州的美国商人群体与美国对外政策的形成,1784—1844》,周湘等译,广东人民出版社2015年版,第475—505页。

③ 【美】理查德·霍夫施塔特:《美国生活中的反智主义》,何博超译,译林出版社2021年版,第293页。

巴拿马运河区的"改换",就是美国用热带落后论、西方文明论、社会改良的"进步时代"等理论来看待世界的那个特定历史阶段的生动范例,这种认知世界的方式到现在仍然存在。① "二战"后,美国法不再追随和继受欧洲法,而是大规模地反攻欧洲法,既涉及理念之维,又涉及制度之维;既涉及公法领域,又涉及私法领域;既涉及司法体制,又涉及法学教育,甚至使欧洲法出现了"美国化"的趋势。② 美国在推动国际法律制度变革中以理念为引领,以权力为基础,以国家利益为核心,以国际社会发展方向为观照,通过国际条约、国际习惯以及单边行为等作为推动国际法创制的路径和方式。同时,美国参与和推动国际法创制循着从美洲区域、亚非地区到全球范围内推动国际法制建设。③ 互为表里的联合国组织和《联合国宪章》正是美国国际法思想演进的代表性产物。④

至此,国际法领域占主导地位的欧洲中心主义被美国中心主义所取代。当美国成为欧洲文明的领导者和舵手时,它知道世界是由欧洲统治的,是按照欧洲的思想来统治的,因此它迅速将欧洲思想变成自己的思想。⑤ 马立博认为,美国不仅从英国继承了民主和自由的传统,

---

① 【哥伦比亚】玛丽萨·拉索:《被抹去的历史:巴拿马运河无人诉说的故事》,扈喜林译,广东人民出版社2021年版,第17页。

② 高鸿钧:《美国法全球化:典型例证与法理反思》,《中国法学》2011年第1期。

③ 张丽滢:《美国崛起与国际法创制研究》,东北师范大学2019年博士学位论文,第176页。

④ 张蕾蕾:《美国国际法思想的演进与〈联合国宪章〉》,《国际论坛》2017年第3期。

⑤ 【葡】布鲁诺·玛萨艾斯:《欧亚大陆的黎明:探寻世界新秩序》,刘晓果译,社会科学文献出版社2020年版,第14—15页。

还予以发扬光大。它在全球秩序之巅已占据一种无与伦比的地位，是从古希腊城邦国家及其民主制度开始，西方长达两千多年的发展的最终结果。美国历史常被视为西方文明的顶峰，是最标准最完美的呈现。在大多数情况下，人们认为这种历史是"信史"。单纯地收集再多的事实也不足以驱除欧洲中心论观点的影响，从内部找到的事实都倾向于证明所处母体的真实性和正当性。即使收集到的某些事实与此不符，它们也大都被视为反常现象而遭到摒弃或无视。这种观念是无视世界历史真实起伏兴衰的欧洲中心论的最新体现，它对某些美国领导人的思想产生了影响；他们试图把价值观强加于其他国家，甚至不惜动用武力。[1] 其中，国际法在英美之间权力和平转移中发挥了重要作用，制度认同是两国和平的前提，国际法是化解冲突的有效手段。[2]

冷战结束后，美国的实用主义更多地表现为对国际法的"废"而不是"立"。例如，美国试图修正《联合国宪章》中的主权原则，主张以人权规范来替代主权规范，拒绝批准《消除对妇女一切形式歧视公约》《儿童权利公约》等核心人权公约的行为则又流露出对人权原则的实用主义态度。又如，拒绝签署《京都议定书》《联合国海洋法公约》，拒绝履行旨在全面禁止核试验的国际条约，拒绝加入国际刑事法院以及违背贸易自由、提高贸易壁垒等等。这些国际法大多由美国主导或参

[1] 【美】马立博：《现代世界的起源：全球的、环境的述说，15—21世纪》，夏继果译，商务印书馆2017年版，第12—207页。
[2] 彭何利：《论大国兴衰与国际法的互动关系——以美国的历史经验为例》，《山东社会科学》2012年第7期。

与制定,而又不断被自身予以推翻或拒绝承认。实用主义的国际法观念使美国具有两种身份,既是现代国际法体系的缔造者,又是最大的破坏者。这种"身份困境"削弱了美国在国际秩序中的信誉与权威,也是被诟病为"恶性霸权""双重标准"的重要原因。宪法是一国根本大法,宪法文本及其承载的精神与美国保持一致,是美国软实力的重要体现。有研究分析近年来世界各国宪法与美国宪法的相似度,发现越来越多的宪法不再以美国宪法为蓝本。① 进入 21 世纪后,美国对国际法的态度由实用主义观念开始转变为虚无主义观念。从两者的关系上看,虚无主义与实用主义在本质上是具有一致性的,都是从权力的视角来俯视国际法,将国际法视为寻求权力的工具。然而,虚无主义又是对实用主义负面作用的极端化,即从实用主义的角度完全否定国际法在外交战略中的作用,摆脱国际法对国家行为的约束。②

(二)自由贸易港国际法治的美国化

随着经济的全球化,法律与其他文化产品和服务一起被顺理成章地输出。这个过程被称为法律的全球化,或者更准确地说,是跨国法治的美国化。③ 甚至有观点认为,在当代欧洲对于美国法的接受类似于

---

① Dvaid S.Law, Mila Versteeg, *The Declining Infiuence of the United States Constitution*, New York University Law Review, Vol.87, No.3, 2012, pp.762–858.

② 高英彤、刘长君:《美国国际法观念的变迁——从"实用主义"到"虚无主义"》,《中国社会科学报》2015 年 11 月 16 日第 7 版。

③ 【美】W. 海德布兰德:《从法律的全球化到全球化下的法律》,刘辉译,【意】D. 奈尔肯、【英】J. 菲斯特编:《法律移植与法律文化》,高鸿钧等译,清华大学出版社 2006 年版,第 157 页。

中世纪的欧洲对于罗马法的接受。① 刘志云对此保持谨慎,认为法律全球化的进程深受美国的影响,甚至相当一部分是美国法的国际化结果。但总体上,法律全球化并不是美国法的国际化。从长远来看,法律全球化的进程将是一个见证美国法主导地位逐渐下降的过程。② 显然,这些观点已经接受了美国法全球化的现象,只不过程度不同趋势差异而已。当然,美国法全球化绝非意指美国法在全球范围都得到了接受和适用,而是意指美国法出现了在全球范围传播和流动的趋势。③ 其中,美国主要通过思想理念的广泛传播和霸权的运用,实现了自由贸易港国际法治的美国化。

　　赵可金主张,一国的崛起从根本上是思想的崛起,特别是理论的发展完善程度,对于一个国家能否真正实现崛起具有决定性作用。思想的崛起既为国家的崛起提供合法性佐证,也能提供智力支持。④ 在这方面,理念的确立和权力的运用是美国推动国际法创制的核心要素。这一理念可能是世界通行的价值观念,也可能是几种理念融合、修改而形成的一种新理念。美国坚信这种理念可以改善社会福利,也能维护美国本国的国家利益,还能通过对理念的进一步解释,使其不止满足本国的国家利益,对相关国家的国家利益也会有所促

---

① Wolfgang · Wirgand, *Americanization of Law: Reception or Convergence?*, Lawrence M. Friedman, Harry N. Scheiber, *Legal Culture and the Legal Profession*, Westview Press, 1996, p.138.

② 刘志云:《法律全球化进程中的特征分析与路径选择》,《法制与社会发展》2007年第1期。

③ 高鸿钧:《美国法全球化:典型例证与法理反思》,《中国法学》2011年第1期。

④ 赵可金:《理论驱动与大国崛起——美国的经验》,《国际展望》2013年第6期。

进,符合国际社会的发展方向。① 冷战结束后,美国取得了真正意义上的支配地位。② 它致力于推进令美国经济大受其惠的新自由主义全球化进程。③《华盛顿共识》所体现的美式新自由主义风靡全球,世界体系出现了全面资本主义化的趋势,反体系的国家和地区越来越受到国际社会的孤立。④ 然而,美国屡屡置身国际公约之外的行径,正重新定义美国在世界政治秩序中的地位。⑤ 而新冠疫情大流行已然表明,美国不再有能力为现有世界秩序提供全球领导力。⑥

除美国成功将对外贸易区国内立法施加影响于《京都公约》自由区制度外,自由贸易港国际法治的美国中心主义还体现在对 WCO 与 WTO 的利用与转化上。作为一类特殊的国际法主体,相当多的国际组织以其各具特色的方式参与到国际法的实施,本质上是对国家实施国际法的一种必要补充,是国际法实施的辅助机制,它和国家的主体作用

① 张丽滢:《美国崛起与国际法创制研究》,东北师范大学 2019 年博士学位论文,第176 页。

② 【美】马立博:《现代世界的起源:全球的、环境的述说,15—21 世纪》,夏继果译,商务印书馆 2017 年版,第 207 页。

③ 【德】赫尔弗里德·明克勒:《帝国统治的逻辑——从古罗马到美国》,程卫平译,社会科学文献出版社 2021 年版,第 214 页。

④ 高鸿钧:《美国法全球化:典型例证与法理反思》,《中国法学》2011 年第 1 期。

⑤ 【德】赫尔弗里德·明克勒:《帝国统治的逻辑——从古罗马到美国》,程卫平译,社会科学文献出版社 2021 年版,第 12 页。

⑥ Andrew Moody, *Major Rethink of World Institutions Long Overdue, Commentator Says*, China Daily, May 21, 2020.

一起构成国际法实施的现代机制。① 1970 年 11 月,美国加入海关合作理事会(Customs Cooperation Council,CCC)。《1974 年贸易法案》通过后,美国立即着手参加协调制度委员会的技术性工作,并于 1983 年 6 月全面完成了从《美国关税税则》向《协调制度》的转换工作。1989 年 1 月 1 日,美国最终将《协调制度》作为《1988 年综合贸易和竞争法》的一部分而予以采用。② 1993 年海关现代化法案(Customs Modernization Act)被认为是美国海关自 1789 年建立以来最为彻底的一次立法调整。③ 它提出海关与进口商在最大化遵守法规方面负有休戚相关的责任。④ 1994 年,鉴于 1973 年《京都公约》历史局限性及自身存在的问题已经暴露无遗⑤,WCO 正式启动修订工作。在 1995 年常设技术委员会上,美国重申如果须对过多的条文作改动,就应考虑重新制订新公

---

① 饶戈平:《国际组织与国际法实施机制的发展》,《中国国际法年刊》(2011),世界知识出版社 2012 年版,第 21—22 页。

② 【美】布鲁斯·E. 克拉伯:《美国对外贸易法和海关法》,蒋兆康等译,法律出版社 2000 年版,第 128—136 页。

③ 周阳:《美国海关法律制度研究》,法律出版社 2010 年版,第 33—34 页。

④ 【阿塞拜疆】A.A.阿里耶夫:《海关业务与世界经济发展》,方宁等译,中国海关出版社 2006 年版,第 100 页。

⑤ 1973 年《京都公约》主要有以下几个方面问题:(1)公约中部分条款的内容已经过时(新技术的出现,贸易发展对海关手续内容提出新要求,简化和协调内涵的深化);(2)公约过于松散因而缺乏约束力(对所有条款都可保留,加入主约时只需接受一个附约就可成为缔约方);(3)公约缺乏相应的管理机构(常设技术委员会不能对公约进行专门地、经常性地管理,对缔约方撤销保留缺乏监管,对内容的更新没有相应的机构负责);(4)公约的修改程序过于复杂(分别有第 15 条、第 16 条两种修改程序)。参见伊羊羊:《〈京都公约〉的修改及可能产生的影响》,《中国海关》1989 年第 3 期。

约的可能性。① 虽然美国全盘推倒、另起炉灶的建议未被采纳,但其主张的贸易便利化的理念成功地渗透进公约。经修订《京都公约》明确将构建在技术手段基础上的风险管理制度的应用作为公约的一项核心原则。② 公约总附约第六章"海关监管"中标准条款6.4明确规定:"海关实施监管时应采用风险管理。"随后的附件二将美国海关风险管理制度作为最佳实践予以详细介绍。③

对更具有影响力的WTO,美国采取的是参与政府多边谈判、提交海关内容提案的方式。2004年7月,WTO总理事会正式启动新的贸易便利化谈判,主要涉及到澄清和完善GATT1994第5、8、10条④、成员方贸易便利化的需求和优先事项以及技术援助和能力建设。谈判中,美国提出,"每一个成员方,无论关注重点在地区邻国还是较远的关键市场,它既是进口商又是出口商,所以谈判的结果和他们的利益紧密相连。美国为改进和澄清GATT第5、8、10条所交的提案旨在改善全球贸易体制,确保成员方进行管理的基础设施能够跟上商业物流的发展。谈判的结果也会提高成员方实现征税、健康、安全和环境要求所需的管理能力。"⑤

---

① 康强:《世界海关组织对〈京都公约〉修改的背景及进展情况》,《中国海关》1996年第2期。

② WCO Annual Report 2011-2012,p.39.

③ 海关总署国际司编译:《京都公约总附约和专项附约指南》,中国海关出版社2003年版,第97—138页。

④ GATT1994第5条规定了过境运输时应该遵守的多边纪律,第8条是关于进出口规费和输出入手续方面的规定,第10条主要规定了贸易法规的公布和实施时应当遵守的多边纪律。

⑤ WTO,TN/TF/W/11.

这一基调的背后主要还是贸易便利化的诉求。美国加入了"科罗拉多协调组"①，单独或联合提出了数量众多的提案，也将本国贸易便利化做法拿出来作为范本放进提案，甚至就直接作为提案的主要内容加以散发。

"9·11"事件后，贸易安全开始取代贸易便利化成为美国的优先选择。作为回应，WCO 于 2005 年 6 月通过的《标准框架》，并通过一种有力且高效的能力建设项目来进一步支持成员海关当局贯彻实施。② 《标准框架》包括四个核心元素与两大支柱。③ 它们背后都有着相应的美国法的身影。美国在《2002 年贸易法案》(Trade Act of 2002)中就要求进出口商，无论是何种商业运输方式（海运、空运、铁路或陆运），均应在货物进出美国前向海关提供特定电子信息。鉴于美国海关风险管理制度已经被 WCO 列为推广的范本，所以第二点元素无非就是要求各成员海关将风险管理的重心调整为安全。第三点元素与美国的"集装箱安全倡议"(Container Security Initiative, CSI)项目极为类似，其实

---

①　该协调组是由美国、欧盟、日本、加拿大、新西兰、新加坡、澳大利亚、瑞士、挪威、匈牙利、韩国、中国香港、摩洛哥、智利、哥斯达黎加、哥伦比亚共 16 个成员组成的非正式团体，仅限于在贸易便利化方面意见一致。虽然其中有发展中成员，但在贸易便利化谈判方面主要体现了发达成员的意愿，为 WTO 贸易便利化议题谈判的主要推动方。

②　WCO Annual Report 2011-2012, p.38.

③　四个核心要素包括：第一，协调了对进口、出口和转运货物提前递交的电子货物信息的要求；第二，加入的国家都承诺针对安全威胁采用一致的风险管理手段；第三，根据进口国的合理要求，出口国海关基于可比的风险布控手段，应对出口的高风险集装箱和货物进行查验，最好使用非侵入式检查设备，如大型 X 光机和放射性探测仪；第四，成员海关要向达到供应链安全的最低标准并采纳最佳做法的企业提供相应的便利。两大支柱分别是"海关与海关之间的合作"和"海关与商界之间的伙伴关系"。

质是提供了一个通过对离境前货物的出口查验来达到将国家地理边境向外推移的政策框架。① 而第四点元素与其说是一种创新，倒不如说是对美国"海关—商界反恐伙伴计划"（Customs-Trade Partnership Against Terrorism，C-TPAT）的一种确认和追随。甚至有观点认为，《标准框架》的出台实质上就是受到了 C-TPAT 的推动。② 而关于两大支柱，支柱一可以被理解为 CSI 的全球化版本，而支柱二则可以被理解为C-TPAT 的全球化版本。③ 美国对此毫不避讳，它公然声称《标准框架》在很大程度上来源于美国的最佳实践。在 WCO 的框架内，美国将积极踊跃地针对国际海关事务提出草案、最佳实践、指南及标准等。④ 因此，《标准框架》事实上已经沦落为美国法贸易安全优先价值理念的"国际公约版本"。

三、中国特色自由贸易港国际法治的治理秩序

（一）中国在国际法治中的角色嬗变

当前，世界之变、时代之变、历史之变正以前所未有的方式展开，人

---

① David Widdowson, Stephen Holloway, *Core border management disciplines: risk based compliance management*, Gerard Mclinden, Enrique Fanta, David Widdowson, Tom Doyle, *Border Management Modernization*, the World Bank, 2011, p.96.

② David Widdowson, *The Changing Role of Customs: Evolution or Revolution?*, World Customs Journal, Volume 1, Number 1, March 2007, p.36.

③ Robert Ireland, *The WCO SAFE Framework of Standards: Avoiding Excess in Global Supply Chain Security Policy*, Global Trade and Customs Journal, Volume 4, Issue 11/12, 2009, p.347.

④ 资料来源：http://www.cbp.gov/xp/cgov/border_security/international_operations/international_agreements/wco/wco.xml。

类社会面临前所未有的挑战。世界又一次站在历史的十字路口,何去何从取决于各国人民的抉择。① 现代权力模式不断扩散,去中心化的全球主义成为当代国际秩序的显著特征,西方全球性国际社会正迈向去中心化的全球主义。② 2015 年 9 月 22 日,习近平主席在西雅图演讲中指出,"世界上本无'修昔底德陷阱',但大国之间一再发生战略误判,就可能自己给自己造成'修昔底德陷阱'"。③ 面对世界在地缘政治上的重组,美国拥有无可争辩的霸权并不是新时期即将开启的标志,而似乎是旧时期将要终结的象征。美国试图以两种策略来维持先前霸权:一种是通过军事,要么进行直接的军事干涉,要么在一些地区扶持军事代理;另一种策略是通过与军火贸易不无关系的资本的全球化。④

---

① 习近平:《高举中国特色社会主义伟大旗帜　为全面建设社会主义现代化国家而团结奋斗——在中国共产党第二十次全国代表大会上的报告》,人民出版社 2022 年版,第 3 页。

② 在全球转型之前,一种跨国经济体系已经在亚欧大陆上运作了数百年,但是该体系受限于低水平的互动能力,不足以支撑长途大宗贸易,也使在体系两端的军事政治联系非常困难。两千年前,罗马帝国和中国的汉王朝知晓彼此的存在,彼此间有相当数量的奢侈品和货币贸易,但是二者的军队从未交锋,且并不存在外交上的联系,二者间的贸易也只是以间接方式、通过一连串的中间商来进行的。全球转型使物质性的和社会性的互动能力均有了巨大的飞跃,因而国家间的相互依赖程度日益加深。起初,全球转型创造了一个高度不平等的、中心—边缘分化的国际秩序;随着全球现代性不断加剧,中心与边缘间的差距逐渐地,且越来越快地缩小。参见【英】巴里·布赞,乔治·劳森:《全球转型:历史、现代性与国际关系的形成》,崔顺姬等译,上海人民出版社 2020 年版,第 62—251 页。

③ 《习近平出席美国华盛顿州当地政府和美国友好团体联合欢迎宴会并发表演讲》,《人民日报》2015 年 9 月 24 日第 1 版。

④ 【美】珍妮特·L. 阿布−卢格霍德:《欧洲霸权之前:1250—1350 年的世界体系》,杜宪兵等译,商务印书馆 2015 年版,第 359 页。

与此同时,国际法欧洲中心主义与美国中心主义给国际法治带来的弊端显而易见。例如,与长期流行于西方的"欧洲发现非洲论"相比,郑和远航非洲的史实让那些"西方中心论"的信奉者很不愉快甚至于矢口否认。① 另一方面,自 20 世纪 90 年代以来,法律制度及其配套服务的输入与输出在全球范围内有着显著的提升,这对于英美法进一步拓展其影响力起到了极大的推动作用,特别是对于发展中国家来说,问题尤为明显。这些国家似乎正在遭受着某种全新的隐形法律帝国主义的入侵。尽管如此,以跨越民族国家边界为特征的法律发展态势并不会因此而发生逆转,全新规范秩序和规制模式的大量涌现也不会因此戛然而止。② 学者们大多力求摆脱固定的思维模式,采取超越欧洲与美国的视角去观察国际法治,中国中心主义便应运而生。唐世平等认为,中国中心主义心态是自我中心主义(ego-centrism)和自大主义(egotism)的奇特混合体。美国人的美国中心主义主要根源于美国长期处于国际体系中心这一政治现实,而中国人的中国中心主义主要来自于历史经历与未来成为世界中心一部分的渴望。美国人的自我中心主义与中国的自我中心主义只有程度和具体表现上的差异,却没有本质区别。③ 柯文教授提出,"中国中心"一词并无用它来标志一种无视外界因素、将中国孤立于世界之外的取向,也没有恢复世界以中国为中

---

① 李新烽:《郑和远航非洲与中非文明互鉴》,《中国社会科学》2022 年第 5 期。

② 【德】托马斯·杜斐:《全球法律史导论》,李富鹏等译,商务印书馆 2019 年版,第130 页。

③ 唐世平、綦大鹏:《中国外交讨论中的"中国中心主义"与"美国中心主义"》,《世界经济与政治》2008 年第 12 期。

心的意思,而是描绘一种研究中国近世史的取向。① 杜赞奇对此不以为然,在他看来,如果中国的历史材料已被预设某一特定的叙述结构等待西方和中国历史学家挖掘,那历史真面目究竟是喧哗的"噪音",抑或是其意义需靠历史学家通过叙述来"象征"性揭示,则不得而知了。② 王国斌总结道:欧洲中心主义的世界观固然失之偏颇,但从其他的中心主义出发来进行比较,情况亦然。③ 中国中心主义不仅导致国人不能用他人的眼光来审视自己和外部世界以及中国和外部世界的交往,缺乏客观了解其他国家的动力,还使得一些精英和民众形成了一种几乎是潜意识的心态:中国应当是伟大的,无论是过去、现在还是未来,或说是一种"天赋伟大"。④ 秦晖尖锐地指出:无论哪一种情况,"西方中心论"都是个没有意义的假问题。谁都不是什么"中心论"者,批判"中心论"犹如堂·吉诃德战风车;谁都是"中心论"者,因而指责某人是"中

---

①　该四个特征包括:(1)从中国而不是从西方着手来研究中国历史,并尽量采取内部的(中国的)而不是外部的(西方的)准绳来决定中国历史哪些现象具有历史重要性;(2)把中国按"横向"分解为区域、省、州、县与城市,以展开区域与地方历史的研究;(3)将中国社会再按"纵向"分解为若干不同阶层,推动较下层社会历史(包括民间与非民间历史)的撰写;(4)热情欢迎历史学以外诸学科(主要是社会科学,但也不限于此)中已形成的各种理论、方法与技巧,并力求把它们和历史分析结合起来。参见【美】柯文:《在中国发现历史——中国中心观在美国的兴起》,林同奇译,社会科学文献出版社 2017 年版,第 318—328 页。

②　【美】杜赞奇:《从民族国家拯救历史:民族主义话语与中国现代史研究》,王宪明等译,江苏人民出版社 2009 年版,第 26—27 页。

③　【美】王国斌:《转变的中国:历史变迁与欧洲经验的局限》,江苏人民出版社 2010 年版,第 3 页。

④　唐世平、綦大鹏:《中国外交讨论中的"中国中心主义"与"美国中心主义"》,《世界经济与政治》2008 年第 12 期。

心论者"实为最无须智力的"智力游戏"。①

　　于中国而言,虽然曾有过一些国际法痕迹,但国际法确是一个舶来品。当近代国际法在欧洲形成和发展时,国际法在中国尚鲜为人知。林则徐在广州查禁鸦片和虎门销烟时,安排翻译了瑞士人瓦特尔《国际法》中部分内容,这被认为是中国对西方国际法最早的接触。之后,西方国际法的著作开始传入,总理各国事务衙门也开始有一些援引国际法维权的成功例子,清朝官员和学者围绕国际法的作用,一直存在"实力至上论"与"法律至上论"的不同见解:前者从一个侧面揭示了近代国际关系和国际法的本质,但如果一味强调实力,容易导致强权政治和霸权主义;后者带有浓郁的理想主义色彩,忽略了国际法为国家利益服务的本质。整个国际法体系被认为主要适用于所谓的"文明"国家之间的关系,中国不属于"文明"国家,国际法的主要任务是保障和补充不平等条约的执行。这个时期,国际法在中国对外关系中的适用是十分有限的。费正清等认为,"天下"和"中国"一直是中国人心中的基本概念,是中国改革者思考的起点。1839年至1923年间,中国的统治阶层都秉持本族中心主义和中国中心主义。但是,西方影响确实促进了中国生活方式和价值观的重塑。②1928年6月,南京国民政府对列强发表了修改不平等条约的政纲,但直到"二战"期间,美、英国方才声明放弃在华领事裁判权,并重订新约。

　　世界只有一个体系,就是以联合国为核心的国际体系。只有一个

---

　　① 秦晖:《传统十论:本土社会的制度、文化及其变革》,山西人民出版社2019年版,第262—263页。

　　② 【美】费正清、邓嗣禹:《冲击与回应》,陈少卿译,民主与建设出版社2019年版,第7—9页。

秩序,就是以国际法为基础的国际秩序。只有一套规则,就是以联合国宪章宗旨和原则为基础的国际关系基本准则。① 中华人民共和国成立后,废除了一切不平等条约,并主张同任何国家在和平共处五项原则基础上进行正常往来,积极推动建立国际政治经济新秩序。② 中国从一个比较落后的发展中国家变成了一个举世公认的新兴大国。③ 改革开放四十年来,国际法工作在中国整体对外工作大局中积极作为,为改革开放伟大成就的取得发挥了重要作用。④ 在承认、继承、国籍、和平解

①　《习近平出席第七十六届联合国大会一般性辩论并发表重要讲话》,《人民日报》2021 年 9 月 22 日第 1 版。

②　黄惠康:《中国特色大国外交与国际法》,法律出版社 2019 年版,第 9—17 页。

③　中国虽然成为新兴大国,但要成为一个成熟的大国还有很长的路要走。与成熟的大国相比,中国存在着明显的短板,主要是现代化还没有完成,科技创新能力不足,人均国内生产总值和资源占有量很低,城乡差别、沿海与内陆的差别很大;参与大国博弈的经验还不够丰富,没有盟国甚至没有可以结盟的对象,可以调动的国际资源和制订国际规则的话语权有限;特别是国家统一尚未完成,而历史上还没有哪个真正的大国是处于分裂状态的。章百家:《调整观察和分析国际问题的视角和思维模式》,《美国研究》2015 年第 6 期。

④　参见杨洁篪:《开创国际法工作新局面,服务改革开放新征程》。文中指出,40 年来,中国广泛参与国际条约和机制,参加了几乎所有政府间国际组织,加入了 500 余项国际公约,运用法律和条约搭建广泛领域的合作平台,促进中国与世界交融发展、共同进步;运用和发展国际法,妥善解决历史遗留问题和国际争端,创造性地提出"一国两制",恢复对香港、澳门行使主权,通过和平谈判与周边邻国解决陆地边界和海洋划界问题;深入参与国际经济、金融、环保、网络、极地、外空等各领域全球治理规则制定,引领气候变化国际合作,积极推动和平解决国际和地区热点问题,努力为应对全球性挑战贡献中国智慧和力量;积极运用法律规则,坚决维护国家主权、安全和发展利益,坚决反对其他国家干涉我国内政,坚决遏制和打击一切形式的分裂行径,打造打击犯罪、反恐、追逃追赃等法律合作网络,积极维护海外利益,推进"一带一路"法治保障;始终高举国际法旗帜,倡导践行和平共处五项原则,坚决维护以联合国宪章宗旨和原则为核心的国际法体系,坚定支持多边主义,积极履行国际责任,成为公认的世界和平的建设者、全球发展的贡献者、国际秩序的维护者。

决国际争端等问题上,中国以其独特的实践丰富了国际法。中国政府逐渐提升国际法的观念和能力。① 中国始终是世界和平的建设者、全球发展的贡献者、国际秩序的维护者、公共产品的提供者,将继续以中国的新发展为世界提供新机遇。② 中国是国际法治的全面遵从者与大部分领域的重要参与者。

中国如何实现从国际法治的全面遵从者、重要参与者向引领者的角色转变? 进一步而言,崛起国如何处理与守成大国的关系? 游启明认为,现有大国对崛起国地位追求的回应会影响后者的国际秩序观。③ 熊炜则阐述了德国嵌入式崛起之路,即崛起国将自身嵌入主导国所建立和维护的体系中,在努力保持嵌入状态下,积极寻找崛起机会与空间,以期处理嵌入与崛起两者之间矛盾共存的辩证关系。④ 这些都值得中国借鉴与深思。一方面,中国推动国际法治的革新,努力挖掘

① 贾桂德:《新中国成立七十年来中国的国际法实践和贡献》,《国际经济法学刊》2020 年第 1 期。

② 《习近平出席第七十六届联合国大会一般性辩论并发表重要讲话》,《人民日报》2021 年 9 月 22 日第 1 版。

③ 当守成国认可崛起国的地位追求、将后者纳入大国"精英俱乐部"时,崛起国会保持"寻求承认式"维持现状政策,继续在既有秩序中维持或追求地位;而当崛起国的地位追求受到守成国的蔑视后,它会打破地位的社会属性,通过"自我赋予式"修正主义政策来追求地位。游启明:《崛起国为什么修正国际秩序》,《世界经济与政治》2021 年第 3 期。

④ 在半个多世纪的崛起进程中,德国始终将自身明确而牢固地置于现有霸权国所创建和维护的体系中,主动克服崛起过程中的脱嵌风险,寻求在体系内部由下至上的成长而非由外向内的崛起。追求权力和国际地位时,德国专注于基于价值、规范和制度的塑造性权力并努力成为"塑造性大国",将国际秩序塑造为基于规范而非基于强制性实力,补齐自身短板而实现崛起目标。熊炜:《德国"嵌入式崛起"的路径与困境》,《世界经济与政治》2021 年第 1 期。

习近平法治思想中国际法治的精神,包括构建人类命运共同体、走和平发展道路、构建以合作共赢为核心的新型国际关系、维护以联合国宪章宗旨和原则为核心的国际秩序和国际体系、推动国际秩序与全球治理体系朝着更加公正合理的方向发展、加强国际法治工作等。① 它是在维护国家主权与根本利益基础上积极参与全球治理,将中国智慧贡献于人类文明,推动构建人类命运共同体规则体系的重大战略判断。② 另一方面,努力创建中国式国际法治。近些年来,中国国际法治研究有一种"追随西方"的心态。③ 而大国往往通过破旧立新方式引领规则构建。④ 习近平总书记指出:一个国家选择什么样的治理体系,是由这个国家的历史传承、文化传统、经济社会发展水平决定的,是由这个国家的人民决定的。中国今天的国家治理体系,是在中国历史传承、文化传统、经济社会发展的基础上长期发展、渐进改进、内生性演化的结果。⑤ 马克思认为,"理论在一个国家的实现程度,决定于理论满足这个国家的需要程度。"⑥正如托克维尔所说,我们把视线转向美国,并不是为了亦步亦趋地效仿它所建立的制度,而是为了更好地学习适用于我们的东西。⑦

①　黄进:《习近平全球治理与国际法治思想研究》,《中国法学》2017 年第 5 期。

②　王轶:《坚持统筹推进国内法治和涉外法治》,《人民日报》2021 年 3 月 19 日。

③　陶南颖:《论国际法治研究的西方中心视角与中国视角》,《法制与社会发展》2020 年第 3 期。

④　韩立余:《构建国际经贸新规则的总思路》,《经贸法律评论》2019 年第 4 期。

⑤　习近平:《在第十二届全国人民代表大会第一次会议上的讲话》,《人民日报》2013 年 3 月 18 日第 1 版。

⑥　《马克思恩格斯选集》(第 1 卷),人民出版社 1972 年版,第 10 页。

⑦　【法】托克维尔:《论美国的民主(上卷)》,董果良译,商务印书馆 1991 年版,第 3 页。

我们不能套用西方现成的理论,也不投机取巧地做二元式对比,那样只会培养思维惰性,麻醉学术神经以及降低发现问题的敏锐度,而是直接面对我们自己的社会、文化、心理与行为,重新进行思考和分析。[①] 因此,中国应努力发展出既有共同法治特征、更有基于自己国情国际法治。

(二)中国特色自由贸易港国际法治秩序的表达

自由贸易港国际法治秩序具有高度抽象性,其构建、塑造和维持需要依赖国际法治的规则与机制。广义上自由贸易港国际法治秩序经过"欧洲中心主义"到"美国中心主义",美国不仅在国际条约、国际软法及国内立法等规则方面占据优势,还在如何将国内立法转化为多边条约"硬法"上拥有主导权,两者结合后形成的自由贸易港国际法治秩序的话语权。当前,美国在一些国际问题上主动调整甚至收缩,但并不代表愿意放弃话语权。从法律体系来看,全球主要自由贸易港普遍实行以惯例法为基础的英美法系。[②] 中国能否提出一套不同于欧美的自由贸易港国际法治秩序? 中国特色自由贸易港国际法治究竟主张何种内涵的治理秩序? 这些问题都需要以一种认真地态度向世人表达。

首先,我们应该如何理解"中国特色"? 表面上看,中国海南自由

[①] 本体化就是让我们在研究时换一个角度,即不直接通过西方学科中的概念、理论和方法来发现现象和问题,而是从本土的现象和问题出发,来寻求相应解决问题的途径、方法和对应工具,建立本土的学术概念、理论和分析框架。瞿学伟:《中国人行动的逻辑》,生活·读书·新知三联书店 2017 年版,第 5—6 页。

[②] 朱福林:《海南自由贸易港高质量发展:阶段性成果、瓶颈因素与突破路径》,《经济学家》2021 年第 6 期。

贸易港以"空港为主、海港为辅"作为主要建设模式,重点发展基于三大主导产业附加值更高的空港贸易体系,辐射范围更大又解决了内陆腹地少的问题。① 这是海南自由贸易港冠以中国特色的一个重要原因。不仅如此,"中国特色自由贸易港"中"特色"两字就已经寓意着自由贸易港与其他国家的不同,建构于这个制度之上的国际法治必然充分体现出国家立场,是中国问题、利益及文化与自由贸易港国际法治的治理规则、治理机制与治理秩序的全面融合。第一,提出自由贸易港国际法治规则完善的中国方案,即对于治理规则中《京都公约》修订、系列国际软法及涉外国内立法等提出符合中国立场的切实可行的对策建议。例如,国际上设立自由贸易港基本上是从关税减免和海关监管的视角考虑的,强调通过物流、人流、资金流的自由流动推动贸易发展,侧重于经济建设领域。而海南自由贸易港建设不仅要推进贸易便利化、经济发展、体制改革等,而且还要在社会治理、生态保护、保障国家利益等方面发挥重要作用。② 第二,表明自由贸易港国际法治机制的中国态度,即对于政府间国际组织机制、非国际组织国际机制以及非政府实体的参与机制提出中国的价值取向与评价标准。第三,树立自由贸易港国际法治治理秩序的中国观念,即针对自由贸易港国际法治事实上美国中心主义的逐渐衰落,提出具有中国特点的认识、分析和判断。海南自由贸易港是为探索更高水平开放形态的改革范式,是为建设更高

---

① 曹晓路、王崇敏:《建设自由贸易港的国际经验与海南路径》,《国际贸易》2020 年第 4 期。

② 朱福林:《海南自由贸易港高质量发展:阶段性成果、瓶颈因素与突破路径》,《经济学家》2021 年第 6 期。

质量的现代化开放型经济体系,是以人民为中心发展更适宜居住的生活环境以及为促进贸易自由化与世界和平发展贡献中国智慧、中国方案和中国力量。①

其次,探索以"自由贸易港网络"作为自由贸易港国际法治的依托。从第一个世界性网络(first worldwide web),到各种都市网络(met-ropolitan webs)逐渐成型,再到涵盖欧亚大陆和北非绝大部分地域的最大的旧大陆网络体系(old worid web)形成,以及唯一的世界性网络(commopolitan web)与今日全球性网络(global web),所有的网络都包含着合作与竞争两个层面。人类历史的普遍趋势是在现实中各种各样竞争的驱动下,无论是自愿的还是被迫的,朝着越来越大的社会合作方向发展。② 每个国家都是全球的组成部分,但每个国家不是孤立存在,国家与国家互为发展条件,互相间的竞争、交融、碰撞以及力量对比关系都是推动自由贸易港国际法治发展的重要动力,但由于这些动力不发生在国家政治框架之内,因而长期被忽视。从这个意义上,自由贸易港国际法治的基本叙述单元应该是具有相互依存关系的"自由贸易港网络",也只有在这个网络中,中国特色才有相互比较的基础。胡云乔等曾提出"海上丝绸之路自由港城市联盟"的构想。③ 自由贸易港网络

①　董涛等:《高质量高标准建设海南自由贸易港:意义、优势与建议》,《海南大学学报(人文社会科学版)》第3期。

②　【美】约翰·R.麦克尼尔、威廉·H.麦克尼尔:《麦克尼尔全球史:从史前到21世纪的人类网络》,北京大学出版社2017年版,第2—5页。

③　该构想主要如下:第一,开拓和畅通"丝路航线"。以港口建设和业务合作为先导,加强与海上丝路沿线国家的港口对接与合作,签订海上合作协议,以航运、渔业、资源开发、环保、旅游、防灾救灾为重点,合作建设一批临港经济区和海洋经济示范区,以国际海

是其升级版。它是因不同原因、以不同方式、不断进行重组的统一体；决定其统一性的因素既可能是自然地理环境，也可能是人类自身的组织行为；无论由哪种因素决定，自由贸易港网络的不断发展使得世界日益成为一个彼此密切关联的人类生存空间。基于这一认识，自由贸易港国际法治所关注的不仅是国际硬法，还包括影响各个自由贸易港间互动的国际软法。值得注意的是，中国应积极利用海南自由贸易港并在适当时机创设更多的自由贸易港，统筹推进国内法治和涉外法治，吸收国际先进法治经验，促进国内法治的发展，也可以展示、贡献法治实

运航线为纽带串接起沿线国家的重要港口。第二，建设"丝路友好城市伙伴关系"。定期举办"海上丝绸之路港口城市市长论坛"和经贸、文化领域的国际博览会，开通"丝路市长热线"，畅通沟通渠道，增进政府间、民间的认同度，提升自由港城市的国际交往能力。第三，打造沿线自由港城市间共同认可的"丝路签证"。丝路沿线自由港城市之间互相签署免签协定，为经常往返自由港城市的国际商务人员颁发"丝路签证"。申请人一旦获得某个丝路自由港城市的"签证"，即可在一定时期内在所有丝路自由港城市间自由流动。第四，在自由港城市间试点"敏感"领域的深度合作。自由港通常是一国经济体制最开放、投资贸易政策最优惠的地区。自由港城市间的制度相通性和匹配度大大高于所在国家间的制度相通性和匹配度。以各国自由港城市为过渡地带，试点外资准入、通关监管、跨境结算、劳务出口等领域的深度合作，对接沿线各国的经济发展战略和对策，一方面可以为继续深入、扩大合作奠定基础，另一方面可以将风险和冲突控制在可控范围内。对于"一带一路"沿线国家来说，结成自由港城市联盟是结成更高层次的自由贸易合作伙伴的一次试水。总之，通过打造"海上丝绸之路自由港城市联盟"，自由港可以与联盟港口共享经济腹地与资源。这条演化路径可以说是在尊重港口自然属性的基础上，顺应区域经济一体化进程，利用制度设计和技术手段淡化行政区划甚至国家边界，对港口开发和利用模式的一种解构和重构。同时，通过强强联手，"丝路自由港城市联盟"将有可能像中世纪的"汉萨同盟"一样成为未来国际社会中的一股重要力量，影响整个国际贸易新秩序的走向。胡云乔、李金珊：《从自由港代际演化看"一带一路"倡议下的第四代自由港发展趋势》，《社会科学家》2016年第5期。

践的中国智慧和中国方案。①

最后，通过国际公共产品供给与人类命运共同体理念的渗透，推动中国特色自由贸易港秩序的形成。第一，在国际公共产品的供给方面，国际法发挥着重要的促进和保障作用。② 各国均努力按自身利益"形塑"自由贸易港国际法治秩序。自由贸易港国际法治的治理规则与治理机制是成本巨大、体系庞大的国际公共产品，既需要发达经济体的投入与推动，也需要发展中经济体的参与和贡献。尽管包括中国在内的诸多发展中国家已开展了丰富的自由贸易港实践，从自由贸易港国际法治规则与机制的现状来看，仍然具有突出的"美国中心主义"色彩，保留着美国霸权的惯性，未能充分吸收发展中国家的经验，难以反映发展中国家的利益。自由贸易港亦可以是一种国与国、跨国企业与不同国家消费者之间的共享经济模式。③ 中国对自由贸易港国际法治治理

---

① 统筹推进国内法治和涉外法治必然要依托特定的场所。合理的场所选择于有效地统筹推进国内法治和涉外法治具有重要的作用。一方面，特定的场所可能更有助于特定制度的设计与实施；另一方面，特定的场所可能更有助于特定行为体和机制发挥作用。能否恰当地进行场所选择，很大程度上取决于我国能否准确地理解特定涉外法治实践所处的背景以及所追求的目标。关于场所，中国有必要根据特定涉外法治实践所处的背景、所追求的目标以及特定场所的优势，选择恰当的、示范性的国内场所，实现涉外法治实践与特定场所的良好匹配。同时，中国有必要积极利用、创设国际场所，尤其是基础设施位于中国的国际场所，即在地化的国际场所。蔡从燕：《统筹推进国内法治和涉外法治中的"统筹"问题》，《武大国际法评论》2022 年第 4 期。

② 石静霞：《"一带一路"倡议与国际法——基于国际公共产品供给视角的分析》，《中国社会科学》2021 年第 1 期。

③ 陈林、袁莎：《全球比较视角下自由贸易港的多维度政策红利：国家治理与经济社会效应》，《产经评论》2019 年第 6 期。

秩序的"形塑",就是基于自身在自由贸易港领域丰富而良好的实践经验,尝试先在"一带一路"沿线国家内,统筹自由贸易港涉外国内法治与涉外法治。对于那些明确或者实质上涉及中国与其他国家间关系的涉外法治实践,中国可以并且应当遵循较之国内法治较"低"的标准。对于那些并不明确涉及或者实质上并不涉及中国与其他国家间关系的涉外法治,中国在某些情形下可以考虑采取较之国内法治较"高"水平的实践。①

第二,构建人类命运共同体,需要国际法的固化和支撑,需要协调推进国内治理和国际治理。为构建人类命运共同体提供法治保障,是中国涉外法治工作的重要努力方向。② 中国特色自由贸易港国际法治秩序的构建,既需要规则与机制构成的外在支撑,更需要价值观的"精神塑造"。崛起的中国不仅高度注重本土法律秩序,也开始想象与追求中国人心目中的那种良善的国际法律秩序。③ 自由贸易港不仅是国际经贸交流的"高地",也是国际文明交融的"高地"。任何一个制度的起源,都需要特定的前提条件,而这些前提条件的形成可能是偶然的,但制度生成的逻辑却能够超越这些初始条件。④ 新自由主义全球化在当前已渐趋式微,由中国提出并引领的"人类命运共同体""一带一路"

① 蔡从燕:《统筹推进国内法治和涉外法治中的"统筹"问题》,《武大国际法评论》2022 年第 4 期。

② 黄惠康:《准确把握"涉外法治"概念内涵 统筹推进国内法治和涉外法治》,《武大国际法评论》2022 年第 1 期。

③ 陶南颖:《论国际法治研究的西方中心视角与中国视角》,《法制与社会发展》2020 年第 3 期。

④ Niklas Luhmann, *The differentiation of society*, Columbia University Press, 1982, p.126.

倡议等新国际秩序正在崛起。① 人类命运共同体理念突出"人类命运"淡化"国家命运",以利益共赢取代零和博弈,强调交流互鉴反对文明区隔,反映了国际法治民主化、人本化的发展趋势。中国应将人类命运共同体理念"润物细无声"地渗透于自由贸易港国际法治秩序之中,发扬"共商、共建、共享"原则②,通过价值观的"神塑",建立文明包容的治理秩序。

本章小结

本章遵循"规则—机制—秩序"三个递进维度,对中国特色自由贸易港国际法治的主要内容展开阐述。

中国特色自由贸易港国际法治规则主要包括国际公约、自由贸易协定、国际软法与涉外国内立法。中国不仅批准接受了《京都公约》专项附约四第二章"自由区",还加入了 TFA 等国际条约。在缔结的双边与区域自由贸易协定中,仅《中国—韩国自由贸易协定》对自由贸易港做了特别安排。中国牵头制定了《跨境电子商务标准框架》与《AEO 实施与验证指南》等涉及自由贸易港的国际软法,且在自由贸易协定具体条款中,安排了对 WCO 牵头制定的国际公约和国际软法的援引。《海南自由贸易港法》则是中国特色自由贸易港国际法治中涉外国内

---

① 靳光涛等:《国际先进经验视角下海南自贸港创新发展路径》,《国际贸易》2021年第 2 期。

② 龚柏华:《"三共原则"是构建人类命运共同体的国际法基石》,《东方法学》2018年第 1 期。

立法的核心。因此,中国已初步建构起中国特色自由贸易港国际法治规则体系,并在国际软法部分领域规则制定方面发挥了引领作用。同时,中国应将公约自由区制度作为中国特色自由贸易港国际法治的基石,积极投入资源参与公约热点审议,挖掘公约条文的空间,提出可操作的路径,扩大国家对公约的影响力。中国还应积极呼吁自由贸易港的特殊性,探索在个案情况下灵活适用 WTO 多边协定的实践,并将TFA 规则贯彻到自由贸易港的日常运作中去。在自由贸易协定中自由贸易港规则话语权的竞争中,增强中国特色自由贸易港规则的转化能力。在贸易便利化、无纸贸易等自由贸易港传统领域的国际软法中,发出更多中国声音。在涉外国内立法层面,加快"海南自由贸易港法规制定权"的实践,为国内立法向国际法治的转化奠定坚实基础。

中国特色自由贸易港国际法治机制范畴包括治理主体、治理客体与治理本体。出于国家利益的考量,中国对自由贸易港国际法治各类规则采取了不同的策略,从而体现了国家意志的主导。WCO 是自由贸易港国际法治领域内最主要的国际组织,得到了中国的大力支持。OECD、UNECE、ILO、UNCTAD、WFZO 等纷纷在各自专业领域表现出对自由贸易港法治问题的高度关注。《海南自由贸易港法》在自由贸易港"开放程度最高"与主权边界厘清的问题上做出了有益探索。在治理本体层面,中国积极推动了 WTO 与 WCO 等政府间国际机制合作,不断丰富金砖国家海关合作、中日韩三国海关领导人会议等非国际组织国际机制,并通过举办会议与提供培训等方式促进自由贸易港非传统治理机制的发展。因此,中国在自由贸易港国际法治的规范遵守、主权实施以及价值确立等方面是积极的践行者。对于 WCO,中国应推动其改进工作方法,优化选举程序,扩大资金来源,解决突出风险事项,致力于战略层面优化决策流程与运行机制,充分发挥非政府国际组织,特别是商业组织在自由贸易港国际法治建构中的作用。在探索自由贸易港主权边界过程中,中国应根据国家利益做出取舍,积极全面参与国际机制的同时,主动促进新国际机制的建设与决策。

受国际法欧洲中心主义与美国中心主义的影响,自由贸易港国际法治也经历过欧洲协调与美国化两个阶段。前者集中体现在自由贸易港国内事务的国际协调上,其结果以经贸多边条约与海关关税多边条约为主,辅之以产生相对应的国际组织;后者则是通过思想理念的广泛传播和霸权的运用,实现了自由贸易港国际法治的美国化,即成功将对外贸易区国内立法施加影响于《京都公约》自由区制度外,还体现在对WCO 与 WTO 的利用与转化上。中国是国际法治的全面遵从者与大部分领域的重要参与者。一方面,中国努力推动国际法治的革新,挖掘习近平法治思想中国际法治的精神;另一方面,积极创建中国式国际法治,发展出既有共同法治特征、又基于国情的国际法治。具体而言,中国特色自由贸易港国际法治秩序的表达应先从"中国特色"入手,提出自由贸易港国际法治规则完善的中国方案,表明自由贸易港国际法治机制的中国态度,树立自由贸易港国际法治治理秩序的中国观念。其次,探索以"自由贸易港网络"作为自由贸易港国际法治的依托,积极建设好海南自由贸易港并在适当时机创设更多的自由贸易港。最后,通过国际公共产品供给与人类命运共同体理念的渗透,推动中国特色自由贸易港秩序的形成。

主要参考文献

一、中文著作

1. 蔡从燕:《私人结构性参与多边贸易体制》,北京大学出版社 2007 年版

2. 曾文革等:《特殊经济功能区法律制度研究》,对外经济贸易大学出版社 2012 年版

3. 陈利强:《中国特色自贸区(港)法治建构论》,人民出版社 2019 年版

4. 陈诗启:《中国近代海关史》,人民出版社 2002 年版

5. 成思危:《从保税区到自由贸易区:中国保税区的改革与发展》,经济科学出版社 2004 年版

6. 方孔:《实在法原理:第一法哲学沉思录》,商务印书馆 2007 年版

7. 高鸿钧等:《英美法原论》,北京大学出版社 2013 年版

8. 高融昆:《中国海关的制度创新和管理变革》,经济管理出版社

2002 年版

9. 高伟凯:《自由贸易与国家利益》,中国社会科学出版社 2010 年版

10. 国家口岸管理办公室编译:《关税同盟海关法典》,中国海关出版社 2016 年版

11. 国家口岸管理办公室编译:《法国海关法典》,中国海关出版社 2016 年版

12. 海关总署国际合作司编译:《〈关于简化和协调海关制度的国际公约(京都公约)〉总附约和专项附约指南》,中国海关出版社 2003 年版

13. 海关总署国际合作司编译:《欧盟海关法典》,中国海关出版社 2016 年版

14. 何力:《日本海关法原理与制度》,法律出版社 2010 年版

15. 何力:《世界海关组织及法律制度研究》,法律出版社 2012 年版

16. 何志鹏:《国际法哲学导论》,社会科学文献出版社 2013 年版

17. 何志鹏:《国际法治论》,北京大学出版社 2016 年版

18. 何志鹏:《国家利益维护:国际法的力量》,法律出版社 2018 年版

19. 贺平:《贸易与国际关系》,上海人民出版社 2018 年版

20. 黄志雄:《国际法视角下的非政府组织趋势、影响与回应》,中国政法大学出版社 2012 年版

21. 冀朝鼎:《中国历史上的基本经济区》,岳玉庆译,浙江人民出

版社 2016 年版

22. 孔庆江:《国际经济法律规范的可移植性与国家经济安全的相关性研究:以 WTO 法为例》,武汉大学出版社 2016 年版

23. 李春林:《国际法上的贸易与人权问题研究》,武汉大学出版社 2007 年版

24. 李浩培:《条约法概论》,法律出版社 2003 年版

25. 李巍:《制度变迁与美国国际经济政策》,上海人民出版社 2010 年版

26. 金耀基:《中国政治与文化》,香港牛津大学出版社 1997 年版

27. 刘衡:《国际法之治:从国际法治到全球治理——欧洲联盟、世界贸易组织与中国》,武汉大学出版社 2014 年版

28. 刘志云:《国际经济法律自由化原理研究(增订版)》,法律出版社 2015 年版

29. 刘志云:《现代国际关系理论视野下的国际法》,法律出版社 2006 年版

30. 罗国强:《自然国际法的基本原则》,武汉大学出版社 2011 年版

31. 罗豪才、宋功德:《软法亦法:公共治理呼唤软法之治》,法律出版社 2009 年版

32. 吕世伦主编:《西方法律思想史论》,商务印书馆 2006 年版

33. 宁骚:《民族与国家:民族关系与民族政策的国际比较》,北京大学出版社 1995 年版

34. 强世功:《惩罚与法治——当代法治的兴起(1976—1981)》,法

律出版社 2009 年版

35. 强世功：《中国香港：政治与文化的视野》，生活·读书·新知三联书店 2020 年版

36. 秦晖：《传统十论：本土社会的制度、文化及其变革》，山西人民出版社 2019 年版

37. 屈潇影：《软权力与欧盟扩大研究》，社会科学文献出版社 2016 年版

38. 翟学伟：《中国人行动的逻辑》，生活·读书·新知三联书店 2017 年版

39. 饶戈平：《国际组织与国际法实施机制的发展》，北京大学出版社 2013 年版

40. 沈定平：《"伟大相遇"与"对等较量"——明清之际中西贸易和文化交流研究》，商务印书馆 2015 年版

41. 沈光耀：《中国古代对外贸易史》，广东人民出版社 1985 年版

42. 孙益武：《中国自由贸易试验区知识产权保护制度研究》，知识产权出版社 2018 年版

43. 孙远东：《从海关特殊监管区域到自由贸易园区——中国的实践与思考》，首都经济贸易大学出版社 2014 年版

44. 王名扬：《美国行政法》（上），中国法制出版社 1995 年版

45. 王铁崖：《国际法引论》，北京大学出版社 1998 年版

46. 王赓武：《1800 年以来的中英碰撞：战争、贸易、科学及治理（增订版）》，金明等译，浙江人民出版社 2018 年版

47. 王永进：《契约、关系与国际贸易》，上海人民出版社 2015 年版

48. 吴经熊:《正义之源泉:自然法研究》,张薇薇译,法律出版社2015年版

49. 吴晓萍:《国际公共产品的软权力研究——以美国、中国参与世界贸易组织为例》,世界知识出版社2018年版

50. 肖永平、黄志雄:《曾令良论国际法》,法律出版社2017年版

51. 熊炜:《国际公共产品合作与外交谈判利益、制度和进程》,世界知识出版社2014年版

52. 许军珂等:《全球治理视野中的国际法治与中国作用》,世界知识出版社2017年版

53. 杨国华:《丛林再现?——WTO上诉机制的兴衰》,人民出版社2020年版

54. 杨静:《自由贸易协定知识产权条款研究》,法律出版社2013年版

55. 杨泽伟:《国际法史论》,高等教育出版社2011年版

56. 于春洋:《现代民族国家建构:理论、历史与现实》,中国社会科学出版社2016年版

57. 张晋藩:《中国法律的传统与近代转型》,法律出版社1997年版

58. 张茗:《摇晃的钟摆:欧盟——美国关系研究》,上海社会科学院出版社2018年版

59. 张乃根:《条约解释的国际法》,上海人民出版社2019年版

60. 张文显:《法理学》,法律出版社2004年版

61. 朱秋沅:《国际海关法研究》,法律出版社2011年版

62.【阿塞拜疆】A.A.阿里耶夫：《海关业务与世界经济发展》，方宁等译，中国海关出版社 2006 年版

63.【澳】安东尼·瑞德：《东南亚的贸易时代：1450—1680 年：第二卷 扩张与危机》，孙来臣等译，商务印书馆 2013 年版

64.【澳】波波·罗：《孤独的帝国——俄罗斯与新世界无序》，袁靖等译，中信出版集团股份有限公司 2019 年版

65.【澳】克里斯蒂安·罗伊-斯米特、【英】邓肯·斯尼达尔主编：《牛津国际关系手册》，方芳等译，译林出版社 2019 年版

66.【比】伍尔夫、【巴】索科尔编：《海关现代化手册》，上海海关翻译小组译，中国海关出版社 2008 年版

67.【比】斯蒂芬·柯克莱勒、汤姆·德尔鲁：《欧盟外交政策（第二版）》，刘宏松等译，上海人民出版社 2017 年版

68.【德】巴多·法斯本德、安妮·彼得斯：《牛津国际法史手册》，上海三联书店 2020 年版

69.【德】拉德布鲁赫：《法哲学导引》，雷磊译，商务印书馆 2021 年版

70.【德】马克斯·韦伯：《经济与社会》（上卷），林荣远译，商务印书馆 2004 年版

71.【德】乌尔里希·克罗茨、约阿希姆·希尔德：《锻造欧洲：法国、德国和从〈爱丽舍宫条约〉到 21 世纪政治德嵌入式双边主义》，赵纪周译，中国社会科学出版社 2020 年版

72.【俄】米·季塔连科、弗·彼得罗夫斯基：《俄罗斯、中国与世界秩序》，粟瑞雪译，人民出版社 2018 年版

73.【法】费尔南·布罗代尔:《十五至十八世纪的物质文明、经济和资本主义》(第三卷),顾良等译,商务印书馆2017年版

74.【法】克劳德·让·贝尔、亨利·特雷莫:《海关法学——欧盟与法国海关法研究(第七版)》,黄胜强等译,中国海关出版社有限公司2019年版

75.【法】理查德·邦尼:《欧洲财政国家的兴起:1200—1815年》,沈国华译,上海财经大学出版社2016年版

76.【法】卢梭:《社会契约论》,何兆武译,商务印书馆1997年版

77.【法】托克维尔:《论美国的民主》,董良果译,商务印书馆1997年版

78.【古希腊】柏拉图:《理想国》,郭斌和等译,商务印书馆2021年版

79.【古希腊】希罗多德:《历史》,徐松岩译注,上海三联书店2008年版

80.【古罗马】西塞罗:《国家篇 法律篇》,沈叔平等译,商务印书馆2019年版

81.【古希腊】修昔底德:《伯罗奔尼撒战争史:详注修订本》,徐松岩译注,上海人民出版社2017年版

82.【古希腊】亚里士多德:《政治学》,吴寿彭译,商务印书馆2020年版

83.【韩】李镇汉:《高丽时代宋商往来研究》,李廷青等译,江苏人民出版社2020年版

84.【荷】弗朗斯·彭宁斯:《软法与硬法之间:国际社会保障标准

对国内法的影响》,王锋译,商务印书馆 2012 年版

85.【荷】格劳秀斯:《战争与和平法》,【美】弗朗西斯 W.凯尔西等英译,马呈元等译,中国政法大学出版社 2016 年版

86.【荷】马尔滕·波拉:《黄金时代的荷兰共和国》,金海译,中国社会出版社 2013 年版

87.【加】大卫·戴岑豪斯:《重构法治:法秩序之局限》,程朝阳等译,浙江大学出版社 2020 年版

88.【加】弗朗辛·麦肯齐、【意】吕西安·科帕拉罗主编:《全球贸易冲突:16—20 世纪》,中国人民大学出版社 2021 年版

89.【美】E.博登海默:《法理学:法律哲学与法律方法》,邓正来译,中国政法大学出版社 2004 年版

90.【美】富勒:《法律的道德性》,郑戈译,商务印书馆 2005 版

91.【美】M.罗斯托夫采夫:《罗马帝国社会经济史》,马雍等译,商务印书馆 1985 年版

92.【美】埃尔斯沃思·亨廷顿:《文明与气候》,吴俊范译,商务印书馆 2020 年版

93.【美】艾·塞·马汉:《海军战略》,蔡鸿幹等译,商务印书馆 2018 年版

二、中文论文

1.蔡从燕:《统筹推进国内法治和涉外法治中的"统筹"问题》,《武大国际法评论》2022 年第 4 期

2.蔡从燕:《国际法上的大国问题》,《法学研究》2012 年第 6 期

3. 曹晓路、王崇敏:《建设自由贸易港的国际经验与海南路径》,《国际贸易》2020 年第 4 期

4. 曾令良:《国际法治与中国法治建设》,《中国社会科学》2015 年第 10 期

5. 车丕照:《国际社会契约及其实施路径》,《吉林大学社会科学学报》2013 年第 3 期

6. 车丕照:《国际秩序的国际法支撑》,《清华法学》2009 年第 1 期

7. 陈立虎:《中国自由贸易园区立法的新思考》,《法治研究》2016 年第 2 期

8. 陈利强、陈杰:《中国特色自由贸易港"基本法模式"探究》,《上海政法学院学报》2019 年第 6 期

9. 陈林、袁莎:《全球比较视角下自由贸易港的多维度政策红利:国家治理与经济社会效应》,《产经评论》2019 年第 6 期

10. 陈林、周立宏:《从自由贸易试验区到自由贸易港:自由贸易试验区营商环境升级路径研究》,《浙江社会科学》2020 年第 7 期

11. 陈儒丹:《自由贸易港建设背景下的互惠制改革》,《法学》2018 年第 11 期

12. 陈志敏、周国荣:《国际领导与中国协进型领导角色的构建》,《世界经济与政治》2017 年第 3 期

13. 崔凡等:《论中国自由贸易港的战略意义与功能定位》,《国际贸易》2018 年第 4 期

14. 丁伟:《中国(上海)自由贸易试验区法制保障的探索与实践》,《法学》2013 年第 11 期

15. 杜维超:《国际法治评估中的技术政治及中国立场》,《法学》2021 年第 2 期

16. 傅蔚冈、蒋红珍:《上海自贸区设立与变法模式思考——以"暂停法律实施"的授权合法性为焦点》,《东方法学》2014 年第 1 期

17. 高鸿钧:《美国法全球化:典型例证与法理反思》,《中国法学》2011 年第 1 期

18. 龚柏华:《"法无禁止即可为"的法理与上海自贸区"负面清单"模式》,《东方法学》2013 年第 6 期

19. 龚柏华:《"一带一路"背景下上海自由贸易港构建的法治思维》,《上海对外经贸大学学报》2018 年第 2 期

20. 韩龙、戚红梅:《〈海南自由贸易港法(草案)〉的三维透视与修改建议》,《海南大学学报人文社会科学版》2021 年第 2 期

21. 郭永泉:《中国自由贸易港的海关制度创新》,《海关与经贸研究》2018 年第 2 期

22. 韩永红:《"一带一路"国际合作软法保障机制论纲》,《当代法学》2016 年第 4 期

23. 何力:《中国海南自贸港建设的国际贸易法律探讨》,《国际商务研究》2021 年第 2 期

24. 何力:《国际贸易法的关境本位》,《国际贸易法论丛》2018 年第 1 期

25. 何力:《自由贸易区的国际经济法解析》,《上海商学院学报》2018 年第 6 期

26. 何力:《全球化背景下中国 AEO 互认及其国际海关法贡献》,

《海关与经贸研究》2018年第1期

27. 何志鹏：《涉外法治的世界和平维度》，《武大国际法评论》2022年第4期

28. 何志鹏：《现代化强国的涉外法治》，《吉林大学社会科学学报》2022年第2期

29. 何志鹏：《逆全球化潮流与国际软法的趋势》，《武汉大学学报（哲学社会科学版）》2017年第4期

30. 何志鹏：《中国共产党的国际法治贡献》，《法商研究》2021年第3期

31. 何志鹏：《从国际主义到国际法治：中国共产党全球秩序理念的百年演进》，《吉林大学社会科学学报》2021年第1期

32. 胡凤乔、李金珊：《从自由港代际演化看"一带一路"倡议下的第四代自由港发展趋势》，《社会科学家》2016年第5期

33. 胡加祥：《我国建设自由贸易港若干重大问题研究》，《太平洋学报》2019年第1期

34. 胡加祥：《我国自由贸易港建设的法治创新及其意义》，《东方法学》2018年第4期

35. 胡加祥：《我国自由贸易港建设立法模式研究》，《法治研究》2021年第3期

36. 黄惠康：《准确把握"涉外法治"概念内涵 统筹推进国内法治和涉外法治》，《武大国际法评论》2022年第1期

37. 黄进：《习近平全球治理与国际法治思想研究》，《中国法学》2017年第5期

38. 黄珍德:《与港澳商战的幻灭——中山港无税口岸的筹建与夭折》,《中山大学学报(社会科学版)》2007 年第 5 期

39. 黄振乾、唐世平:《现代化的"入场券"——现代欧洲国家崛起的定性比较分析》,《政治学研究》2018 年第 6 期

40. 黄志雄:《非政府组织:国际法律秩序中的第三种力量》,《法学研究》2003 年第 4 期

41. 贾桂德:《新中国成立七十年来中国的国际法实践和贡献》,《国际经济法学刊》2020 年第 1 期

42. 江河:《从大国政治到国际法治:以国际软法为视角》,《政法论坛》2020 年第 1 期

43. 江小涓:《服务全球化的发展趋势和理论分析》,《经济研究》2008 年第 2 期

44. 李巍、罗仪馥:《从规则到秩序——国际制度竞争的逻辑》,《世界经济与政治》2019 年第 4 期

45. 李勇慧、倪月菊:《俄罗斯远东超前发展区和自由港研究》,《欧亚经济》2019 年第 5 期

46. 连心豪:《唐绍仪与中山港无税口岸》,《历史教学》1994 年第 6 期

47. 廖凡:《上海自由贸易港:内涵、特征及其法制保障》,《国际贸易法论丛》第 8 卷

48. 刘静坤:《涉外法治建设的规则体系探究》,《武大国际法评论》2022 年第 4 期

49. 刘剑文:《法治财税视野下的上海自贸区改革之展开》,《法学

论坛》2014年第3期

50. 刘敬东:《国际贸易法治的危机及克服路径》,《法学杂志》2020年第1期

51. 刘敬东:《全面开放新格局的国际法治内涵与路径》,《经贸法律评论》2019年

52. 刘松山:《论自贸区不具有独立的法治意义及几个相关法律问题》,《政治与法律》2014年第2期

53. 刘玮:《崛起国创建国际制度的策略》,《世界经济与政治》2017年第9期

54. 刘洋、殷宝庆:《海关制度对交易效率的影响研究:基于世界海关组织数据的分析》,《世界经济研究》2020年第1期

55. 刘晔、陆夏:《美国"自贸区"模式的经济效应及其经验借鉴》,《上海经济研究》2014年第12期

56. 刘云亮、许蕾:《中国特色自由贸易港法治创新研究》,《重庆理工大学学报》(社会科学)2021年第5期

57. 刘云亮:《中国特色自由贸易港授权立法研究》,《政法论丛》2019年第3期

58. 刘志云:《法律全球化进程中的特征分析与路径选择》,《法制与社会发展》2007年第1期

59. 吕绍坤:《近代大连自由港制度的实施及其对城市经济的影响》,《社会科学辑刊》2014年第3期

60. 罗雨泽:《美国对外贸易区建设促进制造业就业作用突出》,《中国发展观察》2013年第9期

61. 马忠法:《私人部门在国际法规范形成和发展中的作用》,《厦门大学学报(哲学社会科学版)》2016 年第 5 期

62. 孟广文:《国际经验对海南自由贸易港规划建设的启示》,《资源科学》2021 年第 2 期

63. 裴长洪:《海南建设中国特色自由贸易港,"特"在哪里?》,《财经问题研究》2021 年第 5 期

64. 彭芩萱:《人类命运共同体的国际法制度化及其实现路径》,《武大国际法评论》2019 年第 4 期

65. 彭羽、沈玉良:《全面开放新格局下自由贸易港建设的目标模式》,《亚太经济》2018 年第 3 期

66. 饶戈平:《国际组织与国际法实施机制的发展》,《中国国际法年刊》2012 年卷

67. 任寿根:《新兴产业集群与制度分割———以上海外高桥保税区新兴产业集群为例》,《管理世界》2004 年第 2 期

68. 石静霞:《"一带一路"倡议与国际法——基于国际公共产品供给视角的分析》,《中国社会科学》2021 年第 1 期

69. 石善涛:《日本殖民统治时期大连自由港制度的历史考察》,《近代史研究》2020 年第 4 期

70. 史本叶、王晓娟:《探索建设中国特色自由贸易港——理论解析、经验借鉴与制度体系构建》,《北京大学学报(哲学社会科学版)》2019 年第 4 期

71. 宋杰:《从英美实践来看我国参与国际法律事务的有效性问题》,《比较法研究》2015 年第 2 期

三、英文著作

1. Andre Gunder Frank, Re Orient: *Global Economy in the Asian Age*, Berkeley University of California Press, 1998

2. Anthea Roberts, *Is International Law International?* Oxford University Press, 2017

3. Brian D. Lepard, *Reexamining Customary International Law*, Cambridge University Press, 2017

4. Charles P. Kindleberger, *The World in Depression*: 1929——1939, University of California Press, 1973

5. Eirik Bjorge, Cameron Miles, *Landmark Cases in Public International Law*, Hart Publishing, 2017

6. Federico Lenzerini, Ana Filipa Vrdoljak, *International Law for Common Goods*, Hart Publishing, 2014

7. Helene Ruiz Fabri, *International Law and Litigation*, Nomos Verlagsgesellschaft, 2019

8. Hugh Thirlway, *The Sources of International Law* (2nd Edition), Oxford University Press, 2019

9. J. Braithwaite, P. Drahos, *Global Business Regulation*, Cambridge University Press, 2000

10. J. M. Blaut, *The Colonizer's Model of the World*: *Geographical Diffusionism and Eurocentric History*, Guilford Press, 1993

11. John H. Barton, *International Law and the Future of Freedom*, Stan-

ford University Press,2014

12. Jonathan Pressure,*Pressure Groups and Politics in Antebellum Tariffs*,Columbia University Press,1977

13. Joseph Strayer,*On the Medieval Origins of the Modern State*,Princeton University Press,1970

14. Kate Parlett,*The Individual in the International Legal System:Continuity and Change in International Law*,Cambridge University Press,2011

15. Li Xing,*Mapping China's' One Belt One Road' Initiative*,Palgrave Macmillan,2015

16. Marie von Engelhardt,*International Development Organizations and Fragile States-Law and Disorder*,Palgrave Macmillan,2018

17. Martti Koskenniemi,*Histories of International Law:Dealing with Eurocentrism*,Rechtsgeschichte 1983

18. Niklas Luhmann,*The differentiation of society*,Columbia University Press,1982

19. Peter Hilpold,*Responsibility to Protect-A new Paradigm of International Law?* Leiden Press,2014

20. Raymond F. Mikesell,*United States Economic Policy and International Relations*,McGraw-Hill Book Company Inc.,1952

21. Robert Keohane,*After Cooperation and Discord in the World Political Economy*,Princeton University Press,1984

22. Robert Kolb,*Theory of International Law*,Hart Publishing,2016

23. Robert Paarlberg,*Leadership Abroad Begins at Home:U.S. Foreign*

Policy After the Cold War, The Brookings Institution, 1995

24. Samantha Besson, John Tasioulas, *The Philosophy of International Law*, Oxford University Press, 2010

25. Samir Amin, *Eurocentrism*, Monthly Review Press, 1989

26. Sherzod Shadikhodjaev, *Industrial Policy and the World Trade Organization: Between Legal Constraints and Flexibilities*, Cambridge University Press, 2018

27. Tomasz Widlak, *From International Society to International Community—The Constitutional Evolution of International Law*, Hegemony University Press, 2015

28. Walter Goode, *Dictionary of Trade Policy Terms*, Cambridge University Press, 2003

29. Wolfgang · Gdańsk, *Americanization of Law: Reception or Convergence?*, Lawrence M. Friedman and Harry N. Scheiber, Legal Culture and the Legal Profession, Westview Press, 1996

30. Bryan Mercurio, *TRIPS—Plus Provisions in FTAs: Recent Trends*, *Lorand Bartels & Federico Ortino(eds.)*, *Regional Trade Agreements and the WTO Legal System*, Oxford: Oxford University Press, 2006

31. FRANCES Armytage. The Free *Port System in the British West Indies: A Study in Commercial Policy* 1766—1822, Longmans, Green and Co. 1953

四、英文论文

1. Arie Beenhakker, Faramarz Damanpour. Globalization of Foreign Trade Zones, *the Case of the United States*, The International Trade Journal, Vol.7, No.2, 1992

2. Alexandre Lavissie, Jean-Paul, Rodrigue, *Free ports: towards a network of trade gateways*, Journal of Shipping and Trade, 2017(2)

3. Belay Seyoum, Juan Ramirez, *Foreign trade zones in the United States-A study with special emphasis on the proposal for trade agreement parity*, Journal of Economic Studies, 2012, Vol.39 No.1

4. Boyko, Natalya Nikolaevna, *Rezida Miniyarovna Usmanova*, State *Regulation of Special Economic Zones in Russia*, Journal of Advanced Research in Law and Economics, Vol.9, No.1, 2018

5. Brian Picone, *Foreign Trade Zone activity continues to rise across the US*, The Journal of Commerce, 2013, September 2

6. Carsten Weerth, *European Community Customs Code*, *The Small Customs Code Revision and Americanization of European Customs Law*, Global Trade and Customs Journal, Vol .2, Issue 10, 2007

7. Charles Burke Elliott, The Shantung Questions, The American Journal of International Law, Oct 19, 2019

8. Chen Jianfu, *Tension and Rivalry: The 'Belt and Road' Initiative*, *Global Governance*, and International Law, The Chinese Journal of Comparative Law, 2020, No.1

9. Christopher Davidson, *Dubai, The Security Dimensions of the Region's Premier Free Port*, Middle East Policy, 2008, 15

10. Corey Tazzara, *Managing Free Trade in Early Modern Europe, Institutions, Information, and the Free Port of Livorno*, The Journal of Modern History, Vol.86, No.3, Sept 2014

11. Dara Orenstein, *Foreign-Trade Zones and the Cultural Logic of Frictionless Production*, Radical History Review, Issue 109, 2011

12. David Widdowson, *The Changing Role of Customs: Evolution or Revolution?*, World Customs Journal, Vol.1, No.1, Mar 2007

13. Davide Rovetta and Michael Lux, *The US Challenge to the EC Customs Union*, Global Trade and Customs Journal, Vol.2, Issue 5, 2007

14. Dwi F. Moenardy, Rizal Budi Santoso, Windy Dermawan, Hainan Province As *The New Free Trade Port*, Turkish Journal of Computer and Mathematics Education, Vol.12, No.8, 2021

15. Emma Chanlett-Avery, *Northeast Asia and Russia's 'Turn to the East': Implications for U.S. Interests*, Congressional Research Service, Aug 31, 2016

16. Eric Tagliacozzo, *An Urban OceanNotes on the Historical Evolution of Coastal Cities in Greater Southeast Asia*, Jouranl of Urban History, 2007

17. Gregory Shaffer & Henry Gao, *A New Chinese Economic Order?*, Journal of International Economic Law, Vol.23, 2020

18. Hirotoshi Otsubo, *Regional Economic Function Analysis of U.S. Foreign-Trade Zones*, Massachusetts institute of technology, 2005

19. Hao Hu, Shufang Wang, and Jin-liao He, *Comparative Advantages of Free Trade Port Construction in Shanghai under the Belt and Road Initiative*, International Journal of Financial Studies, 2020(8)

20. Iu.A. Avdeev, *The Free Port of Vladivostok*, Problems of Economic Transition, Vol.59, No.10, 2017

21. James A.Anderson, *Eric van Wincoop*, *Trade Costs*, Journal of Economic Literature, 2004

22. John J.DaPonte, Jr, *United States Foreign-Trade Zones*: adapting to time and space, Tulane Maritime Law Journal, 1980

23. Jonathon W. Moses, *Is Constitutional Symmetry Enough*: *Social Models and Market Integration in the US and Europe*, Journal of Common Market Studies, Vol.49, No.4, Jul 2011

24. Joseph Nye, S., Jr. *Soft Power and American Foreign Policy*, Political Science Quarterly, 2004

25. Julien Chaisse and Xueliang, *The Pervasive Problem of SEZs for International Economic Law*: *Tax*, *Investment*, *and Trade Issues*, World Trade Review(2020)

26. J.Vansina, *Long-Distance Trade-Routes in Central Africa*, Journal of African History, Vol.3, No.3, 1962

27. Kenji Omi, *Extraterritoriality of Free Zones*: *The Necessity for Enhanced Customs Involvement*, WCO Research Paper No.47, September 2019

28. Lavonne D. Burke, *Note*, *The United States Takes Center Stage in the International Fight against Online Piracy & Counterfeiting*, 33 Houston

Journal of International Law, Vol.33, 2010

29. Lawrence M. Friedman and Harry N. Scheiber, *Legal Culture and the Legal Profession*, *Boulder*, Westview Press, 1996

30. Lewis E. Leibowitz, *The Important Role of Foreign-Trade Zones in US Trade Expansion*, The Journal of Commerce, Sept 2, 2013

31. Mary Jane Bolle, Brock R. Williams, *U. S. Foreign-Trade Zones: Background and Issues for Congress*, CRS Report for Congress, Nov 12, 2013

32. Maxwell Cohen, *From Nation States to Global Social Contract*, The Montreal Cazette, Dec 27, 1974

33. Mitsuo Matsushita, *A View on Future Roles of The WTO: Should There be More Soft Law in The WTO*, Journal of International Economic Law, Vol.17, 2014

34. Monika Ermert, *Embattled ACTA Negotiations Next Week in Geneva; US Sees Signing This Year*, Intellectual Property Watch, May 2009

35. Morrison, *Enforcing U.S. Trade Laws: Section 301 and China*, Congressional Research Service, Jun 26, 2019

36. Nikolaj Nielsen, *Czech Republic Stops Ratification of Anti-Counterfeit Treaty*, EU Observer, Feb 7, 2012

37. Peter Holmes, *Free ports——preparing to trade post-Brexit*, UK Trade Policy Observatory, Sept 26, 2019

38. Peter Holmes, Guillermo Larbalestier, *Two key things to know about Freeport*, UK Trade Policy Observatory, Feb 25, 2021

39. Rachel F. Fefer, *U. S. Trade in Services: Trends and Policy Issues*,

Congressional Research Service, Jan 22, 2020

40. Rajneesh Narula&James X. Zhan, *Using Special Economic Zones to Facilitate Development: Policy Implications*, Transnational Corporations Vol.26 No.2: Special Issue on Special Economic Zones

41. Raúl A. Torres, *Free Zones and the WTO Agreement on Subsidies and Countervailing Measures*, Global Trade and Customs Journal, Vol.2, No.5, 2007

42. Richard N. Gardner, *GATT and the United Nations Conference on Trade and Development*, International Organization, Vol.18, No.4, 1964

43. Robert Ireland, *The WCO SAFE Framework of Standards: Avoiding Excess in Global Supply Chain Security Policy*, Global Trade and Customs Journal, Vol.4, Issue 11, Dec, 2009

44. R.P. Anand, *New States and International Law*, American Journal of International Law, 1972

45. Savaley, Viktor Vasilevich, *Prospects for Creating an Interregional Innovation Center in the Russian Far East*, Journal of Advanced Research in Law and Economics, Vol.8, No.6, 2017

46. Smirnow, John Patrick, *From the Hanseatic Cities of 19th Century Europe to Canned Fish: The Radical Transformation of the Foreign Trade Zones Act of 1934*, Thomas M. Cooley Law Review, Vol.10, No.3, 1993

47. Stephen G. Brooks, William C. Wohlfort, *The Rise and Fall Great Power in the Twenty-First Century: China's Rise and the Fate of American's Global Position*, International Security, Vol.40, No.3, 2016

48. Susan Tiefenbrun, *U.S. Foreign Trade Zones, Tax-free Trade Zones of the world, and their impact on the U.S. economy*, Journal of International Business and Law, 2013

49. T.O.Elias, *New Horizons in International Law*, The Cambridge Law Journal, Vol.40, No.2, 1981

50. Viviana Mnoz Tellez, *The Changing Global Governance of Intellectual Property Enforcement: A New Challenge for Developing Counties*, International Perspectives, Edward Elgar Publishing Limiter, 2009

51. Walter H. Diamond, *Tax-Free Trade Zones Aid Both Exporters and Importers*, The American Banker, Oct.20, 1980

52. Wentong Zheng, *The Digital Challenge to International Trade Law*, New York University Journal of International Law and Policy, Vol.52, 2020

53. William G. Kanellis, *Reining in the Foreign Trade Zones Board: Making Foreign Trade Zone Decisions Reflect the Legislative Intent of the Foreign Trade Zones Act of* 1934, Northwestern Journal of International Law&Business, 1995

54. Wollenschlager, Ferdinand, *A New Fundamental Freedom beyond Market Integration: Union Citizenship and its Dynamics for Shifting the Economic Paradigm of European Integration*, European Law Journal, Vol.17, No.1, Jan, 2011

55. Yu, Popova Yuliya, *Report on Eastern Economic Forum* 2018, Journal of East Asia and International Law, Vol.11, No.2, 2018

后　记

　　本书是我近年来研究中国自由贸易试验区制度的阶段性成果。故在此就背景、由来及过程做一个简短的回顾。与其说是便于读者更好地了解本书的概貌，倒不如说激发自己能够继续跟踪研究下去。

　　本书先是"无心插柳柳成荫"。2010年，我出版第一本专著《美国海关法律制度研究》，中间单辟一章述及对外贸易区制度。2015年，我的第二本专著《美国对外贸易区法律问题研究》对前书一章进行了较为系统的丰富与发展。2016年起，我陆续获批立项了上海、广东自贸试验区的相关决策咨询课题。这既促进了学术研究与具体实践的融合，加深我对这类主题的认知，也推动了中国自贸试验区法律制度逐渐成为我学术研究的一个重要面向。

　　然而，本书又是"有心栽花花不开"。来到广外后，机缘巧合我申报了国家社科重大课题。那个暑假，折腾出来一份十几万字的申报书，奠定了本书的雏形。说不抱有期待那是虚假，但不立项也是意料之中。撰写过程中，感觉到学有不逮，虽偶有新意但不成体系，心力交瘁，颇有

270

"我报路长嗟日暮,学诗谩有惊人句"之感。疫情发生后,我对国际法热点做了一些应景研究,牵扯了大量精力,不得不暂时搁置本书的修改。或许,潜意识里对书稿内容有些不满,本意是多学科多视角对主题展开新的探索,成文后却无法让作为作者与第一读者的我满意,加上中国自贸港建设日新月异,一来二往,竟以数年,思量再三,决定将不成熟的部分删改,在此基础上更新完善,也就是各位面前的这本书。

学术是一项众人的事业,本书得到了许多人的帮助。庄保保通读了全书并提出建议,冯萱瑜、操乐镕、汤邵钦、毛弘毅、刘嘉文等在资料查阅、文字校对等方面提供了帮助。人民出版社茅友生编辑的鼓励与专业是本书得以问世的必要条件。本书得到了国家社科基金重大项目"多重复杂环境下我国实现更高水平对外开放的政策与路径研究"与教育部哲学社会科学研究重大课题攻关项目"粤港澳大湾区法律建设研究"的资助,也是广东省"涉外经贸法律和规则体系完善研究"科研团队阶段性成果。正是这么多支持,才让我欣欣然,"九万里风鹏正举。风休住,蓬舟吹取三山去。"

周　阳

2023 年 5 月于广州